Programación

Edición 2025

GUÍA DIDÁCTICA

Programación

Edición 2025

GUÍA DIDÁCTICA

Mª Isabel Barquilla Galeano

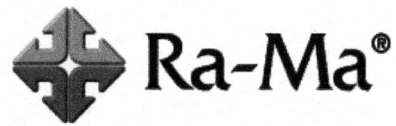

La ley prohíbe
fotocopiar este libro

Programación. Edición 2025. Guía didáctica
Thema: UMN Programación orientada a objetos (POO)
Bisac: COM051280
© Mª Isabel Barquilla Galeano
© De la edición: Ra-Ma 2025

Editado por:
RA-MA Editorial
Calle Jarama, 3A, Polígono Industrial Igarsa
28860 PARACUELLOS DE JARAMA, Madrid
Teléfono: 91 658 42 80
Fax: 91 662 81 39
Correo electrónico: info@grupoeditorialrama.com
Internet: www.ra-ma.es y www.ra-ma.com
ISBN impreso: 979-13-8776-484-5
Depósito legal: M-15128-2025
Maquetación: Antonio García Tomé
Diseño de portada: Antonio García Tomé
Filmación e impresión: Safekat
Impreso en España en julio de 2025

ÍNDICE

INTRODUCCIÓN

Esta programación didáctica se refiere al módulo de **Programación**, de la familia de Informática y Comunicaciones, correspondiente al **Título de Técnico Superior en Desarrollo de Aplicaciones Multiplataforma** (DAM). y al **Título de Técnico Superior en Desarrollo de Aplicaciones Web (DAW)**; pues ambos módulos son comunes en primer curso.

JUSTIFICACIÓN DE LA PROGRAMACIÓN DIDÁCTICA

La programación didáctica es una planificación de actividades y contenidos que facilitan al alumnado la adquisición de una serie de capacidades y unos conceptos, a lo largo de un módulo, que posibilitan la consecución de los objetivos generales del ciclo formativo.

La programación didáctica es un valioso instrumento a emplear para la planificación de la enseñanza porque:

▶ Permite sistematizar y llevar a la práctica las orientaciones y planteamientos establecidos en el Proyecto Curricular del Ciclo Formativo y en el Proyecto del Centro.

▶ Abre la reflexión sobre los elementos curriculares, en particular sobre la secuenciación de los contenidos y su organización y distribución en Unidades de Didácticas.

▶ Permite adaptar los procesos de enseñanza y aprendizaje a las características del entorno socioeconómico del alumnado.

▶ Atiende a la diversidad de intereses, motivaciones y características del alumnado.

▶ Explicita el plan de actuación docente en el módulo profesional, constituyendo un instrumento que permite incorporar mejoras en función de las reflexiones, análisis e innovaciones realizadas durante el proceso; poniendo así de manifiesto la flexibilidad de esta programación didáctica.

La planificación es un aspecto esencial de cualquier actividad organizada y sistemática y hace referencia a la previsión de unos medios para conseguir unas metas determinadas.

MARCO NORMATIVO

Para la elaboración de la presente programación se ha tenido en cuenta las siguientes referencias legislativas ordenadas cronológicamente y que integran el primer nivel de concreción curricular:

- **Real Decreto 450/2010**, de 16 de abril, por el que se establece el título de Técnico Superior en **Desarrollo de Aplicaciones Multiplataforma** y se fijan sus enseñanzas mínimas.
- **Real Decreto 686/2010,** de 20 de mayo, por el que se establece el título de **Técnico Superior en Desarrollo de Aplicaciones Web** y se fijan sus enseñanzas mínimas.
- **Ley Orgánica 3/2020**, de 29 de diciembre, por la que se modifica la Ley Orgánica 2/2006, de 3 de mayo, de Educación.
- **Ley Orgánica 3/2022**, de 31 de marzo, de ordenación e integración de la Formación Profesional de ordenación e integración de la Formación Profesional.
- **Real Decreto 405/2023**, de 29 de mayo, por el que se actualizan los títulos de la formación profesional del sistema educativo de **Técnico Superior en Desarrollo de Aplicaciones Multiplataforma y Técnico Superior en Desarrollo de Aplicaciones Web**, de la familia profesional Informática y Comunicaciones, y se fijan sus enseñanzas mínimas.

EL MÓDULO

El módulo profesional 0485 **Programación,** corresponde al primer curso del ciclo de Técnico Superior en Desarrollo de Aplicaciones Multiplataforma/Web y le corresponden un total de **256 horas** (14 créditos ECTS), que en la modalidad presencial se imparte a razón de **8 horas semanales** durante dos cuatrimestres, aproximadamente **32 semanas**.

En un mercado laboral en constante evolución, hay que adaptar las formación de las personas para dar respuesta a la demanda de las cualificaciones profesionales de las mismas. La *Cualificación Profesional* es el agregado mínimo de competencias profesionales con significación para el empleo que pueden ser reconocidas y acreditadas. El **INCUAL** (Instituto Nacional de Cualificaciones) las recoge en el Catálolo Nacional de Cualificaciones Profesionales. (RD 1128/2003, de 5 de septiembre; modificado por el RD 1416/2005 de 25 de noviembre).

Veamos la *Unidad de Competencia* asociada a las *Cualificaciones Profesionales* del módulo incluidas en el título (RD 450/2010):

CUALIFICACIÓN PROFESIONAL	UNIDAD DE COMPETENCIA
Programación con lenguajes orientados a objetos y bases de datos relacionales IFC080_3	UC0227_3: Desarrollar componentes software en lenguajes de programación orientados a objetos.

CARACTERÍSTICAS DEL CENTRO EDUCATIVO

El centro se regula por las instrucciones de inicio de curso indicadas en la resolución de 27 de junio y el Proyecto Educativo del Centro (PEC).

El contexto de esta programación está en un centro educativo donde asisten alumnos procedentes de todos los centros de primaria y secundaria de la zona.

El pluriculturalismo está presente en la vida del centro. Conviven en el centro además de alumnos de nacionalidad española, un buen porcentaje de alumnos de otras nacionalidades y de etnia gitana. El PEC contedrá las medidas oportunas para evitar conflicto.

La población trabaja mayoritariamente por cuenta ajena y existe cierta economía sumergida. El nivel de instrucción de la población adulta es bajo; aunque en la actualidad el porcentaje de alumnos que cursa estudios superiores es mucho más elevado.

El horario del centro es diurno, aunque abre un par de tardes para la realización de actividades extraescolares. Se plantea, en caso de que se conceda algún módulo más de formación profesional, ofertar un horario nocturno para cumplir con el posible incremento de alumnado.

Es un centro donde se imparte distintos niveles educativos:

ESO	
Bachillerato	Ciencias
	Humanidades y Ciencias Sociales
Formación Profesional	Básica • Informática de Oficina Grado Medio • Gestión Administrativa • Sistemas Microinformáticos y Redes Grado Superior • Administración y Finanzas • **Desarrollo de Aplicaciones Multiplataforma**

Características del alumnado: el grupo-clase

Los alumnos de los ciclos formativos tienen una procedencia muy diversa. La mayoría han cursado o bien la ESO o bien el Bachillerato en cualquier centro de la ciudad, incluido este mismo. Son muy pocos los que realizan o han realizado trabajos remunerados en una empresa. En su mayoría son estudiantes que continúan formándose.

La edad como mínimo es de 18 años, y no hay edad máxima; son 20 alumnos y el porcentaje femenino es escaso, pues sólo hay dos mujeres y el resto varones. Es un grupo homogéneo.

La mayoría viene incentivado por las salidas del módulo, ya que hay empresas en la zona tales como Everis, Indra, Accenture, Tsolucio; que solicitan el perfil de DAM y muchas veces estas empresas contratan a los alumnos al terminar las prácticas.

Competencias, Objetivos y Resultados de Aprendizaje

A continuación veamos qué pretendemos conseguir a través de este módulo.

COMPETENCIAS PROFESIONALES, PERSONALES Y SOCIALES DEL TÍTULO

Según se establece en el RD 1147/2011 de la ordenación general de la formación profesional, los objetivos se establecen como competencias profesionales, personales y sociales necesarias para la consecución de los objetivos generales posteriormente descritos.

Describen el conjunto de conocimientos, destrezas y competencia, entendida ésta en términos de autonomía y responsabilidad, que permiten responder a los requerimientos del sector productivo, aumentar la empleabilidad y favorecer la cohesión social.

Según el título, en el artículo 5 del RD 450/2010, la formación del módulo contribuye a las siguientes competencias profesionales, personales y sociales:

ID	Descripción
a	Configurar y explotar sistemas informáticos, adaptando la configuración lógica del sistema según las necesidades de uso y los criterios establecidos
e	Desarrollar aplicaciones multiplataforma con acceso a bases de datos utilizando lenguajes, librerías y herramientas adecuados a las especificaciones
f	Desarrollar aplicaciones implementando un sistema completo de formularios e informes que permitan gestionar de forma integral la información almacenada
i	Participar en el desarrollo de juegos y aplicaciones en el ámbito del entretenimiento y la educación empleando técnicas, motores y entornos de desarrollo específicos
j	Desarrollar aplicaciones para teléfonos, PDA y otros dispositivos móviles empleando técnicas y entornos de desarrollo específicos
t	Establecer vías eficaces de relación profesional y comunicación con sus superiores, compañeros y subordinados, respetando la autonomía y competencias de las distintas personas
w	Mantener el espíritu de innovación y actualización en el ámbito de su trabajo para adaptarse a los cambios tecnológicos y organizativos de su entorno profesional

OBJETIVOS GENERALES DEL CICLO

Los objetivos educativos establecen las capacidades que se espera que los alumnos desarrollen como consecuencia de la intervención educativa.

La formación del módulo contribuye a alcanzar los objetivos generales de los RD 450/2010 para Multiplataforma y RD 686/2010 para Web:

▶ **e.** Seleccionar y emplear lenguajes, herramientas y librerías, interpretando las especificaciones para desarrollar aplicaciones multiplataforma con acceso a bases de datos.

▶ **j.** Seleccionar y emplear técnicas, lenguajes y entornos de desarrollo, evaluando sus posibilidades, para desarrollar aplicaciones en teléfonos, PDA y otros dispositivos móviles.

▶ **q.** Seleccionar y emplear lenguajes y herramientas, atendiendo a los requerimientos, para desarrollar componentes personalizados en sistemas ERP-CRM (Planificación de Recursos Empresariales – Gestión de Clientes).

▶ **w.** Identificar los cambios tecnológicos, organizativos y laborales en su actividad, analizando sus implicaciones en el ámbito de trabajo, para mantener el espíritu de innovación.

RESULTADOS DE APRENDIZAJE DEL MÓDULO

Los objetivos de los módulos profesionales según establece el RD 1147/2001 vienen expresados en resultados de aprendizaje (RA); que vienen a ser lo que se espera que el estudiante conozca, comprenda y/o sea capaz de hacer al final del módulo.

Los 9 RA, especificados en el RD 450/2010 y RD 686/2010 respectivamente del título del módulo de Programación son los siguientes:

RA 1	Reconoce la estructura de un programa informático, identificando y relacionando los elementos propios del lenguaje de programación utilizado
RA 2	Escribe y prueba programas sencillos, reconociendo y aplicando los fundamentos de la programación orientada a objetos
RA 3	Escribe y depura código, analizando y utilizando las estructuas de control del lenguaje
RA 4	Desarrolla programas organizados en clases analizando y aplicando los principios de la programación orientada a objetos
RA 5	Realiza operaciones de entrada y salida de información, utilizando procedimientos específicos del lenguaje y librerías de clases
RA 6	Escribe programas que manipulen información seleccionando y utilizando tipos avanzados de datos
RA 7	Desarrolla programas aplicando características avanzada de los lenguajes orientados a objetos y del entorno de programación
RA 8	Utiliza bases de datos orientadas a objetos, analizando sus características y aplicando técnicas para mantener la persistencia de la información
RA 9	Gestiona información almacenada en bases de datos relacionales manteniendo la integridad y la consistencia de los datos

Además he formulado una serie de objetivos en formato de Resultados de Aprendizaje Transversales (RAT) que deberá adquirir el alumnado:

RAT 1	Demuestra puntualidad, se comporta con actitud crítica, realiza las tareas con orden y limpieza
RAT 2	Se comporta respetuosamente con los compañeros, las instalaciones y el medio ambiente. Aprecia la igualdad de oportunidades entre hombres y mujeres, sin discriminar a las personas con discapacidad
RAT 3	Trabaja en condiciones de seguridad y salud, previniendo los posibles riesgos derivados del trabajo
RAT 4	Mantiene el espíritu emprendedor para innovar en el ámbito de su trabajo y adaptarse a los cambios tecnológicos y organizativos de su entorno profesional

CONTENIDOS

Elementos curriculares

Según el art. 10 del RD 1147, apartado d) los contenidos básicos del currículo, que quedarán descritos de forma integrada en términos de procedimientos, conceptos y actitudes.

Según la **ORDEN 58/2012**, donde se establece el currículo, veamos en la tabla siguiente un estracto de los contenidos de este módulo:

Identificación de los elementos de un programa informático:	Lectura y escritura de información:
• Estructura y bloques fundamentales. • Soluciones y proyectos. • Utilización de los entornos integrados de desarrollo. • Variables. • Tipos de datos. Operaciones. • Literales. • Constantes. • Operadores y expresiones. • Conversiones de tipo. • Comentarios. **Utilización de objetos:** • Elementos de la programación orientada a objetos. • Características de los objetos. • Estructura de los objetos. • Instanciación de objetos. • Utilización de métodos. • Utilización de propiedades. • Programación de la consola: entrada y salida de información. • Codificación de métodos estáticos. • Utilización de métodos estáticos. • Parámetros y valores devueltos. • Librerías de objetos. • Constructores. • Destrucción de objetos y liberación de memoria. • Codificación, edición y compilación de programas simples orientados a objetos.	• Programación de la consola: entrada y salida de información. • Concepto de flujo. • Tipos de flujos. Flujos de bytes y de caracteres. • Flujos predefinidos. • Clases relativas a flujos. • Utilización de flujos. • Entrada desde teclado. • Salida a pantalla. • Aplicaciones del almacenamiento de información en ficheros. • Ficheros de datos. Registros. • Apertura y cierre de ficheros. Modos de acceso. • Escritura y lectura de información en ficheros. • Almacenamiento de objetos en ficheros. Persistencia. Serialización. • Utilización de los sistemas de ficheros. • Creación y eliminación de ficheros y directorios. • Creación de interfaces gráficos de usuario utilizando asistentes y herramientas del entorno • integrado. • Concepto de evento. • Creación de controladores de eventos. • Generación de programas con interfaces gráficas.

Uso de estructuras de control: • Estructuras de selección. • Estructuras de repetición. • Estructuras de salto. • Control de excepciones. • Codificación, edición y compilación de programas con estructuras de control. • Prueba y depuración. • Documentación. **Desarrollo de clases:** • Concepto de clase. • Estructura y miembros de una clase. • Creación de atributos. • Creación de métodos. • Creación de constructores. • Codificación y edición de objetos de las clases desarrolladas. • Encapsulación y visibilidad. • Utilización de clases y objetos. • Utilización de clases heredadas. • Codificación y utilización de métodos estáticos. • Concepto y utilización de Interfaces. • Empaquetados de clases. Organización de las clases en paquetes.	**Aplicación de las estructuras de almacenamiento:** • Librerías de clases. • Estructuras. • Creación de arrays. • Inicialización. • Arrays multidimensionales. • Clases y métodos genéricos. • Cadenas de caracteres. Expresiones regulares. • Listas. • Colecciones. Tipos de datos colección. • Clases relacionadas con el tratamiento de documentos XML. **Utilización avanzada de clases:** • Composición de clases. • Herencia.– Superclases y subclases. • Clases y métodos abstractos y finales. • Sobreescritura de métodos. • Constructores y herencia. • Acceso a métodos de la superclase. • Polimorfismo. • Codificación, pruebas, depuración y documentación de programas que implementen jerarquías de clases. • Bases de datos orientadas a objetos. • Características de las bases de datos orientadas a objetos. • Instalación del gestor de bases de datos. • Creación de bases de datos. • Tipos de datos básicos y estructurados. • El lenguaje de definición de objetos. • Programación de aplicaciones que almacenen objetos en bases de datos. • Recuperación, modificación y borrado de información. • Tipos de datos objeto; atributos y métodos. • Herencia. • Constructores.

Elementos transversales

Es necesario desarrollar una serie de habilidades que hagan emerger las capacidades de seguridad, autoestima y autonomía, permitiendo que los alumnos se formen plenamente como personas.

Los temas transversales son unos contenidos culturales de tipo formativo y educativo que salen del marco curricular, porque impregnan toda la actividad educativa; no constituyen un área determinada pero están presentes en todas ellas y su fin principal es favorecer en nuestros alumnos la adquisición de unas actitudes y valores esenciales en su formación integral.

Se deberá hacer posible entre todos los docentes de todas las asignaturas incluir los siguientes conceptos: Educación moral y cívica, Educación para la paz y la cooperación internacional, Educación para la igualdad entre los sexos, Educación para la salud y Educación sexual, Educación ambiental, Educación vial y Educación del consumidor.

Elementos interdisciplinares

Los contenidos están relacionados con los módulos de Entornos de Desarrollo y Bases de Datos. Por lo que se realizará una coordinación con los profesores de los mismos para ir todos en consonancia.

En BBDD aprenderán el concepto de objeto al realizar diagramas E-R antes de abordar la programación orientada a objeto en este módulo y las consultas sql que se verán antes de abordar su programación.

Se guardan muchas conexiones con el módulo de Entornos toda la parte de pruebas unitarias, control de versiones (herramientas Git para subir código y compartirlo con otros), metodologías de desarrollo (análisis, diseño, implementación... etapas del software), incluso el propio uso del IDE que instalamos al principio, son cosas que beben de Entornos. Al principio en Entornos ven las etapas del software, para que cuando luego ellos hagan un programa más complejo (con clases y demás), sepan analizarlo, extraer el diagrama de clases, casos de uso, etc. Y que para los trabajos en equipo, usarán GitHub o algo similar, y sabrán cómo compartir código por lo que hayan visto en Entornos. Cuando hagan pruebas unitarias de las clases, lo harán a través de los mecanismos de diseño de casos de prueba y uso de JUnit o similar, que habrán visto en Entornos.

Unidades de Didácticas. Secuenciación y distribución temporal

Los contenidos anteriormente vistos han sido distribuidos en un total de 10 unidades didácticas, que se van a impartir a lo largo del curso escolar. Para la secuenciación he comenzado por lo más básico, añadiendo conceptos nuevos que se apoyen en las unidades anteriores; y he observado la relación interdisciplinar con los módulos de Entornos de Desarrollo y Bases de Datos teniendo en cuenta los contenidos comunes y la secuencia de los contenidos, en coordinación con los compañeros de dichos módulos.

A continuación veamos la secuenciacón y carga horaria de las unidades:

	Unidad	Unidad didáctica	Horas
		BLOQUE 1: METODOLOGÍA DE LA PROGRAMACIÓN	
1 EVAL	UD 1	Primeros pasos en Java. Instalación de un IDE	14
	UD 2	Estructuras de control	28
	UD 3	Estructuras de Datos Estáticas: arrays, strings	30
	UD 4	Métodos y funciones. Recursividad	22
		BLOQUE 2: PROGRAMACIÓN ORIENTADA A OBJETOS	
2 EVAL	UD 5	Introducción a la Programación Orientada a Objetos	30
	UD 6	Estructuras de datos dinámicas: listas, pilas, colas. Colecciones de datos	24
	UD 7	Herencia, polimorfismo, interfaces, clases abstractas (clases avanzadas)	32
		BLOQUE 3: PROGRAMACIÓN GRÁFICA	
3 EVAL	UD 8	Ficheros. Serialización. Introducción a las interfaces sencillas	24
	UD 9	Interfaz de usuario: JavaFx, Scenebuilder. Introducción al MVC	32
	UD 10	Bases de Datos Relacionales. Nociones de BDOO	20

A modo de ejemplo, también podemos indicar la distribución por semanas gráficamente a través del diagrama de Gantt:

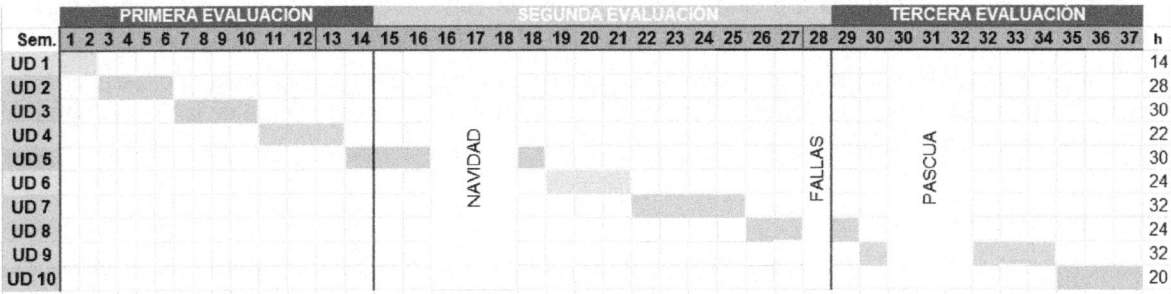

Durante el desarrollo de las unidades se irán alcanzando los RA que se adquirirán en el módulo. Veamos ahora una relación de qué unidades contribuyen a la consecución de los resultados de aprendizaje y los Objetivos Generales (OG) y Profesionales, Personales y Sociales (PPS):

		RESULTADOS DE APRENDIZAJE										
		1	2	3	4	5	6	7	8	9	OG	PPS
BLOQUE 1	UD 1 Primeros pasos en programación	X									j, q	i, j, f
	UD 2 Estructuras de control			X								
	UD 3 Estructuras de datos estáticas						X					
	UD 4 Métodos y funciones		X									
BLOQUE 2	UD 5 Introducción a la POO				X						e, j	e, f, i, j
	UD 6 Excepciones. ED dinámicas						X					
	UD 7 Herencia, polimorfismo. (POO avanzada)							X				
BLOQUE 3	UD 8 Ficheros. Serialización					X	X				e, f, j, q, w	e,, f, i, j, t, w
	UD 9 Programación gráfica					X						
	UD 10 Bases de datos								X	X		

METODOLOGÍA

La metodología está dirigida a proporcionar al alumnado conocimientos y capacidades útiles para el desarrollo de su actividad profesional.

El enfoque metodológico pemitirá potenciar la autonomía, fomentar el trabajo en grupo, atender a las características específicas de los alumnos, favorecer su motivación y promover el uso de las Tecnologías de la Información y Comunicación.

Principios metodológicos

Real Decreto 1147/2011, de 29 de julio, por el que se establece la ordenación general de la formación profesional del sistema educativo indica en el artículo 8 punto 6: "La metodología didáctica de las enseñanzas de formación profesional integrará los aspectos científicos, tecnológicos y organizativos que en cada caso correspondan, con el fin de que el alumnado adquiera una visión global de los procesos productivos propios de la actividad profesional correspondiente".

Nos basaremos en los siguientes principios metodológicos para establecer la metodología a seguir en el módulo que estamos programando:

- El profesor resolverá todas las dudas que puedan tener los alumnos, aplicamos el **método expositivo**.

- Además, se mostrará a los alumnos, en los casos que lo requieran, los procedimientos y contenidos a través de la demostración práctica: "cómo se hace", es el **método demostrativo.**

- Más adelante se propondrá al alumnado una serie de ejercicios que tendrán que resolver con el objetivo de llevar a la práctica los conceptos teóricos que se explicaron en la exposición teórica. Si se considera necesario se realizarán ejercicios específicos de refuerzo para aclarar las posibles dudas de los alumnos, aplicando así el **método interrogativo.**

- Otro método que utilizaremos es **el método de descubrimiento**: se propondrán un conjunto de ejercicios, de contenido similar a los que ya se han resuelto en clase, que deberán ser resueltos por los alumnos. Además, en las unidades de trabajo que lo requieran se propondrá la resolución de un caso práctico. Los alumnos deberán resolverlo, elaborar una memoria en un plazo indicado y exponerlo delante de la clase para consensuar la solución óptima. Además, en algunas unidades se plantearán retos para motivar e incentivar al alumnado.

Tipos de actividades

Con el objetivo de que los alumnos lleguen a desarrollar las competencias programadas, contaremos con una serie de actividades a realizar durante el desarrollo de cada una de las unidades didácticas.

Según el papel que cumplen en el desarrollo didáctico las podemos clasificar de la siguiente forma:

- *Actividades de introducción – motivación.* Normalmente serán realizadas al principio de cada unidad didáctica. Servirán para presentar a los alumnos los contenidos que serán tratados a lo largo de la unidad, así como promover su interés y evaluar la situación de partida.

- *Actividades de desarrollo.* Estarán encaminadas a que los alumnos adquieran los conocimientos que se han programado. Intentaremos detectar también los conocimientos previos y de esa forma corregir las ideas preconcebidas que tuviera y que fueran equivocadas.

▼ *Actividades de ampliación.* Aquellos alumnos que hayan realizado de forma satisfactoria las actividades programadas y hayan superado con facilidad las propuestas de trabajo ordinarias dirigidas al grupo, podrán realizar otras para construir nuevos conocimientos.

▼ *Actividades de refuerzo.* Serán actividades personalizadas para aquellos alumnos que tengan dificultad, sea cual sea la causa, para seguir el ritmo del grupo.

▼ *Actividades complementarias.* Son aquellas organizadas durante el horario escolar, de acuerdo con su Proyecto Curricular, que tienen un carácter diferenciado de las propiamente lectivas por el momento, espacios o recursos que utilizan. Las actividades complementarias pueden ser evaluadas y obligatorias para el alumnado. Buscaremos empresas y/o profesionales que colaboren para impartir charlas sobre la evolución de la programación en el sector productivo, así como la situación actual en la que se encuentra.

Esto está plasmado en el libro de Teoría y ejemplos de Java en actividades de tipo:

▼ **T** (Teoría), donde se explican los conceptos básicos por parte del docente.

▼ **TP** (Teórico/Práctica), donde enseñamos al alumnado la teoría a través de la práctica (el cómo se hace); más adelante se pone a disposición del alumnado los ejercicios.

▼ **R** (Resueltos), se debe dejar unos minutos para que el alumnado resuelva por su cuenta los ejercicios, mientras el docente va observando y ayudando a resolver las dudas (o mediante feedback en caso de semipresencial o distancia). Después la profesora resolverá y explicará los ejercicios haciendo incapié en las dudas observadas y en la explicación de los conceptos nuevos que se hayan incluido en estos ejercicios.

▼ **P** (Propuestos), donde el alumnado realizará los ejercicios propuestos. Están graduados para nivel básico, nivel intermedio y avanzado. Además hay alguno de nivel básico intercalado entre los otros para que el alumnado "cambie el chip" y se adapte a cualquier circunstancia.

▼ **Reto**. En el libro de teoría de Java está el apartado ISA DESAFíA. No es más que una referencia a ejercicios que han salido en el concurso Programame. Estos serían los ejercicios de ampliación. Aquí dejo el enlace https://programame.com/quees.php

Plan de Fomento de la Lectura

Con carácter obligatorio, siguiendo las directrices del Plan de Lectura regulado por la **ORDEN 44/2011 de 7 de junio**, e incluido en el Proyecto Educativo del Centro (PEC), se realizará la lectura en cualquiera de las dos lenguas oficiales, a elegir, de al menos uno de los siguientes libros:

▼ El juego de Ender. **ISBN**: 9788466616898

▼ El enemigo conoce el sistema. **ISBN**: 9788417636395

Con el fin de que el alumno desarrolle su comprensión lectora, se aplicarán estrategias que le faciliten su consecución:

- Favorecer que los alumnos activen y desarrollen sus conocimientos previos.
- Permitir que el alumno busque por sí solo la información, jerarquice ideas y se oriente dentro de un texto.
- Relacionar la información del texto con sus propias vivencias, con sus conocimientos, con otros textos, etc.
- Jerarquizar la información e integrarla con la de otros textos. Reordenar la información en función de su propósito.
- Realizar preguntas específicas sobre lo leído.
- Formular preguntas abiertas, que no puedan contestarse con un sí o un no. Coordinar una discusión acerca de lo leído.

Para la enseñanza y el aprendizaje de la lectura vamos a trabajar con:

- Lectura de textos cortos relacionados con el tema y preguntas relacionadas con ellas.
- Lectura en voz alta motivadora de materiales de clase con su explicación.
- Lectura silenciosa que antecede a la comprensión, estudio y memorización. Lectura de periódicos y comentarios en clase de informaciones relacionadas con la materia.

Actividades extraescolares y complementarias

Son aquellas encaminadas a potenciar la apertura del centro a su entorno y a procurar la formación integral del alumnado en aspectos referidos a la ampliación de su horizonte cultural, la preparación para su inserción en la sociedad o el uso del tiempo libre. Estas actividades se realizan fuera del horario lectivo si son extraescolares y dentro del mismo si son complementarias; tienen carácter voluntario para todo el alumnado del centro y no forman parte del proceso de evaluación por el que se pasa al alumnado para la superación de los distintos módulos que integran el ciclo formativo.

A lo largo del módulo también se pueden desarrollar algunas de las siguientes actividades adicionales:

- Visitas a empresas de programación para que los alumnos se familiaricen con el futuro entorno de trabajo, y conozcan de primera mano el panorama actual.
- También se pueden realizar charlas o debates impartidos por empresas o profesionales, para compartir su experiencia con los alumnos.
- Concurso Programame *Miércoles 18 de diciembre (día aproximado)de 18 a 20h*. Programame es el concurso español de programación para alumnos matriculados en Ciclos Formativos de Formación Profesional. Los problemas son siempre aplicaciones de consola. Las soluciones enviadas por los participantes son validadas por un *"juez automático"* que las ejecuta de manera autónoma contra un conjunto de casos de prueba establecidos de antemano. El juez, supervisado por jueces humanos, proporciona un veredicto sobre el problema, aceptándolo o marcándolo como incorrecto, pero en ningún caso ofrece información sobre cuál es el error. En caso de que el veredicto indique que la solución es incorrecta el equipo puede realizar envíos posteriores del mismo problema para intentar corregirla. Los alumnos participan en equipos formados por tres estudiantes.

Estas actividades deben ser programadas por el conjunto de profesores que impartan el ciclo formativo, ya que a lo largo del curso los alumnos solo realizarán una o dos actividades extraescolares.

RECURSOS Y MATERIALES DIDÁCTICOS

a) Bibliografía
   - PROGRAMACIÓN . Autor: Juan Carlos Moreno. Editorial RA-MA. ISBN 97-88499-640884
   - Java y C++ Paso a paso. Borja Vázquez Cuesta. Editorial RA-MA. ISBN 97-88499-647243
   - Aprende a Programar con Java 2ª Edición. Editorial Paraninfo. ISBN 97-88428-338578
   - Pro JavaFX Platform: Script, Desktop and Mobile RIA with Java™ Technology. Editorial Apress. ISBN: 978-14302-18753

b) Webgrafía (enlaces de interés)

   Compilar y ejecutar programas en varios lenguajes:
   - https://ideone.com/
   - https://www.tutorialspoint.com/codingground.htm
   - https://paiza.io/es

   Java:
   - Pildoras informáticas https://www. youtube.com/watch?v=coK4jM5wvko
   - Código facilito https://codigofacilito.com/cursos/JAVA
   - Aprende a programar https: /www. prendeaprogramar.org/moodle/
   - Acepta el reto https: /www .aceptaelreto.com /
   - Discoduroderoer https://www.youtube.com/user/DiscoDurodeRoer

c) Software

   A continuación tenemos una relación del software, que a lo largo del curso se puede ampliar, según las necesidades que se detecten:
   - JDK: (Java Development Kit) contiene las aplicaciones de consola y herramientas de compilación, documentación y depuración. Java 21
   - El IDE Intellij IDEA Community. Scene builder. JavaFx SDK.

   Para la unidad10 además necesitaremos:
   - XAMMP (en Lliurex) o MAMP (en Windows) para manejar y administrar bases de datos desde un navegador web (Mac Os X, como sistema operativo. Apache, como servidor web. MySQL sistema gestor de Bases de Datos y PHP).

d) Otros

   Aula virtual y recursos online, donde también tendremos en cada tema los recursos y materiales para el alumno y un foro para resolver las posibles dudas específicas del tema, discutir sobre la realización de los ejercicios, etc.

   El material básico estará formado por:
   - Los apuntes proporcionados por la profesora en el libro de teoría y ejemplos. Los apuntes están organizados por unidades, y en cada una de ellas se comentan los objetivos del tema.
   - Además de los contenidos habrá también, cuando se considere oportuno, una autoevaluación que puede ayudar a saber si se ha entendido el tema.
   - Enlaces recomendados a textos y/o vídeos de material complementario que se pueden incluir en cada tema.
   - Los enunciados de ejercicios complementarios, algunos de ellos de obligada entrega para su evaluación. Los ejercicios puntuables especificarán claramente la tarea a realizar y el periodo de entrega.

ATENCIÓN A LA DIVERSIDAD Y NEE. EDUCACIÓN INCLUSIVA

Es importante realizarlo para conseguir una atención a todos los alumnos y alumnas sean cuales sean sus características.

Alumnado con NEE

La Ley Orgánica 2/2006 (LOE) hace mención en el título II, artículo 71 y siguientes a la atención a los alumnos con necesidades educativas especiales.

Dentro de la atención a la diversidad nos encontramos con 4 niveles, y están organizados de la siguiente forma:

▼ Primer nivel de respuesta educativa (Nivel I): se dirige a toda la comunidad educativa y a las relaciones del centro con el entorno sociocomunitario. Lo constituyen las medidas que implican los procesos de planificación, la gestión general y la organización de los apoyos del centro.

▼ Segundo nivel de respuesta (Nivel II): está dirigido a todo el alumnado del grupo-clase. Lo constituyen las medidas generales programadas para un grupo-clase que implican apoyos ordinarios.

▼ Tercer nivel de respuesta (Nivel III): lo constituyen las medidas dirigidas al alumnado que requiere una respuesta diferenciada, individualmente o en grupo, que implican apoyos ordinarios adicionales. En el aula se pueden dar distintas situaciones con medidas a adoptar.

▼ Cuarto nivel de respuesta (Nivel IV): lo constituyen las medidas dirigidas al alumnado con necesidades específicas de apoyo educativo que requiere una respuesta personalizada e individualizada de carácter extraordinario que implique apoyos especializados adicionales.

Como podemos comprobar a nivel de Programación en Formación Profesional nos tenemos que centrar en el Nivel III y IV.

La Orden 20/2019, que regula la respuesta educativa para la inclusión del alumnado, indica que un alumno con NEE reconocidas, una vez se matricula en el centro educativo, el departamento profesional estudia qué módulos se consideran más apropiados para que el alumno realice, según sus capacidades y el informe sociopsicopedagógico. De esta forma, es posible que el alumno no curse todos los módulos de un ciclo formativo, por consiguiente, se le expedirá un certificado con las Unidades de Competencia adquiridas o siendo también posible que titule en igualdad de condiciones, siempre que el alumno, por la amplitud de los módulos cursados haya adquirido todas las competencias del ciclo formativo. Además, dicha normativa refleja la posibilidad de que un alumno pueda cursar un módulo durante dos cursos en lugar de en un solo curso, sin que esto implique la repetición del módulo ni la pérdida de ninguna convocatoria. De ahí la importancia de recurrir siempre al departamento de orientación para tomar las medidas mas adecuadas para atender de forma mas correcta las necesidades de estos alumnos.

La **Adaptación Curricular podrá afectar a:**

▼ Los elementos curriculares básicos: metodología, didáctica, actividades, priorización y temporalización en la consecución de objetivos y contenidos.

▼ Los elementos curriculares de acceso: entre los que se incluyen la adaptación de los centros y las aulas a las condiciones del alumnado (adquisición de equipos de ampliación del sonido, supresión de barreras arquitectónicas, espacios, mobiliarios, etc.).

▶ La adaptación curricular NO supondrá, en ningún caso, la desaparición de OBJETIVOS relacionados con la competencia profesional básica del título. Por tanto, NO se recoge la posibilidad de realizar un ACI significativa ni de que existan exenciones de calificación.

Las **adaptaciones propuestas respecto de la metodología didáctica, actividades a realizar y materiales a emplear**, tendrán en cuenta el tipo de necesidad educativa que pueda presentar cada alumno:

▶ Adaptar los equipos a utilizar en las clases, activando las opciones de accesiblidad incluidas en los sistemas operativos.

▶ Facilitar el acceso del alumno al trabajo cotidiano, teniendo en cuenta las condiciones de acceso arquitectónico, sonorización y lumninosidad.

▶ Situar a aquellos alumnos con dificultades de visión o audición a una distancia próxima de la pizarra y el profesorado. Utilizar ayudas técnicas para estimular y desarrollar la capacidad auditiva de la persona.

▶ Reproducir las explicaciones que surgen en las sesiones para mejorar la comprensión en aquellos alumnos con deficiencias visuales y auditivas. Por ejemplo OpenOffice.org Presentation.

▶ Adaptar el mobiliario: mesas de altura regulable para quien utiliza silla de ruedas.

▶ Adaptar el material escrito: aumentar el tamaño de la letra, introducción de colores, etc.

Medidas ordinarias de atención educativa para la diversidad

Son aquellas medidas que van dirigidas al alumnado que presenta diferencias individuales en cuanto a sus capacidades, motivaciones e intereses, así como ritmos y estilos de aprendizajes. Para atender estas diferencias, se proponen las siguientes medidas:

▶ Elaboración de actividades para niveles distintos de aprendizaje (actividades de ampliación y/o refuerzo).

▶ Facilitar materiales, documentación y fuentes de información que permitan la ampliación de conocimientos para aquellos alumnos que presenten una mayor capacidad intelectual.

▶ Agrupar a los alumnos con mayor dificultad de aprendizaje con otros que tengan una aptitud mejor ("tutoría del compañero").

EVALUACIÓN

A través de la evaluación, sistemáticamente, iremos recogiendo y acumulando información útil y fiable durante todas las etapas del proceso de enseñanza-aprendizaje (E/A), de la forma más objetiva y exacta posible, y así conocer el grado de adquisición de los objetivos por parte del alumnado.

En este módulo los aprendizajes del alumnado serán evaluados de forma **contínua** y tendrá en cuenta el progreso del alumno durante todo el proceso de enseñanza-aprendizaje. La aplicación del proceso de evaluación contínua a los alumnos requiere la asistencia regular a las clases y actividades programadas para el módulo profesional. Si algún alumno tiene más de un 15% de faltas injustificadas, se valorará según el caso la pérdida del derecho a la evaluación contínua.

La evaluación contínua se pone de manifiesto en distintos momentos:

▶ La **evaluación inicial**:

Se trata de conocer, a comienzo del curso, la situación de partida del alumno individualmente y del grupo, detectando las características, intereses y necesidades de los alumnos y comparándolos con los Resultados de Aprendizaje que deben alcanzar en el módulo. Se pretende comenzar el proceso educativo con un conocimiento real de las características de los alumnos, con el objeto de diseñar estrategias didácticas y acomodar la práctica docente a la realidad del aula.

▶ **Evaluación periódica**: repartido en tres trimestres (diciembre, marzo y junio).

La recogida de información de cada trimestre se realizará:

En cada sesión, el profesor observará evaluará cómo se desenvuelven los alumnos/as con las tareas encomendadas.

En cada unidad, se evaluarán las *tareas* que se van entregando y, en su caso, pruebas intermedias, como por ejemplo un *test* al finalizar un apartado, o *retos* que se puedan plantear.

Al final de cada unidad, se realizará un test o prueba de carácter teórico/práctico.

Al final del trimestre, se realizará una prueba teórico/práctica con los contenidos correspondientes al trimestre en cuestión.

▶ **Evaluación final ordinaria**

La prueba de evaluación final se realiza en junio. Realizarán esta prueba tanto los alumnos que hayan perdido el derecho a la evaluación contínua, como aquellos que hayan llegado a este punto sin haber obtenido una calificación positiva como resultado de la evaluación contínua.

▶ **Evaluación extraordinaria**

En caso de que el alumno/a no supere la evaluación final ordinaria, dispondrá de la convocatoria extraordinaria, la cual consistirá en una prueba que incluirá TODOS los contenidos del módulo.

CRITERIOS DE EVALUACIÓN

Los criterios *generales* de evaluación vienen marcados por los Resultados de Aprendizaje indicados en el Real Decreto 450/2010, que establece el título del ciclo.

Los criterios *específicos* de cada unidad están detallados en el desarrollo de cada una de ellas.

Los mínimos exigibles van a venir establecidos por el grado de consecución de los Resultados de Aprendizaje. De esta forma, para que el alumno obtenga una calificación positiva tiene que superar como mínimo el 50% de los Criterios de Evaluación asociados a cada Resultado de Aprendizaje. Para que el alumno obtenga una calificación positiva del módulo debe de superar todos los Resultados de Aprendizaje, ya sean los propios del perfil profesional como los transversales.

Los 68 criterios de evaluación de los resultados de aprendizaje están especificados más adelante en la presente programación detallados en cada unidad, según el RA correspondiente. Dado el carácter de este módulo de Programación los RA son acumulativos. En cada unidad se muestra el RA que se trabaja específicamente en la misma; teniendo en cuenta que los RA de las unidades anteriores son acumulativos y se tendrá en cuenta si se han superado o quedan pendientes.

Los criterios de evaluación de los elementos transversales, los indico a continuación y haré referencia a los mismos en ese mismo punto a través de su código CE.RTn

RAT 1: demuestra puntualidad, se comporta con actitud crítica, realiza las tareas con orden y limpieza.	
CE.RT1	Se ha llegado con puntualidad.
CE.RT2	Se han entregado puntualmente las tareas y cumplido los plazos de entrega.
CE.RT3	Se ha mantenido limpio y ordenado su puesto de trabajo.
RAT 2: se comporta respetuosamente con los compañeros, las instalaciones y el medio ambiente. Aprecia la igualdad de oportunidades entre hombres y mujeres, sin discriminar a las personas con discapacidad.	
CE.RT4	Se ha comportado respetuosamente con las instalaciones y con sus compañeros, sin discriminación alguna.
RAT 3: trabaja en condiciones de seguridad y salud, previniendo los posibles riesgos derivados del trabajo.	
CE.RT5	Se han realizado las tareas respetando la ergonomía y las normas sanitarias.
CE.RT6	Se han analizado los riesgos de su actividad laboral.
RAT 4: mantiene el espíritu emprendedor para innovar en el ámbito de su trabajo y adaptarse a los cambios tecnológicos y organizativos de su entorno profesional.	
CE.RT7	Se han utlizado librerías nuevas y aplicado CSS en las aplicaciones.
CE.RT8	Se ha adaptado a los cambios contínuos de la sociedad y del entorno de trabajo.
CE.RT9	Se ha autoformado.

Instrumentos de calificación

Los procedimientos e instrumentos de calificación nos van a permitir ponderar tanto el proceso educativo como el grado de consecución de los resultados de aprendizaje por parte de los alumnos. Debemos intentar que sean diversificados para así obtener una información rigurosa, sistemática y controlada. De esta forma, los procedimientos e instrumentos de calificación que utilizaremos en nuestro caso son los siguientes:

- ▶ Pruebas escritas: problemas y preguntas objetivas (40%).
  - En cada una de las 10 UD se realizará una prueba o cuestionario.
- ▶ Sesiones de prácticas (50%).
  - Prácticas. La nota final será la media aritmética.
- ▶ Profesionalidad(10%).
  - Temas transversales (50%).
  - Participación en el desarrollo de clase, con aportaciones, intervenciones, asistencia a clase, puntualidad en la entrega de trabajos (50%).

ⓘ Nota

Estos porcentajes pueden variar según el consenso del equipo docente.

Los trabajos de ampliación incrementarán la nota de los alumnos en hasta 2 puntos de la nota final, siempre que el alumno tenga una calificación positiva. Si el alumno ya obtuviese un 10, a este se le pondría Matrícula de Honor.

La nota final del alumno se calculará de la siguiente forma:

NF= nota 1ª eval * 20% + nota 2ª eval 30% + nota 3ª eval 50%

El proceso de recuperación

Para favorecer la recuperación cuando un alumno no supere algún módulo profesional, se ha confeccionado el siguiente plan de recuperación:

PARA CADA EVALUACIÓN

Al final de la 3ª evaluación se realizará un examen de recuperación para alumnos que han suspendido algún Resultado de Aprendizaje. Además, deben de entregar todas las tareas relacionadas con el Resultado de Aprendizaje suspendido.

PARA LA PRUEBA EXTRAORDINARIA DE JULIO

- Se le entregará al alumno una ficha individualizada con lo que tiene que hacer. Estos ejercicios son de refuerzo y no puntuarán en la prueba extraordinaria.
- Deberá de hacer un examen de recuperación de todos los Resultados de Aprendizaje.
- No se tendrá acceso a internet durante la realización del examen, pero sí podrán utilizar ejercicios realizados por ellos (a modo de librerías personales).
- El examen durará 5 h. Una para la parte teórica y el resto para la parte práctica.

ALUMNOS QUE NO SUPERAN LOS RESULTADOS DE APRENDIZAJE TRANSVERSALES

Estos alumnos deben de entregar un trabajo práctico y realizar una exposición del trabajo de aquellos temas transversales que no hayan sido superados.

EL ALUMNADO NO PROMOCIONA CON NUESTRO MÓDULO PENDIENTE

En este módulo no se especifica la recuperación de pendientes porque según el artículo 8 de la Orden 79/2010, la carga horaria supera las 240h y por lo tanto el alumnado no promocionaría a segundo curso y por lo tanto no tiene sentido.

EVALUACIÓN DE LA PRÁCTICA DOCENTE

El concepto de evaluación docente está estrechamente ligado al de aprendizaje. Si el aprendizaje es el cambio o adquisición de una conducta que anteriormente no se tenía, la evaluación docente sería el intento de averiguar sistemáticamente en qué medida se han logrado las conductas formuladas en los objetivos iniciales.

Con el fin de mejorar la calidad de la docencia, deberíamos pasar una encuesta de la labor docente a los alumnos al final de curso para poder mejorar nuestra labor.

El docente realizará una autoevaluación en una serie de ámbitos. Las dimensiones generales que recogen y ordenan los ámbitos de trabajo ligados a la práctica docente se pueden clasificar en:

- Programación
- Diversidad
- Actividades en el aula
- Evaluación

Con toda esta información podremos realimentarnos y mejorar la calidad de nuestra actividad docente.

A continuación veamos la ficha didáctica de las unidades.

1

FICHAS DIDÁCTICAS

FICHA DIDÁCTICA DE LA UNIDAD 01

Bloque	1	Metodología de la programación		
UNIDAD	1	Primeros pasos: elementos de un programa	Nº SESIONES:	14

Objetivos didácticos específicos de la unidad

1. Conocer la estructura básica de un programa en Java.
2. Identificar y utilizar variables, constantes, literales y comentarios en Java.
3. Utilizar entornos integrados de desarrollo.
4. Comprobar el funcionamiento de las conversiones de tipos.
5. Escribir programas simples en Java.
6. Utilizar un IDE en la creación y compilación de programas simples en Java.
7. Comentar el código.
8. Probar, documentar y depurar programas.

Objetivos generales: d) j), w)	*Capacidades PPS:* j), t , w)

Resultado de Aprendizaje

RA 1: reconoce la estructura de un programa informático, identificando y relacionando los elementos propios del lenguaje. RAT1, RAT2, RAT3

Contenidos didácticos de la unidad

- Identificación de los elementos de un programa informático: estructura y bloques fundamentales.
- Utilización de los entornos integrados de desarrollo.
- Literales y constantes.
- Variables. Tipos de datos. Operaciones. Operadores y expresiones.
- Conversiones de tipo.
- Codificación, edición y compilación de programas simples orientados a objetos.
- Prueba, depuración y documentación.
- Comentarios.

Criterios de evaluación
1. Se han identificado los bloques que componen la estructura de un programa informático. 2. Se han utilizado entornos integrados de desarrollo. 3. Se han identificado los distintos tipos de variables y la utilidad específica de cada uno. 4. Se ha modificado el código de un programa para crear y utilizar variables. 5. Se han creado y utilizado constantes y literales. 6. Se han clasificado, reconocido y utilizado en expresiones los operadores del lenguaje. 7. Se han introducido comentarios en el código. • RT1, RT2, RT3, RT4
Actividades Generales
• Debate inicial: "¿Qué IDE es mejor? Netbeans, Eclipse o Intellij IDEA". Búsqueda por parte de los alumnos información de cada IDE para iniciar el debate. • Explicaciones teórico-prácticas de la docente. • Instalación guiada de un Entorno de Desarrollo Integrado: Intellij IDEA. • Realización y prueba de programas resueltos, identificando los diferentes tipos de variables. • Modificación y prueba de programas, identificando y utilizando variables. • Realización de ejercicios resueltos. • Realización de ejercicios propuestos y puesta en común. • Test de autoevaluación.

GUÍA ACTIVIDADES

Actividad	Tiempo	¿Cómo? / ¿Qué?	CE
IM: Introducción/motivación	25 min	Debate inicial: "¿Qué IDE es mejor? Netbeans, Eclipse o Intellij IDEA". Búsqueda por parte de los alumnos información de cada IDE para iniciar el debate.	-
T1: Explicación concepto programa. Lenguajes compilados, e interpretados	15 min	Definir concepto de algoritmo y de programa. Ver la diferencia entre lenguajes compilados e intrerpretados poniendo ejemplos, ver imágenes del tema. Caso Java. Bytecode.	-
TP1: Explicación del software necesario para poder desarrollar y ejecutar programas java. JDK	30 min	Utilizar el JDK que viene instalado en Linux. Utilizar el terminal y realizar el programa "Hola Mundo" y ejecutarlo desde la línea de comandos para ver las herramientas de consola del JDK.	3
T2: Explicación de la estructura y bloques fundamentales de un programa en Java	20 min	Mediante el ejemplo HolaMundo explicar detalladamente cada elemento línea a línea; indicando las palabras reservadas y su significado.	-
T3: Explicación de tipos de datos simples en Java y su uso	10 min	Explicación de los tipos de datos simples utilizados en Java: byte, short, int, long, char, float, double, boolean. Ver algunos ejemplos.	-

T4: Explicación de constantes y literales	10 min	Explicar qué es una constante y ver la sintaxis en Java. Explicar literales y tipos de expresiones (dato simple, null, literales enteros y reales, literales carácter, caracteres de escape). Ver ejemplos.	-
T5: Explicación variables, visibilidad, vida. Modificadores	20 min	Explicación gráfica de las variables, su ámbito o scope. Indicar la visibilidad, el tiempo de vida los modificadores Java: public, private, protected, static transient, volatile.	-
T6: Operadores. Precedencia. Casting	15 min	Explicación de los operadores en Java: aritméticos, relacionales, lógicos, unitarios, de bits, de asignación. Precedencia de operadores y uso de paréntesis. Casting.	-
TP2: Actividad guiada completa de instalación de Java, IntelliJ IDEA, Scene Builder y librerías de Java FX	1 sesión	Actividad guiada por la profesora. Se enseña cómo descargar el instalar el software necesario para el módulo. Instalar Java 11, Scene Builder, Librerías JavaFx- Además se realizará la configuración inicial y se enseñará a crear y configurar atajos de teclado.	3,5,7, RT5
TP3: Resuelto R1: V/F	10 min	Dejar unos minutos para que piensen los alumnos y resolverlo interactivamente.	1,4,5,7 RT1, RT3,RT5
TP4: Resuelto R2: declaración de variables, asignaciones, salidas por pantalla (pág. 49)	10 min	Pedir que se declaren una serie de variables y se realicen cálculos, asignaciones y se muestren los resultados por pantalla. Se deja unos minutos para que lo hagan y luego se resuelve y explica por la profesora.	1,3,4,5,6,7 RT1, RT3,RT5
TP5: Resuelto R3: intercambio de valores de dos variables	5 min	Realizar un programa en Java que dadas dos variables a y b, intercambie los valores de a y b. Dejar unos minutos que lo piensen y resolverlo con ellos.	5,9 RT1, RT3,RT5
TP6: Resuelto R4: practicando expresiones aritméticas	5 min	Realizar un programa que calcule y muestre por pantalla una serie de operaciones aritméticas. Dejar unos minutos que lo piensen y resolverlo con ellos.	2,4,5 RT1, RT3,RT5
TP7: Resuelto R5: evaluando expresiones	10 min	Evaluar expresiones. Calcular el valor jasp en dos líneas de programa.	5,7 RT1, RT3,RT5

TP8: Resuelto R6: operador >>>	15 min	Averiguar lo que hace el programa dado, donde se usa el operador >>>	5,7 RT1, RT3,RT5
TP9: Resuelto R7: operadores += ,*= ,-=	2 min	Ejemplo de uso de los operadores += ,*= ,-=	5,7 RT1, RT3,RT5
TP10: Resuelto R8: mostrar String	2 min	Ejemplo de salida por pantalla de un String.	5,6 RT1, RT3,RT5 RT1, RT3,RT5
TP11: Resuelto R9: trabajando a nivel de bits	30 min	Estudio y explicación de un ejemplo para ver cómo se trabaja a nivel de bits. Repaso de binario, hexadecimal.	5,6,9
PRÁCTICA (quedan 8 sesiones para la realizar los 13 ejercicios). Se indica un tiempo estimado, pero el alumnado irá a su propio ritmo, con supervisión de la docente.			
EJERCICIOS PROPUESTOS BÁSICOS / REFUERZO (para alumnos que empiezan desde cero en programación son obligatorios).			
B1: Refuerzo declaración e inicialización de variables	10 min	Programa que declare cuatro variables enteras y realice una serie de asignaciones para mostrar el valor final de las variables.	1,3,4,5,9
B2: Refuerzo estructura programa, declaración variables, uso de expresiones aritméticas	10 min	Programa que dado un entero muestre el doble y el triple del número.	3,5,7,9
EJERCICIOS PROPUESTOS PUNTUABLES			
P1: Modificar un programa dado para subsanar los errores	30 min	Dada la clase suma, que contiene errores, modificarlo para que compile antes de teclearlo y después hacerlo funcionar con el IntelliJ.	1,3,5,6 RT1,RT2, RT5 RT3,RT5
P2: Buscar errores de compilación	30 min	Dado un programa, indicar por qué no compila. Después introducir el código en IntelliJ y modificarlo para que funcione.	1,3,5,6 RT1,RT2, RT5 RT3,RT5
P3: Encontrar los fallos de un programa	30 min	Modificar un programa para que funcione correctamente. Analiza los fallos.	1,3,5,6 RT1,RT2, RT3, RT, 4, RT5
P4: Averiguar qué hace un programa	30 min	Estudia el código del programa, analizando las expresiones que contiene e indica la salida por pantalla. Después teclear el código para comprobar el resultado.	1,3,5,7 RT1,RT2, RT3, RT, 4, RT5

P5: Longitud circunferencia	15 min	Implementar un programa que calcule la longitud. Utilización de operadores y expresiones.	3,7 RT1,RT2, RT3, RT, 4, RT5
P6: Área circunferencia	15 min	Implementar un programa que calcule el área de una circunferencia dada. Utilización de operadores y expresiones.	3,7 RT1,RT2, RT3, RT, 4, RT5
P7: Utilización de literales	10 min	Implementar un programa que imprima un literal y utilice secuencias de escape.	3,6 RT1,RT2, RT3, RT, 4, RT5
P8: Generación aleatoria de letras	45 min	Implementar programa que genere aleatoriamente letras e indique si son consonantes o vocales.	3,6,7,9
P9: Expresiones booleanas	25 min	Resolver el programa jasp utilizando únicamente dos líneas de código.	3,6,7,9 RT1,RT2, RT3, RT, 4, RT5
P10: Expresiones del tiempo	40 min	Implementar un programa que dado un tiempo en segundos, nos lo diga expresado en horas, minutos y segundos.	3,6,7,9 RT1,RT2, RT3, RT, 4, RT5
P11: Desglose de monedas	1 sesión	Desglosar cantidad en billetes y monedas de curso legal (hasta 1 euro).	3,5,6,7,9 RT1,RT2, RT3, RT, 4, RT5
TEST	30 min	Test de la unidad.	1,4, 5,6,7

Test Unidad 01

A continuación veamos un test de autoevaluación. Está en formato GIF para poder importarlo desde moodle y generar las preguntas. Solo se pone en esta unidad como ejemplo por si se quiere utilizar en cuestionarios posteriores.

1. ¿Qué hace la siguiente sentencia del código?

x += 2;
{
~%-33.333% Asigna el valor de 2 a la variable x
=Suma 2 al valor de la variable x
~%-33.333% Resta 2 unidades al valor de x
~%-33.333% Ninguna de las tres opciones es válida
}

2. ¿Cuál es el resultado del siguiente programa?

int j=2;
System.out.println (j == 3);
{
~%-33.333% true
= false
~%-33.333% undefined
~%-33.333% "j == 3"
}

3. ¿Qué hace nuestra función misterio?

public static double misterio(double x,int y) {
return (x*y)/100
}
{
~%-33.333% Calcula la 10 parte de X sobre Y
~%-33.333% Calcula los 2 decimales que tiene el valor de X
~%-33.333% Calcula el porcentaje Y sobre el valor de X
= Ninguna de las tres es correcta
}

4. ¿Qué resultado da la siguiente operación?

System.out.println(12&13);
{
~%-33.333% true
= false
~%-33.333% 12
~%-33.333% 13
}

5. ¿Cuál es el valor que se muestra por pantalla?

int x = 5;
int y = 5;

y *= x++;
System.out.println(x);
{
~%-33.333% 25
~%-33.333% 30
= 6
~%-33.333% 35
}

6. **Calcula el valor final de la variable n**

```
        int n = 1, a = 3, b = 4;
        a = b + n++;
        n *= 3;
        n = n + a + b * a;
{
~%-33.333% 3
= 31
~%-33.333% 13
~%-33.333% 28
}
```

7. **Calcula el valor final de la variable n**

```
        int n = 5, m = 5, p = 2;
        m = m / p;
        m += ++n;
        n *= p + m;
{
~%-33.333% 3
= 60
~%-33.333% 59
~%-33.333% 28
}
```

8. **Calcula el valor final de la variable mayor**

```
int vble1 = 5;
int vble2 = 4;
int mayor;

mayor = (vble1 > vble2)?vble1:vble2;
{
= 5
~%-33.333% 0
~%-33.333% true
~%-33.333% false
}
```

9. **Calcula el valor final de las m, n**

```
int m = 2, n = 5;
boolean res;

res = m++ > n && m >= --n;;
res =!( m < n || m != n);
{
= m es 3, n es 5
~%-33.333% m es 1, n es 5
~%-33.333% m es 1, n es 4
~%-33.333% m es 3, n es 4
}
```

FICHA DIDÁCTICA DE LA UNIDAD 02

Bloque	1	Metodología de la programación		
UNIDAD	2	Estructuras de control	Nº SESIONES:	28

Objetivos didácticos específicos de la unidad
9. Utilizar entornos integrados de desarrollo.
10. Escribir programas simples en Java.
11. Escribir llamadas a métodos estáticos.
12. Utilizar parámetros en la llamada a métodos.
13. Incorporar y utilizar librerías de objetos.
14. Utilizar un IDE en la creación y compilación de programas simples en Java.
15. Utilizar estructuras de selección.
16. Utilizar estructuras de repetición.
17. Utilizar estructuras de salto.
18. Escribir código utilizando control de excepciones.
19. Comentar el código.
20. Probar, documentar y depurar programas.

Objetivos generales: j), q), w)	*Capacidades PPS:* i), j), t) , w)

Resultado de aprendizaje
RA 3: escribe y depura código, analizando y utilizando las estructuras de control del lenguaje. RAT1, RAT2, RAT3

Contenidos didácticos de la unidad
• Utilización de los entornos integrados de desarrollo.
• Codificación, edición y compilación de programas simples orientados a objetos.
• Uso de estructuras de control: selección, repetición y salto.
• Control de excepciones.
• Uso de operaciones de entrada y salida.
• Codificación, edición y compilación de programas con estructuras de control.

Criterios de evaluación
• 19. Se ha escrito y probado el código de un programa que haga uso de estructuras de selección.
• 20. Se han utilizado estructuras de repetición.
• 21. Se han reconocido las posibilidades de las sentencias de salto.
• 22. Se ha escrito código utilizando control de excepciones.
• 23. Se han creado programas utilizando diferentes estructuras de control.
• 24. Se han probado y depurado los programas.
• 25. Se ha comentado y documentado el código.
• 36. Se ha utilizado la consola para realizar operaciones de entrada y salida de información.
• 38. Se han reconocido las posibilidades de entrada/salida del lenguaje y las librerías asociadas.
• RT1, RT2, RT3, RT4

Actividades generales
• Realización de la reflexión al alumnado de la necesidad de los condicionales y estructuras repetitivas. • Realización y prueba de programas resueltos, identificando los elementos y estructuras del lenguaje. • Realización de programas que resuelvan problemas propuestos, identificando para su resolución la utilización de alguna de las estructuras vistas: de selección simple, multiple o repetitivas. • Realización de programas donde hagan uso de diferentes estructuras de control para la resolución de problemas planteados. • Realización de programas donde se realice control de excepciones.

GUÍA ACTIVIDADES			
Actividad	**Tiempo**	**¿Cómo? / ¿Qué?**	**CE**
IM: Introducción/motivación	5 min	Reflexión inicial: debate de la necesidad de utilizar estructuras condicionales y repetitivas.	-
T1, T2. Introducción de datos mediante **Scanner**	5 min	Explicación teórico práctica del funcionamiento y componentes a través de los ejemplos.	24, 25
T3, T4. Introducción de datos mediante **JOptionPane**	10 min	Explicación teórico práctica del funcionamiento y componentes a través de los ejemplos.	24, 25
T5. Introducción de datos mediante **BufferedReader**	5 min	Explicación teórico práctica del funcionamiento y componentes a través de los ejemplos.	24, 25
T6. Estructuras básicas de control	5 min	Exposición. Sentencias de selección y de repetición. Qué son y para qué se utilizan.	-
T7. Estructura selección **if** (simple y compuesta), ejemplos **T8** y **T9**	10 min	Análisis y sintáxis de la estructura condicional if,. Explicación del ordinograma asociado para representarlo gráficamente. Demostración de uso a través de ejemplos realizados con el alumnado.	19, 23, 24, 25
T10. Estructura de selección múltiple **switch**, ejemplo **T11**	5 min	Análisis y sintáxis de la estructura condicional switch. Explicación del ordinograma asociado para representarlo gráficamente. Demostración de uso a través de ejemplos realizados con el alumnado.	19, 23, 24, 25
T12. Estructuras de repetición	5 min	Introducción a las distintas estructuras de repetición en Java.	-
T13. Estructura repetitiva **while.** y ejemplo **T14**	10 min	Análisis y sintáxis de la estructura repetitiva while. Explicación del ordinograma asociado para representarlo gráficamente. Demostración de uso a través de ejemplos realizados con el alumnado.	19, 20, 23, 24, 25

T15. Estructura repetitiva **do..while** y ejemplo **T16.**	10 min	Análisis y sintáxis de la estructura repetitiva do while. Explicación del ordinograma asociado para representarlo gráficamente. Demostración de uso a través de ejemplos realizados con el alumnado.	19, 20, 23, 24, 25
T17. Estructura repetitiva **for** y ejemplo **T18.**	5 min	Análisis y sintáxis de la estructura repetitiva for. Explicación del ordinograma asociado para representarlo gráficamente. Demostración de uso a través de ejemplos realizados con el alumnado.	19, 20, 21, 23, 24, 25
T19. Break y **continue**	5min	Explicación de uso.	19, 20, 21, 23, 24, 25
T20. Ejemplo de continue con etiquetas	5 min	Ejemplo teórico/práctico de uso de continue.	19, 20, 21, 23, 24, 25
T21. Ejemplo de break	10 min	Ejemplo teórico / práctico que dibuja pirámide. Uso de break, continue y etiquetas.	19, 20, 21, 23, 24, 25
T22. La sentencia **return**	2 min	Exposición de su utilización.	-
T23. Control de excepciones y ejemplo **T24**	15 min	Explicación de la necesidad del control de excepciones y ejemplo práctico de la división por cero.	19, 20, 21, 22, 23, 24, 25
T25. Prueba y depuración de programas	10 min	Exposición de la prueba y depuración de los programas.	19, 24, 25
T26. Documentación de programas	10 min	Exposición de la documentación necesaria de las aplicaciones.	19, 24, 25
TP27. Ejemplo salida por pantalla System.out.println	5 min	Ejemplo guiado de salida por pantalla utilizando System.out.println.	36, 38
TP28. Ejemplo salida por pantalla JOptionPane.showMessageDialog	5 min	Ejemplo guiado de salida por pantalla utilizando System.out.println.	36, 38
TP29. Ejemplo lectura de datos JOptionPane.showInputDialog	5 min	Ejemplo guiado de salida por pantalla utilizando System.out.println.	36, 38
TP30 y TP31. Análisis de ejemplos completos	35 min	El alumnado analizará y codificará los ejemplos completos. Planteando las dudas y comentando en clase sobre los mismos.	36,38

PRÁCTICA			
EJERCICIOS RESUELTOS (Se dejará unos minutos para que el alumnado realice los ejercicios y se realizará la resolución y explicación en clase conforme al feedback recibido).			
R1. Área de un círculo	10 min	Practicar lectura de datos por teclado, salida por pantalla y estructura secuencial.	24, 25, 36, 38
R2. Dados dos números ver si uno es múltiplo de otro	10 min	Practicar lectura/escritura de información y estructura condicional simple.	19, 23, 34, 25, 36, 38
R3. Ordenar dos números enteros de menor a mayor	10 min	Practicar lectura/escritura de información y estructura condicional simple.	19, 23, 34, 25, 36, 38
R4. Pedir número y mostrar cifras al revés	15 min	Practicar entrada y salidas de datos con estructura secuencial.	24, 25, 36, 38
R5. Lucky number	35 min	Aplicar estructuras de repetición do while y for.	19, 20, 21, 23, 24, 25, 36, 38
R6. Sumar valores introducidos por teclado y decir si la suma es menor, igual o mayor que 0	15 min	Aplicar estructuras de selección y repetición.	19, 20, 21, 23, 24, 25, 36, 38
R7. Número de Armstrong	40 min	Aplicar estructuras de selección y repetición. Explicar las llamadas a métodos.	19, 20, 21, 22, 23, 24, 25, 36, 38
EJERCICIOS PROPUESTOS (quedan 20 sesiones para la realizar los 23 ejercicios). Se indica un tiempo estimado, pero el alumnado irá a su propio ritmo, con supervisión de la docente.			
P1. Decir si un entero es par	10 min	Aplicar estructura condicional simple. E/S datos por pantalla.	19, 24, 25, 36, 38
P2. Mayor de dos enteros	10 min		
P3. Decir si un número es múltiplo de otro	10 min		
P4. Decir si un número es múltiplo de 10, si lo es, pedir otro número y decir si también lo es	10 min	Aplicar estructura condicional simple. E/S datos por pantalla.	19, 22, 23, 24, 25, 36, 38
P5. Multiplicar dos números e informar si es cero u otra cosa	5 min	Aplicar estructura condicional simple. E/S datos por pantalla.	
P6. Dividir dos números si el segundo no es cero	5 min	Aplicar estructura condicional simple. E/S datos por pantalla.	
P7. Decir si entero es múltiplo de 2 o de 3	10 min	Aplicar estructura condicional simple. E/S datos por pantalla.	
P8. Decir si entero es múltiplo de 2 y de 3 simultáneamente	5 min	Aplicar estructura condicional simple. E/S datos por pantalla.	

P9. Decir si entero es múltiplo de 2 pero no de 3	5 min	Aplicar estructuras condicionales adecuadas a la resolución de cada problema.	19, 22, 23, 24, 25, 36, 38
P10. Decir si entero es múltiplo de ni de 2 ni de 3	5 min		
P11. Decir si dos enteros son pares	5 min		
P12. Decir si al menos uno de dos números es par	5 min		
P13. Decir si uno y sólo un número de los dos introducidos es par	5 min		
P14. Dados dos enteros decir si uno, los dos o ninguno es positivo	10 min		
P15. Mayor de tres números	15 min		
P16. Dados dos números decir si son iguales, sino, decir el mayor	5 min		
P17. Dados tres números, ordenar de mayor a menor	30 min		
P18. Notas en formato letras	40 min		
P19. Dado dia, mes, anio. Decir si fecha correcta	40 min		
P20. Pedir número de 1 a 99 y escribirlo en letra	20 min		
P21. Transformar un bucle for dado en un bucle while	5 min	Aplicar estructuras de selección y repetición.	19,20, 21, 23, 24, 25
P22. Triángulo con asteriscos alineado a la izquierda	30 min		
P23. Mostrar los cinco primeros números pares	10 min		
P24. Tablas multiplicar del 1 al 10	30 min		
P25. Pasar número de decimal a romano	1,2 sesiones		
P26. Pirámide de n asteriscos alineada a la derecha	1 sesión		
TEST/CUESTIONARIO	45 min	Test/ Cuestionario de la unidad.	19, 20, 21, 23, 24, 25
ACTIVIDADES DE AMPLIACIÓN (opcionales)			
ISA DESAFÍA: ¡TE RETO!	-	Actividades de motivación y diversión. Toma de contacto con el juez del concurso de programación *Programame*.	

Cuestionario Unidad 02

1. **¿Qué diferencia hay entre bucle while y un bucle for?:**

   a) El bucle for puede no llegar a ejecutarse nunca pero el while siempre se ejecuta al menos una vez.

   b) El bucle for se ejecuta un número determinado de veces y el while un número indeterminado de veces.

   c) El bucle for no puede convertirse en un bucle while pero sí al contrario.

   d) El bucle while permite su incialización pero el bucle for no.

2. **De acuerdo a la sintaxis del bucle while:**

   > **while (condición) {**
   >   **sentencias**
   > **}**

   ¿Qué es falso en relación a la condición?

   a) La condición es una variable booleana.

   b) La condición sólo se evalúa al principio de la ejecución del bucle.

   c) Si la condición es verdadera, se ejecuta el bloque de sentencias, y se vuelve al principio del bucle.

   d) Si la condición es falsa, no se ejecuta el bloque de sentencias.

3. **Dado el siguiente código escrito en Java, que imprime los números múltiplos de cuatro menores o iguales que 100:**

   int x = 0;
   > **while (x++ <= 100){**
   >   **System.out.print(x);**
   >   **if (x%4 == 0) System.out.print(" es múltiplo de cuatro");**
   >   **System.out.println();**
   > **}**

   Programa un código equivalente que use un bucle do-while.

4. **La famosa SERIE DE FIBONACCI se construye de tal manera que cada término de la misma es igual a la suma de los dos anteriores. Es decir, si comenzamos con el número 1, esta serie tiene la siguiente apariencia:**

   1, 1, 2, 3, 5, 8, 13, 21, 34, 55, 89, 144, 233, 377, 610, 987, 1597, 2584, 4081, 6665, 10746, ...

   ⓘ **Nota**

   Por cierto, esta serie tiene una serie de propiedades tales como que los números consecutivos de Fibonacci son primos entre si, aunque la más curiosa de todas es que el cociente de dos números consecutivos de la serie se aproxima a un número "Fi", 1.618033988 .... Durante los últimos siglos se ha venido considerando que el número Fi , también llamado "divina proporción" o "razón áurea", era un baremo de equilibrio y belleza en cuanto lo que a proporciones se refiere.

   Programa un código que imprima por pantalla la serie de números de Fibonacci menores de 1000

5. **¿Qué es una variable centinela?**

   a) Es una variable de tipo entero (int) que permite contar el número de veces que se ejecuta el bucle.

   b) No existen este tipo de variables.

   c) Es un objeto de la clase "Guard" que tiene métodos para controlar bucles.

   d) Es una variable booleana (boolean) a la que asignaremos valores y que nos ayudará en el control del bucle.

6. **De acuerdo a la sintaxis del bucle do-while:**

   do{
      sentencias
   } while (condición)

   Señalar cuál es la afirmación falsa:

   a) Si condición = = true, entonces el bucle se sigue ejecutando.

   b) Aunque se cumpla condición = = false, el bucle se llega a ejecutar alguna vez.

   c) Si condición = = false, el bucle no se llega a ejecutar nunca.

   d) Ninguna de las anteriores es falsa.

7. **Transforma este bucle for:**

   for(a=0,b=0; a < 7; a++,b+=2)

   en su equivalente bucle while.

8. **De acuerdo a la sintaxis del bucle for**

   for (inicialización ; condición ; actualización) {
      sentencias
   }

   Señalar cuál es la afirmación falsa:

   a) La inicialización se realiza cada vez antes de entrar al bucle.

   b) La condición se comprueba cada vez antes de entrar al bucle.

   c) La actualización se realiza siempre al terminar de ejecutar la iteración.

   d) La inicialización, condición y actualización son elementos "opcionales".

9. **¿Cuál de estas características de las sentencias "break" y "continue" es "falsa"?**

   a) La sentencia break permite salirnos de un bucle que está en ejecución, sin embargo, continue sigue ejecutando las siguientes iteraciones del bucle.

   b) Las sentecias break y continue pueden usarse en tanto en sentencias de repetición (bucles) como de bifurcación (switch).

   c) Después de ejecutarse la sentencia continue en un bucle, se vuelve a evaluar la condición del bucle.

   d) La sentencia break termina la ejecución de una sentencia de bifurcación (switch).

10. ¿ Cuántas veces se ejecuta el cuerpo del siguiente bucle ?

```
int i = 0;
while (true) {
    i ++;
    if (i <10)
        continue;
    i ++;
    if (i== 10)
        break;
}
```

a) 10.

b) El bucle se ejecuta permanentemente (no sale).

c) 0.

d) 11.

FICHA DIDÁCTICA DE LA UNIDAD 03

Bloque	1	Metodología de la programación		
UNIDAD	3	Estructuras de datos estáticas: arrays, Strings	Nº SESIONES:	30
		Objetivos didácticos específicos de la unidad		

21. Conocer el concepto de vector o array.
22. Estudiar el concepto de array multidimensional o matriz.
23. Utilizar arrays en la resolución de problemas sencillos.
24. Utilizar las cadenas de caracteres.
25. Conocer el uso de expresiones regulares en la búsqueda de patrones de texto.
26. Conocer e investigar el funcionamiento de algoritmos de ordenación de vectores.

Objetivos generales: j), q), w)	*Capacidades PPS:* a), i) j), t) , w)

Resultado de aprendizaje

RA 6: escribe programas que manipulen información seleccionando y utilizando tipos avanzados de datos. RAT1, RAT2, RAT3

Contenidos didácticos de la unidad

- Creación de arrays.
- Inicialización de arrays.
- Utilización de arrays.
- Arrays multidimensionales.
- Cadenas de caracteres.
- Búsqueda de datos dentro de un array.
- Expresiones regulares en la búsqueda de patrones de texto.
- Hashtables.
- Algoritmos de ordenación.

Criterios de evaluación
• **44.** Se han escrito programas que utilicen arrays. • **45.** Se han reconocido las librerías de clases relacionadas con tipos de datos avanzados. • **46.** Se han utilizado listas para almacenar y procesar información. • **47.** Se han utilizado iteradores para recorrer los elementos de las listas. • **48.** Se han reconocido las características y ventajas de cada una de la colecciones de datos disponibles. • **50.** Se han utilizado expresiones regulares en la búsqueda de patrones en cadenas de texto. • RT1, RT2, RT3, RT4
Actividades generales
• Realización al inicio de la Unidad de un Brainstorming sobre "¿Qué es un vector?" • Exposición oral de los contenidos conceptuales de la unidad. • Dibujar gráficamente todas las estructuras estáticas de datos vistas en la unidad, para comprender mejor su significado, y sus operaciones. • Elección de las estructuras correctas para la resolución de los problemas planteados. • Diseño de programas en Java que resuelvan problemas mediante la utilización de arrays. • Diseño de programas que resuelvan problemas mediante la utilización de matrices. • Discusión y puesta en común de las diferentes soluciones aportadas a los ejercicios.

GUÍA ACTIVIDADES

Actividad	Tiempo	¿Cómo? / ¿Qué?	CE
IM: Introducción/motivación	5 min	Tormenta de ideas: ¿qué es un vector?	-
T1. Concepto array. Instancia. Almacenamiento	15 min	Exposición concepto array, cómo se declaran. Cómo se almacenan en memoria.	44, 45
TP2. Declaración, instanciación y reccorrido de un array	10 min	Realización guiada y explicación ejemplo declaración, instanciación y recorrido.	44, 45, 47
TP3. Calcular media de un vector de enteros	10 min	Propuesta y resolución de ejemplo que calcula media de los números almacenados en un vector.	44, 45, 47
T4. Copia de vectores recorriendo array y **TP5.** Uso de System.arrayCopy	15 min	Explicación de copia de vectores recorriendo el array. Uso de System.arrayCopy para copiar un vector en otro.	44, 45, 47, 48
TP6. Ejemplo métodos clone e equals	10 min	Estudio de clone e equals; comprobar la diferencia entre =, equals.	44, 45, 47, 48
T7. Arrays multidimensionales. Concepto. Declaración	5 min	Explicación del concepto y declaración de una matríz.	44, 45
TP8. Ejemplo matriz 3x3	10 min	Realización de ejemplo guiado de declaración e inicialización a la vez de matriz 3x3. Recorrido.	44, 45, 47, 48
TP9. Matriz con filas de tamaño diferente	10 min	Realización, análisis y explicación del ejemplo.	44, 45, 47

T10. La clase Arrays. Métodos asociados: fill, equals, sort, binarySearch	20 min	Exposición de la clase Arrays y alguno de sus métodos asociados a través de mini ejemplos.	44, 45, 47, 48
T11. La clase String	5 min	Exposición del concepto de cadena. La clase String.	44, 45
T12. Métodos de la clase String. Expresiones regulares	40 min	Explicación de algunos métodos a través de mini ejemplos:String, length, concat, toString, compareTo, equals, toLowerCase, toUpperCase, trim, replace, substring, startsWith, endsWith, charAt, indexOf, toCharArray, valueOf, formt, matches. Expresiones regulares.	44, 45, 46, 47, 50
T13. La clase StringTokenizer	20 min	Realización de ejemplo para dividir una cadena en elementos independientes.	44, 45, 47, 48
T14. La clase HashMap	5 min	Exposición teórica de la colección HashMap.	44, 45, 46, 47, 48
TP15. Ejemplo de uso detallado HashMap. Diccionario biligue	20 min	Realización y explicación de un ejemplo guiado. Declaración. Detallar el uso de values, keySet, get,contains , getOrDefault, remove.	44, 45, 46, 47, 48
T16. Búsqueda dicotómica en vector ordenado	5 min	Exposición del clásico método de búsqueda binaria o dicotómica.	44, 45, 47
TP17. Ejemplo búsqueda dicotómica	15 min	Propuesta y realización del ejemplo de búsqueda binaria.	44, 45, 47
T18. Ordenación de vectores	5 min	Indicación de los métodos clásicos que existen para ordenar vectores.	44, 45, 47
TP19. Método de la burbuja	20 min	Explicación, resolución gráfica mediante traza y codificación guiada.	44, 45, 47
PRÁCTICA EJERCICIOS RESUELTOS (Se dejará unos minutos para que el alumnado realice los ejercicios y se realizará la resolución y explicación en clase conforme al feedback recibido**).**			
R1. Calcular la media de temperaturas	25 min	Practicar lectura de datos de un vector y recorrido.	44, 45, 47
R2. Pedir datos y mostrar array	5 min	Practicar la lectura y recorrido de un array de 10 enteros.	44, 45, 47
R3. Utilizar expresiones regulares	25 min	Práctica guiada de utilización de expresiones regulares filtrando una fecha.	44, 45, 46, 47, 50
R4. Utilizar expresiones regulares	20 min	Aplicar expresiones regulares para introducir correctamente un dni.	44, 45, 46, 47, 50
R5. Dado vector de 5 enteros contar cuantos son positivos, negativos o cero	15 min	Practicar recorridos de vector y realizar operaciones con los datos obtenidos.	44, 45, 47

R6. Mezclar dos arrays	25 min	Practicar el uso y recorrido de tablas o matrices.	44, 45, 47
R7. Vector de Strings	15 min	Practicar el uso y recorrido de vectores utilizando datos tipo String.	44, 45, 47
EJERCICIOS PROPUESTOS			
PRÁCTICA (quedan unas 19 sesiones para la realizar los 25 ejercicios). Se indica un tiempo estimado, pero el alumnado irá a su propio ritmo, con supervisión de la docente.			
BÁSICOS			
P1. Usando arraycopy para copiar un vector en otro	10 min	Realizar de nuevo el ejemplo de T4: copiando un array en otro utilizando el método arraycopy; pero utiliza un bucle for para mostrar la información por pantalla.	44, 45, 47, 48
P2. Pedir diez números reales almacenar en un array, y recorrerlo. Averiguar el máximo y mínimo para mostrarlos por pantalla	20 min	Crear vector de reales y recorrerlo realizando cálculos y mostrando el resultado por pantalla.	44, 45, 47, 48
P3. Leer 5 números y mostrarlos en el mismo orden introducido	10 min	Lectura y recorrido de vector de enteros.	44, 45, 47, 48
P4. Leer veinte números enteros por teclado, almacenar en un array y luego mostrar por separado la suma de todos los valores positivos y negativos	20 min	Crear vector de reales y recorrerlo realizando cálculos y mostrando el resultado por pantalla.	44, 45, 47, 48
P5. Leer 10 números enteros. Debemos mostrarlos en el siguiente orden: el primero, el último, el segundo, el penúltimo, el tercero, etc.	30 min	Manejar arrays unidimensionales.	44, 45, 47, 48
AVANZADOS			
P6. Leer los datos de dos tablas de 12 elementos numéricos, y mezclarlos en una tercera de la forma: 3 de la tabla A, 3 de la B, otros 3 de A, otros 3 de la B, etc	20 min	Leer los datos de dos tablas de 12 elementos numéricos, y mezclarlos en una tercera según criterios.	44, 45, 47, 48
P7. Leer por teclado una serie de 10 números enteros. La aplicación debe indicarnos si los números están ordenados de forma creciente, decreciente, o si están desordenados	20 min	Dada una serie de números indicar si los números están ordenados de forma creciente, decreciente, o si están desordenados.	44, 45, 47, 48
P8. Crea un programa que cree un array de enteros de tamaño 100 y lo rellene con valores enteros aleatorios entre 1 y 10 (utiliza 1 + Math.random()*10). Luego pedirá un valor N y mostrará en qué posiciones del array aparece N	20 min	Generar array con números aleatorios y mostrar en qué posiciones aparece un valor determinado.	44, 45, 47, 48

P9. Aplicación que declare una tabla de 10 elementos enteros. Leer mediante el teclado 8 números. Después se debe pedir un número y una posición, insertarlo en la posición indicada, desplazando los que estén detrás	35 min	Inserción de elementos en un vector desplazando el resto.	44, 45, 47, 48
P10. String por teclado. Por la salida queremos que nos diga cuántas letras tiene (contando espacios en blanco si es que los tiene)	10 min	Manejo de Strings, contar elementos incluyendo los espacios en blanco. Uso de length.	44, 45, 47
P11. String por teclado. Por la salida queremos que nos diga cuántas letras tiene contando espacios en blanco	10 min	Manejo y recorrido de Strings, contar elementos incluyendo los espacios en blanco. Uso de charAt.	44, 45, 47
P12. String por teclado. Por la salida queremos que nos diga cuántas letras 'a' tiene	10 min	Manejo y recorrido de Strings, contar elementos incluyendo los espacios en blanco. Uso de charAt.	44, 45, 47
P13. Aceptar varios números por teclado hasta llegar a un 0, cuando llegue a un 0 no pedirá más y nos mostrará por pantalla el mayor de los números introducidos (como máximo 10, contando el 0)	15 min	Manejo y recorrido de Strings, contar elementos incluyendo los espacios en blanco. Uso de charAt.	44, 45, 47
P14. Hacer un programa que acepte inicialice un vector de Strings y declare cuatro marcas de coches. Recorrer el vector utilizando el bucle for-each para indicar las marcas de coches almacenadas	10 min	Inialización de vector de Strings y recorrido utilizando iterador for-each.	44, 45, 47
P15. Hacer un programa que simule un torneo de baloncesto	30 min	Aplicación de uso de arrays.	44, 45, 47,
P16. Array de enteros de tamaño 100 y lo rellene con valores enteros aleatorios entre 1 y 10 (utiliza 1 + Math. random()*10). Luego pedirá un valor N y mostrará en qué posiciones del array aparece N	20 min	Aplicación uso de arrays.	44, 45, 47
P17. Palíndromo	20 min	Uso y recorridos de Strings. CharAt, toUpper.	44, 45, 47
P18. Crear una tabla bidimensional 5x5 y rellenarla de la siguiente forma: la posición T[n,m] debe contener n+m. Después se debe mostrar su contenido	20 min	Utilización, recorrido y operaciones con datos de matrices.	44, 45, 47

P19. Introducir NxM valores. Recorrer la matriz y al final mostrar por pantalla cuántos valores son mayores que cero, cuántos son menores que cero y cuántos son igual a cero	20 min	Utilización, recorrido y operaciones con datos de matrices.	44, 45, 47
P20. Tabla de tamaño 4x4. Decir si es simétrica o no, es decir si se obtiene la misma tabla al cambiar las filas por columnas	30 min	Utilización, recorrido y operaciones con matrices.	44, 45, 47
P21. Crear y cargar dos matrices de tamaño 3x3, sumarlas y mostrar su suma	20 min	Uso y recorrido. Operaciones con matrices.	44, 45, 47
P22. Crear una matriz "marco" de tamaño 8x6: todos sus elementos deben ser 0 salvo los de los bordes que deben ser 1. Mostrarla	20 min	Uso y recorrido. Operaciones con matrices.	44, 45, 47
P23. Crear una tabla de tamaño 7x7 y rellenarla de forma que sea una matriz identidad	15 min	Operaciones con matrices.	44, 45, 47
P24. Crear y cargar una tabla de tamaño 10x10, mostrar la suma de cada fila y de cada columna	20 min	Utilización, recorrido y operaciones con matrices.	44, 45, 47
P25. Utilizando dos tablas de tamaño 5x9 y 9x5, cargar la primera y trasponerla en la segunda	20 min	Operaciones con matrices. Uso y recorrido.	44, 45, 47
ACTIVIDADES DE AMPLIACIÓN (opcionales)			
ISA DESAFÍA: ¡TE RETO!	-	Actividades de motivación y diversión. Toma de contacto con el juez del concurso de programación *Programame.*	-
TEST/CUESTIONARIO	45 min	Test/ Cuestionario de la unidad.	44, 45, 46, 47, 48

Test Unidad 03

```
{
public static void main( String[] args )
  {

      int[] arreglo={32,52,37,12,32,5};

      System.out.printf ( "%s %8s\n", "Indice", "Valor" );

      for ( int contador = 0; contador < arreglo.length; contador++ )
      {
      System.out.printf ("%5d %8d\n", contador, arreglo[ contador ] );
      }
  }
}
```

1. **Del anterior código de java, podemos afirmar que:**
   - ○ a. El código lee los valores del arreglo.
   - ○ b. Imprime en pantalla los valores del arreglo.
   - ○ c. Imprime en pantalla del valor del arreglo con su respectivo índice.
   - ○ d. Imprime en pantalla el tamaño del arreglo.

```
public class Ejercicios {

    public static void main( String[] args )
    {
    int total=0;

    int[] num={32,52,37,12,32,5};

    for ( int i = 0; i < num.length; i++ ){

    total += num[i]      ;

    }
    System.out.printf ("la suma de los elementos del arreglo es: "+ i)      ;

    }
}
```

2. **El código anterior realiza la función de sumar los valores que tiene el arreglo, imprimiendo el resultado de la suma de dichos valores, el código no funciona debido a que tiene un error en:**

```java
public class Ejercicios {

    public static void main( String[] args )
    {
    int total=0;

    int[] num={32,52,37,12,32,5};


    for ( int i = 0; i < num.length; i++ ){

    total += num[i]       ;

    }
    System.out.printf ("la suma de los elementos del arreglo es: "+i)      ;

    }
}
```

El código anterior realiza la función de sumar los valores que tiene el array, imprimiendo el resultado de la suma de dichos valores, el código no funciona debido a que tiene un error en:

○ a. El índice del for debe sumar +2.

○ b. El código funciona correctamente, no tiene errores.

○ c. Al imprimir en pantalla debe concatenar la variable total y no el índice.

○ d. La función de la variable total está mal declarada.

```java
public class Ejercicios {

    public static void main( String[] args )
    {
        int[][] matriz = new int[3][3] ;

        matriz[0][0]=2;
        matriz[0][1]=3;
        matriz[0][2]=5;
        matriz[1][0]=4;
        matriz[1][1]=6;
        matriz[1][2]=6;
        matriz[2][0]=3;
        matriz[2][1]=3;
        matriz[2][2]=3;

        for(int i=0;i < 3;i++){
            System.out.println();

            for(int j=0;j <=i;j++){
                System.out.print(matriz[i] [j]+" ");
            }
        }
    }
}
```

3. Del código anterior afirmamos que:

O a. Imprime la matriz de 3x3 haciendo un recorrido total.

O b. Imprime la matriz 3x3 haciendo un recorrido parcial.

O c. Imprime la diagonal de la matriz haciendo un recorrido parcial.

O d. Imprime solo los valores que están debajo de la diagonal de la matriz incluyendo la diagonal.

```
public class Ejercicios {

    public static void main( String[] args )
    {



    }
}
```

4. Del código anterior se requiere crear un arreglo que tenga 10 elementos de números decimales, la línea de código correspondiente para satisfacer el código anterior es:

O a. double num [] =new double[10];

O b. int num []=new double [10];

O c. int num []={3.3, 4, 5, 5.7, 3.4, 5, 6, 7, 4, 2};

O d. double num[] ={3.2, 4.2, 5.3, 4.2, 5.2}

```
public class Examen
{
    public static void main(String[] args)
    {
        int[][] arreglo1={{1, 2, 3}, {4, 5, 6}};

        System.out.println( "Los valores en arreglo1 por filas son" );
        imprimirArreglo( arreglo1 );
    }
    public static void imprimirArreglo( int[][] arreglo )
    {

    for ( int fila = 0; fila < arreglo.length; fila++ )
    {

    for ( int columna = 0; columna < arreglo[ fila ] .length; columna++ ){
    System.out.printf (" %d ", arreglo[ fila ]  [ columna ] );
    }
    System.out.println( );


    }
    }
}
```

5. El resultado que muestra en pantalla el código anterior es:

a) 1 2 3
   4 5 6

b) 1 2 3 4 5 6

c) No imprime nada.

d) 1 2
   3 4
   5 6

```
public class Ejercicios {

    public static void main( String[] args )
    {
        int[][] matriz = {{3,1,3},{4,5,6},{5,4,2}};

        for(int i=0;i < 3;i++){
            System.out.println();

            for(int j=0;j <3;j++){
            if(i==j){
                    matriz[0][1]=0;
                    matriz[0][2]=0;
                    matriz[1][0]=0;
                    matriz[1][2]=0;
                    matriz[2][1]=0;
                    matriz[2][0]=0;
            }
            System.out.print(matriz[i][j]+" ");
            }
        }
    }
}
```

6. Del código anterior, la función que realiza el if es para:

○ a. Convertir la matriz cuadrada en una matriz de 3x2.

○ b. Convertir todos los elementos de la matriz en 0.

○ c. Convertir la matriz en una matriz diagonal.

○ d. Obtener la inversa de la matriz.

7. Teniendo un array de números enteros de calificaciones de 1 a 10, el tamaño del array es de 20. Si se desea conocer si alguno de los 20 estudiantes obtuvo una nota de 10 se requiere:

○ a. Un patrón de recorrido total.

○ b. Un patrón de recorrido parcial.

○ c. Un patrón de doble recorrido.

○ d. Un for anidado.

```java
public class Ejercicios {

    public static void main( String[] args )
    {
        int[][] matriz = new int[3][3] ;

        matriz[0][0]=2;
        matriz[0][1]=3;
        matriz[0][2]=5;
        matriz[1][0]=4;
        matriz[1][1]=6;
        matriz[1][2]=6;
        matriz[2][0]=3;
        matriz[2][1]=3;
        matriz[2][2]=3;

        for(int i=0;i < 3;i++){
            System.out.println();

            for(int j=0;j <3;j++){
                System.out.print(matriz[i] [j]+" ");
            }
        }
    }
}
```

8. **Del código anterior podemos deducir que:**

   ○ a. Imprime una matriz cuadrada de 2x2

   ○ b. Imprime los valores de los arreglos.

   ○ c. Imprime la matriz de 3x3 con sus respectivos valores.

```java
public class Ejercicios {

    public static void main( String[] args )
    {
        int [] matriz=new int[5];
        matriz[0]=5;
        matriz[1]=4;
        matriz[2]=3;
        matriz[3]=2;
        matriz[4]=1;

        for(int i =0;i<5;i++){
            System.out.println("valor del indice "+i+" = "+matriz[i]);
        }


    }


}
```

9. Una forma para crear el array del código anterior en una sola línea de código es la siguiente:

- ○ a. int [] matriz={5,4,3,2,1};
- ○ b. String [] matriz={1,2,3,4,5};
- ○ c. int () matriz={5,4,3,2,1};
- ○ d. int [] matriz={1,2,3,4,5};

```java
public class Examen {
    public final static int TAMAÑO=5;

    public static void main(String[] args) {

        int [ ] contenedor= new int[TAMAÑO];

        contenedor [0]=1;
        contenedor [0]=98;
        contenedor [1]=44;
        contenedor [2]=12;
        contenedor [3]=13;

        for(int i=0; i<contenedor.length;i++){

        }

        System.out.println(contenedor[0]);
    }
}
```

10. Del código anterior podemos afirmar que:

- ○ a. El código tiene un error, ya que se repite el contenedor[0].
- ○ b. El programa imprime 5 valores numéricos.
- ○ c. El valor 1 del contenedor [0] no se imprime, solo imprime el valor 98
- ○ d. El código imprime los números 98, 44 ,12 ,13

FICHA DIDÁCTICA DE LA UNIDAD 04

Bloque	1	Metodología de la programación		
UNIDAD	4	Métodos y funciones. Recursividad	Nº SESIONES:	22

Objetivos didácticos específicos de la unidad

27. Crear métodos o funciones en Java.
28. Pasar parámetros a métodos.
29. Diferenciar entre parámetro por valor y por referencia.
30. Conocer y utilizar variables globales o locales.
31. Crear bibliotecas a través de paquetes.
32. Conocer el concepto de recursividad.
33. Depurar programas recursivos y analizarlos.

Objetivos generales: j),q), w)	*Capacidades PPS:* a), j), t , w)

Resultado de aprendizaje

RA 2: escribe y prueba programas sencillos, reconociendo y aplicando los fundamentos de la programación orientada a objetos.
RA 3: escribe y depura código, analizando y utilizando las estructuras de control del lenguaje.
RA 6: escribe programas que manipulen información seleccionando y utilizando tipos avanzados de datos.
RAT1, RAT2, RAT3

Contenidos didácticos de la unidad

- Utilización y creación de métodos.
- Creación de bibliotecas de rutinas.
- Codificación, edición, compilación y depuración de programas recursivos.

Criterios de evaluación

- **14.** Se han escrito llamadas a métodos estáticos.
- **15.** Se han utilizado parámetros en la llamada a métodos.
- **18.** Se ha utilizado el entorno integrado de desarrollo en la creación y compilación de programas recursivos.
- **19.** Se han resuelto problemas usando recursividad.
- **20.** Se han creado bibliotecas a través de paquetes.
- RT1, RT2, RT3, RT4

Actividades generales

- Introducción/motivación. Debate de por qué es necesario crear funciones o librerías de funciones.
- Exposición oral de los contenidos conceptuales de la unidad.
- Aprender la sintaxis de los métodos y las funciones.
- Crear métodos y funciones sencillos.
- Crear funciones con paso de parámetros por valor.
- Crear funciones con paso de parámetros por referencia.
- Utilizar funciones pasando parámetros tanto por valor como por referencia.
- Realizar programas recursivos sencillos.
- Depurar y analizar programas recursivos utilizando el IDE.
- Diseño de programas que resuelvan problemas mediante la utilización de funciones.
- Discusión y puesta en común de las diferentes soluciones aportadas a los ejercicios.
- Cuestionario de la unidad.

GUÍA ACTIVIDADES			
Actividad	**Tiempo**	**¿Cómo? / ¿Qué?**	**CE**
IM: Introducción/motivación	5 min	Debate de por qué es necesario crear funciones o librerías de funciones.	-
T1. Modularidad. Funciones y procedimientos	10 min	Exposición teórica de qué es la modularidad. Tipos de módulos: funciones y procedimientos.	-
TP2. Estudio ejemplo definición y creación de métodos	10 min	Ejemplo teórico/práctico sencillo de suma de números, exponiendo los elementos que componen una función.	14, 15 RT 1,4,5,6
TP3. Implementación función esPrimo	10 min	Codificación y explicación de la implementación de la función.	14, 15 RT 1,4,5,6
T4. Paso de parámetros	5 min	Exposición de la necesidad y uso de los parámetros.	14, 15
TP5. Ejemplo paso de parámetros por valor	5 min	Ejemplo guiado de paso de parámetros por valor.	14, 15 RT 1,4,5,6
T6. Ejemplo paso de parámetros por referencia	5 min	Ejemplo guidado de paso de parámetros por referencia.	14, 15 RT 1,4,5,6
T7. Variables locales y globales	5 min	Exposición de las variables locales y globales.	15
TP8. Ejemplo práctico paso variables locales	10 min	Ejemplo guiado variables locales. Elevar un número a otro.	14, 15 RT 1,4,5,6
TP9. Creación de bibliotecas de funciones	35 min	Ejemplo guiado creación de bibliotecas de rutinas matemáticas.	14, 18, 20 RT 1,4,5,6
T10. Concepto de recursividad	10 min	Exposición del concepto y tipos de recursividad.	19
TP11. Factorial recursivo vs factorial iterativo	20 min	Implementación, depuración y comparación mediante el IDE.	14, 15, 18, 19 RT 1,4,5,6
PRÁCTICA EJERCICIOS RESUELTOS (Se dejará unos minutos para que el alumnado realice los ejercicios y se realizará la resolución y explicación en clase conforme al feedback recibido).			
R1. Programa que genere números aleatorio utilizando función	20 min	Implementar programa que genere una cierta cantidad de números aleatorios que le indicamos en el principal. Llamar a función que lo genere.	14, 15 RT 1, 2 3,4,5
R2. Programa que convierta de decimal a binario, usando función	30 min	Programa que convierta de decimal a binario, usando función (mediante divisiones sucesivas).	14, 15 RT 1, 2 3,4,5
R3. Contar las cifras de un entero pasado como parámetro	20 min	Implementar método que cuente las cifras de un entero. (Bucles, strings).	14, 15 RT 1, 2 3,4,5

R4. Diversas funciones array bidimensional	45 min	Implementar diversas funciones donde se pasa por referencia array bidimensional.	14, 15 RT 1, 2 3,4,5
R5. Ejemplo recursivo que produce desbordamiento pila	15 min	Implementar programa recursivo erróneo que produzca un Stack overflow. Utilizar depurador para reflexión.	14, 15, 18, 19 RT 1, 2 3,4,5
R6. Recursivo 5 4 3 2 1	25 min	Implementar programa que imprima 5 4 3 2 1 de forma recursiva. Utilizar depurador para analizar el programa.	14, 15, 18, 19 RT 1, 2 3,4,5
R7. Recursivo 1 2 3 4 5	35 min	Modificar ejemplo anterior para que imprima 1 2 3 4 5. Explicación gráfica de la pila de llamadas.	14, 15, 18, 19 RT 1, 2 3,4,5
PRÁCTICA (quedan x sesiones para la realizar los 9 ejercicios). Se indica un tiempo estimado, pero el alumnado irá a su propio ritmo, con supervisión de la docente.			
P1. Llamar a función que acepta un número como parámetro e imprima por pantalla las tablas de multiplicar (0 a 10) de dicho número	20 min	Implementar y utilizar una función que recibe parámetro e imprime sus tablas multiplicar. Creación y uso funciones.	14, 15 RT 1, 2 3,4,5
P2. Programa que indique si un número es par o impar llamando a una función booleana que lo indique	10 min	Implementar un programa que utilice una función que devuelve un valor booleano.	14, 15 RT 1, 2 3,4,5
P3. Programa que ejecuta de forma constante. Leer cadena e imprimir "cadena (IA) llamando a una función; hasta que se introduzca "salir"	10 min	Implementar un programa que se ejecute constantemente hasta que se introduzca la cadena "salir". Debe usar función que imprima cadena (IA).	14, 15 RT 1, 2 3,4,5
P4. Menú que permita administrar alumnos de la ESO. Implementar funciones	25 min	Menú que implemente funciones. Añadir, eliminar, mostrar número alumnos y salir.	14, 15 RT 1, 2 3,4,5
P5. Biblioteca de funciones	2 sesiones	Implementar una biblioteca con 14 funciones matemáticas.	14, 15, 20 RT 1, 2 3,4,5
P6. esPrimo recursivo	40 min	Implementar recursivamente la función esPrimo.	14, 15, 18, 19 RT 1, 2 3,4,5
P7. Encontrar cuántas veces aparece la cadena b en la cadena a de forma recursiva	40 min	Implementar buscar una cadena en otra de forma recursiva.	14, 15, 18, 19 RT 1, 2 3,4,5
P8. Invertir una cadena de forma recursiva. Indicar pila de llamadas para "hola"	40 min	Programa recursivo que invierte cadena. Realizar.	14, 15, 18, 19 RT 1, 2 3,4,5
P9. Ordenar los elementos de un vector pasado como parámetro, de forma recursiva	1 sesión	Paso de parámetros por referencia. Ordenamiento vector de forma recursiva.	14, 15, 18, 19 RT 1, 2 3,4,5

ACTIVIDADES DE AMPLIACIÓN (opcionales)			
ISA DESAFÍA: ¡TE RETO!	-	Actividades de motivación y diversión. Toma de contacto con el juez del concurso de programación *Programame*.	-
TEST/CUESTIONARIO	1 sesión	Test/ Cuestionario de la unidad.	14, 15, 18, 19, 20

Cuestionario Unidad 04

1. **¿Qué significa void?**
   - ☐ Significa que es obligatorio que tenga parámetros.
   - ☐ Significa que no devuelve nada.
   - ☐ Void no existe.

2. **¿Qué límite de parámetros tenemos?**
   - ☐ 10
   - ☐ 5
   - ☐ No hay límites.
   - ☐ 3

3. **¿Puedo usar la sentencia return en un método (void)?**
   - ☐ Si.
   - ☐ No.

4. **¿Es correcto el código?**

```
public static boolean metodo1(){

    int numero = 5;

    if(numero > 10){
        return true;
    }


}
```

   - ☐ Si, con que haya un return es suficiente.
   - ☐ No, debes añadir un return en caso de que no entre en el if.

5. ¿Es correcto el código?

```
public static boolean metodo1() {

    int numero = 5;

    if (numero > 10) {
        return true;
    }

    return false;

}

public static boolean metodo1(int numero) {

    if (numero > numero) {
        return true;
    }

    return false;

}
```

☐ No, no pueden tener el mismo nombre.

☐ Si, se pueden llamar igual siempre y cuando tengan diferentes parámetros.

6. ¿Es correcto?

```
public static int metodo1() {

    return 'a' + 10;

}
```

☐ No.

☐ Si.

7. La invocación en la recursividad depende de:

☐ El número de variables que son utilizadas para consultar la respuesta.

☐ Las constantes declaradas e inicializadas.

☐ Al menos de una condición actúa como condición de corte que provoca la finalización de la recursión.

8. **¿Qué es un algoritmo recursivo?**

   ☐ Es un método de ordenamiento de datos.

   ☐ Es un algoritmo que expresa la solución de un problema en términos de una llamada a sí mismo.

   ☐ Es un conjunto de vectores entrelazados.

9. **Un algoritmo recursivo consta de:**

   ☐ Un caso base que no vuelva a invocarse.

   ☐ Constantes inicializadas.

   ☐ Métodos de ordenación.

10. **Para que una función recursiva funcione debe cumplir con que:**

   ☐ Existe una salida no recursiva del procedimiento.

   ☐ Vuelve a invocar al algoritmo.

FICHA DIDÁCTICA DE LA UNIDAD 05

Bloque	2	Programación Orientada a Objetos		
UNIDAD	5	Introducción a la Programación Orientada a Objetos	Nº SESIONES:	30
Objetivos didácticos específicos de la unidad				
1. Conocer las características básicas de la POO.				
2. Conocer la estructura básica de las clases.				
3. Reconocer las diferencias entre un objeto y una clase.				
4. Diseñar clases sencillas.				
5. Organizar clases en paquetes y utilizar los mismos.				
6. Diseñar y programar métodos que acepten parámetros.				
Objetivos generales: d) j), w)		*Capacidades PPS:* j), t), w)		
Resultado de aprendizaje				
RA 4: desarrolla programas organizados en clases analizando y aplicando los principios de la programación orientada a objetos. RAT1, RAT2, RAT4				
Contenidos didácticos de la unidad				
• Elementos de la programación orientada a objetos. • Características de los objetos. Estructura de los objetos. • Utilización de métodos y propiedades. • Utilización de getters y setters. • Codificación y utilización de métodos estáticos. • Parámetros y valores devueltos. • Librerías de objetos (paquetes). • Constructores. Destrucción de objetos y liberación de memoria.				

Criterios de evaluación
• **26.** Se ha reconocido la sintaxis, estructura y componentes típicos de una clase.
• **28.** Se han definido clases, propiedades y métodos.
• **29.** Se han creado constructores.
• **30.** Se han desarrollado programas que instancien y utilicen objetos de las clases creadas anteriormente.
• **33.** Se han creado y utilizado métodos estáticos.
• **34.** Se han creado y utilizado conjuntos y librerías de clases.
• RT1, RT2, RT3, RT4, RT5

Actividades generales
• Exposición teórico-práctica de los contenidos de la unidad.
• Definir clases y métodos.
• Utilizar getters y setters.
• Instanciar clases y utilizar objetos.
• Creación y utilización de constructores.
• Creación y utilización de métodos estáticos.
• Realizar ejercicios para resolver problemas reales.
• A partir de programas dados, conocer la estructura de las clases en Java.
• Realización de las actividades resueltas.
• Realización de las actividades propuestas y puesta en común.
• Realización de ejercicios propuestos y puesta en común.
• Test de autoevaluación.

Actividad	Tiempo	¿Cómo? / ¿Qué?	CE
IM: Introducción/motivación	15 min	Tormenta de ideas. ¿Qué es un objeto? ¿y una clase? ¿Cuál crees que es la diferencia?	-
T1. Conocer los conceptos de clase y objetos	20 min	Exposición teórica de los conceptos de clase y los objetos que pertenecen a la misma. Crear una clase en Intellij IDEA para mostrarla al alumnado.	26
TP2. El objeto this	10 min	Ejemplo teórico/prático para mostrar el concepto y el uso del objeto this.	26, 30
TP3. Clases y objetos. Elementos, creación y uso **TP3.1** Miembros de una clase **TP3.2** Métodos de una clase **TP3. 3** Constructores	1 sesión	Ejemplo teórico/práctico a través del análisis detallado de una clase Persona, donde se explica los miembros de una clase, y cómo expresarlos en Java. Se explican los métodos constructores, getters y setters. Se hace incapié en las buenas prácticas de programación.	26, 28, 29, 30
TP4. Actividad de reflexión	5 min	El grupo-clase hará la reflexión de la utilidad de los getters y setters de una clase. El por qué poner public o private. Puesta en común.	26, 28

TP5. Crear una persona vacía, introducir datos y mostrarlos por pantalla	15 min	Dejar unos minutos para que el grupo interiorice cómo utilizar una clase, introduciendo y mostrando los datos de la misma. Poniendo en común las posibles dudas que puedan surgir.	26, 28, 30
TP6. Asignación de objetos	20 min	Ejemplo sencillo cómo trabaja Java con las referencias a los objetos.	26, 28, 29, 30
T7. El constructor copia	10 min	Explicación del constructor copia a través de un ejemplo de cómo se hace.	26, 28, 30
T8. La clase object	5 min	Exposición teórica de la clase object.	26, 28, 35
T9. Método clone() de la clase Object (pág. 13)	15 min	Exposición teórica del método.	26, 28, 35
TP10. Aplicación del método clone	10 min	Realización de un ejemplo de clonación. Utilización del bloque try catch para capturar la excepción del tipo *CloneNotSupportedException*.	26, 28, 35
TP11. El método equals	5 min	Utilización del método equals para realizar una comparación entre un objeto y otro.	26, 28, 35
TP12. El método toString	10 min	Comprobación del método toString( ) permite obtener el nombre de la clase desde la cual fue invocado, a través de un ejemplo.	26, 28, 35
T13. El método finalize	5 min	Exposición del método finalize y concepto de garbage collector. Comentar similitud con el destructor de C++	26, 28, 35
T14. Los comentarios de documentación	10 min	Exposición de la gran utilidad de los comentarios de documentación.	26
TP15. Ejemplo práctico de uso comentarios de documentación	35min	Aplicación al ejemplo de la agenda documentando los elementos de la clase Persona por parte del grupo-clase. El alumnado generará la documentación.	26
TP16. Miembros estáticos de una clase	35 min	Realización del ejemplo de la clase Bicho para ver el funcionamiento de un atributo static.	26, 28 29, 30, 33
TP17. Reflexiona: ¿notas algo extraño en la utilización de *muestraBichos*? ¿por qué no da error?	15 min	Actividad de reflexión del grupo-clase. Puesta en común.	26
T18. Métodos de instancia. Métodos de clase. Métodos estáticos **TP18.1** Ejemplo de método de instancia **TP18.2** Elemplo de método de clase	45 min	Exposición teórica de los tipos de métodos, aplicando la teoría en los dos ejemplos prácticos para ver cómo se indican, cómo se utilizan. Acceso a elementos static.	26, 28 29, 30, 33

T19. Packages. Librerías de objetos	5 min	Análisis de la necesidad de crear y utilizar paquetes y librerías de objetos.	26, 28 29, 30, 33, 35
T20. Definición de paquetes en Java **T20. 1.** Encontrar un paquete. Classpath	25 min	Creación y manejo de paquetes en Java.	26, 28 29, 30, 33, 35
TP21 y TP22. Repaso práctico de los métodos de acceso getters y setters. Realizar un breve programita principal utilizando los mismos	40 min	El alumnado realizará el ejemplo de manera autónoma y se hará una puesta en común para comprobar si han asentado los conceptos.	26, 28 29, 30, 33, 35
T23. Nivel de acceso a los package	15 min	Exposición teórica del nivel de acceso que tienen los paquetes según sea el elemento: protected, private o default.	26, 28 29, 30, 33, 35
TP24. Práctica de acceso a atributos privados	20 min	Actividad guiada para poner en práctica el acceso a atributos privados.	26, 28 29, 30, 33, 35
TP25. Práctica de acceso a atributos protegidos	20 min	Actividad guiada para poner en práctica el acceso a atributos privados.	26, 28 29, 30, 33, 35
T26. Paquetes de la API de Java	30 min	Exposición teórica de algunos paquetes que contienen clases estándar que están disponibles para todos los programas.	26, 28 29, 30, 33, 35

PRÁCTICA
EJERCICIOS RESUELTOS (Se dejará unos minutos para que el alumnado realice los ejercicios y se realizará la resolución y explicación en clase conforme al feedback recibido**).**

PRÁCTICA (quedan 8 sesiones para la realizar los 17 ejercicios). Se indica un tiempo estimado, pero el alumnado irá a su propio ritmo, con supervisión de la docente.

ACTIVIDADES BÁSICAS DE REFUERZO

R1. Los getters y los setters	5 min	Codificación de getters y setter de la clase Libro.	26,28
R2. Recorrer el array de DemoLibro y mostrar el índice del array en que se encuentra y el par (título, anio) del libro correspondiente	20 min	Acceder a los elementos de una clase y sacarlos por pantalla. Refuerzo de utilización estructura for.	26,28

ACTIVIDADES GENERALES

R3. Crear una clase Cuenta, definir un par de atritutos y crear algunos métodos. Realizar programa principal para probarlo	30 min	Crear una clase con sus atributos, constructores, getters y setter, to String y un método para ingresar en cuenta y otro para retirarlo.	26, 28, 29, 30
R4. Crear dos métodos estáticos para pasar de grados Fahrenheit a Celsius y viceversa	20 min	Crear métodos estáticos en una clase y utilizarlos. Usar la clase DecimalFormat para aprender a formatear un número a decimales.	26, 28, 30, 33
R5. Dada una clase Coche añadir tres métodos. (pág. 38)	15 min	Crear métodos en una clase y codificar un programita que los utilice.	26, 28, 30

R6. Actividad de Verdadero o Falso	10 min	Resolver en casa, buscando información si es necesario. Puesta en común con el grupo clase.	26, 28, 30, 33
R7. Dada una clase identificar si hay errores	5 min	Comprobar si una clase está bien definida y se reconoce la sintaxis y estrucuta típica de una clase.	26, 28
R8. Averiguar los errores de compilación de un código	10 min	Averiguar si compila antes de probarlo en el IDE, para ver si se domina la sintaxis y estructura; si se han definido correctamente los elementos.	26, 28,
PRÁCTICA (quedan x sesiones para la realizar los 8 ejercicios). Se indica un tiempo estimado, pero el alumnado irá a su propio ritmo, con supervisión de la docente.			
BÁSICOS			
P1. Implementar una clase para realizar operaciones con sus atributos y métodos. Utilizarlos en un programa principal	30 min	Codificaciónde una clase con atributos, constructor y métodos que realicen operaciones.	26, RT1, RT2, RT3, RT4
P2. La clase Punto. Crear clase y mostrar coordenadas. Cambiarlas y volver a mostrar	30 min	Creación de una clase utilizando diferentes constructores. Cambiar datos utilizando getters y setters.	28, 29, 30 RT1, RT2, RT3, RT4
P3. Definir una clase Persona con sus datos principales. Crear un programita que pida datos por teclado e indique si la persona el mayor de edad o no	40 min	Definir clase y desarrollar un programa que instancie y utilice los objetos.	28, 29, 30
P4. Clase Rectangulo. Definirlo a través de sus coordenadas. Instanciar dos objetos, modificar sus coordenadas y volver a mostrar los datos	40 min	Implementación de una clase, con sus constructores, getters y setters. Realizar pruebas con un par de objetos, mostrando los resultados.	28, 29, 30, 33 RT1, RT2, RT3, RT4
P5. Clase Articulo, con sus atributos nombre, precio,iva y cuantosQuedan. Instanciar objeto, asignar valores y calcular pvp. Modificar precio y volver a imprimir el mensaje	35 min	Implementación de una clase, con sus constructores, getters y setters. Realizar pruebas con un objetos, mostrando los resultados antes y después de modificarlo.	28, 29 30, 33, 35 RT1, RT2, RT3, RT4
AVANZADOS			
P6. Proyecto juego. Crear dos clases Dado y JuegodeDados. Cada clase en un archivo diferente dentro del mismo proyecto. Realizar operaciones indicadas	1 sesión	Creación de un proyecto con clases en diferentes archivos. En la clase JuegodeDados se crea constructor, y se implementa el método jugar. En el main se creará una instancia del objeto JuegodeDados y se llamará al método jugar.	26, 28, 29 30, 33, 35 RT1, RT2, RT3, RT4

P7. Clase Persona. Darle atributos pedidos. Se puede añadir atributos si se cree conveniente. Implementar varios constructores e implementar métodos. En una clase ejecutable realizar lo que se pide	2 sesiones	Realización de una clase Persona para practicar los detalles básicos de la poo. Utilización de constantes, implementación de diferentes, constructores y métodos. Implementación de una clase principal.	26, 28, 29 30, 33, 35 RT1, RT2, RT3, RT4
P8. ¿Cuántos años tiene? Uso de Date, Split y GregorianCalendar		Implementación de un programa que dada una fecha de nacimiento indique cuántos años tiene. Utilización de Date, Split y del GregorianCalendar.	26, 28, 33 RT1, RT2, RT3, RT4
ACTIVIDADES DE AMPLIACIÓN (opcionales)			
ISA DESAFÍA: ¡TE RETO!	-	Actividades de motivación y diversión. Toma de contacto con el juez del concurso de programación *Programame*.	
TEST/CUESTIONARIO	45 min	Test/ Cuestionario de la unidad.	26, 28, 29 30, 33, 35

Cuestionario Unidad 05

1. **¿Cuál es el resultado de este programa?**

```java
public class Test {
    Test(int x, int y){
        System.out.println("x = "+ x + " y = " +y);
    }
    Test(int x, float y){
        System.out.println("x = "+ x + " y = " +y);
    }

    public static void main(String[] args) {
        byte x = 30;
        byte y = 65;
        Test test = new Test(x,y);
    }

}
```

☐ a = 33, b = 50

☐ a = 30, b = 65

☐ a = 65, b = 30

☐ a = 31, b = 65

2. ¿Cuál es la salida de este programa?

```
int a=10,b=8;
if(a>b) System.out.println("El mayor es "+b);
else System.out.println("El mayor es "+a);
```

☐ El mayor es 8

☐ El mayor es 10

☐ El mayor es b.

3. ¿Qué es una clase?

☐ Es la forma como se representan los datos.

☐ Es una fábrica de objetos.

☐ Sirve para crear otras clases.

☐ Ninguna de las otras opciones.

4. La clase sirve para obtener las características de una clase.

☐ Verdadero.

☐ Falso.

5. Las interfaces en java sirven para dar una mejor vista a sus programas.

☐ Verdadero.

☐ Falso.

6. ¿Cuál es la función de un constructor?

☐ Construir una clase.

☐ Construir un objeto.

☐ Para inicializar la clase.

☐ Para asignar valores a los datos del objeto.

7. ¿Qué elementos definen a un objeto?

☐ La forma en que establece comunicación e intercambia mensajes.

☐ Su cardinalidad y su tipo.

☐ Su interfaz y los eventos asociados.

☐ Sus atributos y sus métodos.

8. ¿Cuáles son los modificadores de acceso en Java?

☐ Por enlace, protegido y por defecto.

☐ Void, protegido y por defecto.

☐ Privado, protegido y por interfaz.

☐ Público, privado, protegido y por defecto.

9. **Para mostrar mensajes en pantalla se usa:**

☐ System.out.printer();

☐ System.out.println();

☐ system.Out.printf();

☐ Todas son correctas.

10. **¿Qué es una excepción?**

☐ Un objeto que no puede ser instanciado.

☐ Un error que lanza un método cuando algo va mal.

☐ Un tipo de evento muy utilizado al crear interfaces.

☐ Un bucle que no finaliza.

11. **Las variables son datos que:**

☐ Las dos anteriores.

☐ Dato que no cambia.

☐ Dato que puede cambiar.

☐ Ninguna de las otras opciones.

12. **¿Qué es el bytecode en Java?**

☐ El formato que obtenemos al compilar un fuente .java.

☐ Un tipo de variable.

☐ El formato de intercambio de código.

☐ Un depurador de código Java.

13. **Para mostrar sólo dos decimales se usa:**

☐ Todas son correctas.

☐ %2.f

☐ %f

☐ %3f

14. **¿Cuál es la estructura que permite inicializar el programa?**

☐ void main.

☐ Public class.

☐ System.Out.

☐ Todas las anteriores.

15. ¿Qué código asociarías a una Interfaz en Java?

☐ public class Componente interface Product.

☐ Componente cp = new Componente (interfaz).

☐ Componente cp = new Componente.interfaz.

☐ public class Componente implements Printable.

16. Un String es para definir variables o constantes de tipo:

☐ Todas las otras opciones.

☐ Decimales.

☐ Carácter.

☐ Entero.

17. El llamado de una librería se hace usando el:

☐ String.

☐ Scanner.

☐ import.

☐ package.

18. ¿Qué significa sobrecargar (overload) un método?

☐ Añadirle funcionalidades a un método.

☐ Cambiarle el nombre dejándolo con la misma funcionalidad.

☐ Crear un método con el mismo nombre pero diferentes argumentos.

☐ Editarlo para modificar su comportamiento.

19. El nombre de la clase debe ser diferente al paquete.

☐ Si.

☐ Ninguna de las otras opciones.

☐ No importa.

☐ No.

20. Las librerías se llaman dentro de:

☐ void main.

☐ public class.

☐ package.

☐ Ninguna de las otras opciones.

FICHA DIDÁCTICA DE LA UNIDAD 06

Bloque	2	Programación Orientada a Objetos		
UNIDAD	6	ED Dinámicas: listas, pilas, colas. Colecciones de datos	Nº SESIONES:	24

Objetivos didácticos específicos de la unidad

34. Conocer el concepto de lista, pila, y cola.
35. Conocer el manejo de listas, pilas y colas.
36. Usar la memoria dinámica para la resolución de problemas.
37. Conocer las estructuras dinámicas lineales (lista, pilas y colas).
38. Conocer las colecciones (ArrayList, LinkedList).
39. Definir y usar de forma correcta la estructura de datos dinámica o colección de datos idónea para resolver un problema.
40. Codificar en el lenguaje Java programas que resuelvan problemas usando estructuras de datos dinámicas.

Objetivos generales: d) j), w)	*Capacidades PPS:* j), t), w)

Resultado de aprendizaje

RA 4: desarrolla programas organizados en clases analizando y aplicando los principios de la programación orientada a objetos.
RAT1, RAT2, RAT3

Contenidos didácticos de la unidad

• Listas.
• Pilas y colas.
• Colecciones: ArrayList y LinkedList.

Criterios de evaluación

• **45**. Se han reconocido las librerías de clases relacionadas con datos avanzados.
• **46**. Se han utilizado listas para almacenar y procesar información.
• **47**. Se han utilizado iteradores para recorrer los elementos de las listas.
• **48**. Se han reconocido las características y ventajas de cada una de las colecciones de datos disponibles.
• **49**. Se han creado clases y métodos genéricos.

Actividades generales

• Debate inicial:
• Exposición oral de los contenidos de la unidad.
• Definir clases y métodos.
• Instanciar clases y utilizar objetos.
• Creación y utilización de constructores.
• Creación y utilización de métodos estáticos.
• Realizar ejercicios para resolver problemas reales .
• A partir de programas dados, conocer la estructura de las clases en Java.
• A partir de programas sencillos, identificar cuál será su salida por pantalla.
• Identificar errores sintácticos en programas dados.
• Realización de las actividades resueltas.
• Realización de las actives propuestas y puesta en común.
• Realización de retos o desafíos.
• Cuestionario/control de la unidad.

GUÍA ACTIVIDADES			
Actividad	Tiempo	¿Cómo? / ¿Qué?	CE
IM: Introducción/motivación	5 min	Debate de para qué se utilizan las listas. Y en qué piensa el alumnado podrían ser útiles.	-
T1. Concepto de lista	5 min	Exposición teórica del concepto de lista realizando esquema en pizarra codificando un nodo en Java.	46, 48
T2. Tipos de listas. Simples, dobles, circulares. Representación gráfica	10 min	Comprensión de los diferentes tipos de lista realizando esquemas en pizarra codificando un nodo en Java. El alumnado dibujará en un papel los distintos tipos de listas.	46,48
T3. Operaciones básicas sobre listas	20 min	Análisis de las operaciones básicas sobre listas.	46, 48
TP4. La clase lista	10 min	Codificación de un nodo para una lista enlazada de enteros, creando un constructor.	46, 48
TP5. Definición de la clase lista	20 min	Actividad teórico/práctica donde se analizan los conceptos de primero y cola de la lista. Codificación guiada de una lista e implementación.	46, 48
TP6. Inserciones en una lista. Recorrer una lista	55 min	Dibujo y codificación de las distintas posibilidades de inserción en una lista: en la cabeza de lista, entre dos nodos, detrás de un elemento en concreto.	46, 47, 48, 49
TP7. Búsqueda en listas enlazadas	10 min	Recorrer listas enlazadas para encontrar el nodo con un elemento en concreto.	46, 47, 48, 49
TP8. Concepto de pila. Utilidades	10 min	Exposición teórica y gráfica del concepto de pila. Pila con direcciones de retorno. Pila de llamadas a métodos.	46, 47, 48, 49
TP9. Operaciones sobre una pila. Implementación de pilas	20 min	Implementación de un nodo pila utilizando listas. Implementación del TAD pila.	46, 47, 48, 49
T10. Concepto de pila. Utilidades	10 min	Exposición teórica y gráfica del concepto de cola. Comportamiento de una cola.	46, 47, 48, 49
TP11. Operaciones sobre una cola. Implementación de colas	35 min	Implementación de un nodo colas utilizando listas. Implementación del TAD cola.	46, 47, 48, 49
T12. Colecciones de datos	10 min	Introducir el concepto de colección. List: ArrayList, LinkedLis.	45, 46, 47, 48, 49
TP13. Colecciones de datos. Creación de un ArrayListf	5 min	Constatar la diferencia con los arrays. Importación de librerías. Creación de un ArrayList de strings.	45, 46, 47, 48, 49

TP14. Colecciones de datos. Añadir elementos a un ArrayListf **TP15.** Acceso a un elemento	10 min	Codificar ejemplos para utilizar el método add() y get(i).	45, 46, 47, 48, 49
TP16. Modificación de un elemento	5 min	Utilizar el método set(), haciendo referencia a su número de índice.	45, 46, 47, 48, 49
TP17. Borrado de un elemento	5 min	Utilizar el método remove(), haciendo referencia a su número de índice.	45, 46, 47, 48, 49
TP18. Tamaño de un ArrayLIst. Recorrer un ArrayLIst	20 min	Recorrer un ArrayList utilizando el método size(), utilizando un bucle for y utilizando un bucle for-each.	45, 46, 47, 48, 49
TP19. Ordenación de un ArrayList	40 min	Utilización del método sort(). Codificación de dos ejemplos.	45, 46, 47, 48, 49
TP20. Envoltorios	20 min	Exposición teórico- práctica de los Wrappers o envoltorios. Codificación de ejemplos.	45, 46, 47, 48, 49
PRÁCTICA EJERCICIOS RESUELTOS (Se dejará unos minutos para que el alumnado realice los ejercicios y se realizará la resolución y explicación en clase conforme al feedback recibido).			
R1. Comprobar qué hace un código dado	20 min	Codificar el ejemplo. Aplicando el método de descubrimiento el alumnado tendrá que averiguar qué es lo que hace la variable iterador. Puesta en común en el grupo-clase.	45, 46, 47, 48
R2. Calcular la suma y la media de los valores contenidos en un ArrayList	30 min	Afianzar el concepto de recorrido de un ArrayList creando métodos, creando métodos genéricos para leerValores, calculasSuma y mostrarResultados.	45, 46, 47, 48, 49
R3. Convertir una List en un array	35 min	Crear un array donde se volcará el contenido de una List. Se utilizará el método .size de la List para poder saber el tamaño del array. Utilizar for-each para recorridos.	45, 46, 47, 48, 49
R4. List y ArrayList. Practicando su utilización	15 min	Comprobar el funcionamiento tanto de List como de ArrayList. Convertir una List en ArrayList.	45, 46, 47, 48, 49
PRÁCTICA (quedan 8 sesiones para realizar los 7 ejercicios). Se indica un tiempo estimado, pero el alumnado irá a su propio ritmo, con supervisión de la docente.			
P1. Programa que calcule el número de una lista simplemente enlazada de enteros	1 sesión	Definir el nodo y los métodos getUltimo, insertarUltimo, insertarCabeza, visualizar. Y en el programa principal crear la lista, introducir los datos enteros en la lista, y visualizarla; indicando la cantidad de elementos que tiene.	46, 47 RT1, RT2, RT3, RT8

P2. Programa que calcule la suma y la media aritmética de los valores contenidos en un ArrayList	1 sesión	Leer una serie de valores hasta introducir -99, que no se guardará. Mostrar el número de valores que se han leído, su suma y su media. Indicar también todos los valores leídos y cuántos de ellos son superiores a la media. Implementar métodos: leerValores, calcularSuma y mostrarResultado.	45, 46, 47, 48, 49 RT1, RT2, RT3, RT8
P3. Convertir una List en un array	1 sesión	Crear una List, añadirle elementos, crear el array partiendo del tamaño de la List. Utilizar método milista.toArray. Recorrer el array utilizando for-each.	45, 46, 47, 48, 49 RT1, RT2, RT3, RT8
P4. El cine de pueblo I. Implementar una pequeña aplicación utilizando la ColaLista implementada en la parte de teoría	1 sesión	Practicar con la estructura ColaLista realizada en las actividades de teoría de la unidad. Utilizar casting (Persona) para el nodo devuelto.	45, 46, 47, 48, 49 RT1, RT2, RT3, RT8
P5. El cine de pueblo II. Implementar una pequeña aplicación utilizando un ArrayList	1 sesión	Realizar el mismo ejercicio que el anterior, utilizando un ArrayList y realizar una puesta en común con el grupo-clase.	RT1, RT2, RT3, RT8
P6. El supermercado II. Una aplicación que almacena productos y gestiona una lista enlazada de los mismos	2 sesiones	Realizar la aplicación creando una lista enlazada genérica de nodos Object y luego castear al tipo de Producto. Cada producto contendrá una cantidad y un precio al crearse, que se generarán automáticamente. Sacar los precios con un formato "#,##", utilizando DecimalFormat.	45, 46, 47, 48, 49 RT1, RT2, RT3, RT8
P7. El supermercado II. Implementar una pequeña aplicación utilizando un ArrayList	1 sesión	Implementar la lista de productos con ArrayList Cada producto contendrá una cantidad y un precio al crearse, que se generarán automáticamente. Sacar los precios con un formato "#,##", utilizando DecimalFormat.	45, 46, 47, 48, 49 RT1, RT2, RT3, RT8
ACTIVIDADES DE AMPLIACIÓN (opcionales)			
ISA DESAFÍA: ¡TE RETO! (	-	Actividades de motivación y diversión. Toma de contacto con el juez del concurso de programación *Programame*	-
CONTROL	1 sesión	Control de la unidad	45, 46, 47, 48, 49

Control Unidad 06

1. ENUNCIADO: implementación de una estructura pila *utilizando ArrayList.*

Una pila (stack en inglés) es una lista ordinal o estructura de datos en la que el modo de acceso a sus elementos es de tipo LIFO (del inglés Last In First Out, último en entrar, primero en salir) que permite almacenar y recuperar datos.

1. **Operaciones de la pila:**
   - Crear: se crea la pila vacía (size).
   - Apilar: se añade un elemento a la pila (push).
   - Desapilar: se elimina el elemento frontal de la pila (pop).
   - Cima: devuelve el elemento que está en la cima de la pila (top o peek).
   - Vacía: devuelve cierto si la pila está vacía o falso en caso contrario (empty).

   Crea la clase Pila e implementa las operaciones:

```java
public class Pila extends ArrayList {

        public Pila(){}
        public void apilar(Object dato){…
        public void desapilar(){…
        public Object cima(){…
        public boolean vacia(){…
}
```

2. **Implementar un programa principal que produzca la salida siguiente:**

```
PruebaPilaArrayList ×

"C:\Program Files\Java\jdk-11.0.5\bin\java.exe" "
------Pila------
Esta vacia la pila? false
Tamaño de la pila: 4
La pila es: [A, B, C, 5]
Desapilo: 5
Desapilo: C
Desapilo: B
Desapilo: A
Esta vacia la pila? true

Process finished with exit code 0
```

Otro control

2. ENUNCIADO: implementar una estructura cola *utilizando ArrayList.*

Una cola (también llamada fila) es una estructura de datos caracterizada por ser una secuencia de elementos en la que la operación de inserción push se realiza por un extremo y la operación de extracción pop por el otro. También se le llama estructura FIFO (del inglés First In First Out), debido a que el primer elemento en entrar será también el primero en salir.

1. **Operaciones de la Cola:**

   - Crear: se crea la cola vacía.

   - Encolar (añadir, entrar, insertar): se añade un elemento a la cola. Se añade al final de esta.

   - Desencolar (sacar, salir, eliminar): se elimina el elemento frontal de la cola, es decir, el primer elemento que entró.

   - Frente (consultar, front): se devuelve el elemento frontal de la cola, es decir, el primer elemento que entró.

   - Vacía: devuelve cierto si la pila está vacía o falso en caso contrario (empty).

   Crea la clase Cola e implementa las operaciones:

   ```java
   public class Cola extends ArrayList {


           public Cola(){}
           public void encolar(Object dato){…
           public void desencolar(){…
           public Object frente(){…
           public boolean vacia(){…

   }
   ```

2. **Implementar un programa principal que produzca la salida siguiente:**

   ```
   PruebaColaArrayList
   "C:\Program Files\Java\jdk-11.0.5\bin\java.exe" "-java
   ------Cola------
   Esta vacia la cola? false
   Tamaño de la cola 4
   La cola es: [A, B, C, 5]
   Sale de la cola: A
   Sale de la cola: B
   Sale de la cola: C
   Sale de la cola: 5
   Esta vacia la cola? true

   Process finished with exit code 0
   ```

FICHA DIDÁCTICA DE LA UNIDAD 07

Bloque	2	Programación Orientada a Objetos		
UNIDAD	7	Herencia, polimorfismo, interfaces, clases abstractas	Nº SESIONES:	32

Objetivos didácticos específicos de la unidad		
1. Comprender el concepto de herencia. 2. Conocer los conceptos de clase y superclase. 3. Diseñar e implementar subclases. 4. Acceder a los métodos de la superclase. 5. Comprender el uso de constructores con herencia. 6. Aplicar el concepto de herencia en la resolución de problemas. 7. Comprender el concepto de interface y su aplicación en Java. 8. Comprender el concepto de polimorfismo. 9. Utilizar sobrecarga y sobreescritura de métodos.		
Objetivos generales: d) j), w)		*Capacidades PPS:* j), t) , w)

Resultado de aprendizaje
RA 7: desarrolla programas aplicando características avanzadas de los lenguajes orientados a objetos y del entorno de programación. RAT1, RAT2, RAT3, RAT4

Contenidos didácticos de la unidad
• Herencia. Concepto de superclase y subclase. Encapsulación y visibilidad. • Acceso a miembros de una clase. • Constructores y herencia. • Acceso a métodos de la superclase. • Clases y métodos abstractos. • Interfaces. • Concepto y utilización de polimorfismo. • Polimorfismo. • Concepto de clase abstracta y de clase anónima. Expresiones lambda.

Criterios de evaluación
• **53.** Se han identificado los conceptos de herencia, superclase y subclase. • **54.** Se han utilizado modificadores para bloquear y forzar la herencia de clases y métodos. • **55.** Se ha reconocido la incidencia de los constructores en la herencia. • **56.** Se han creado clases heredadas que sobrescriban la implementación de métodos de la superclase. • **57.** Se han diseñado y aplicado jerarquías de clases. • **58.** Se han probado y depurado las jerarquías de clases. • **59.** Se han realizado programas que implementen y utilicen jerarquías de clases. • **60.** Se ha comentado y documentado el código.

Actividades generales
• Exposición de los contenidos conceptuales de la unidad. • Repaso de los conceptos de encapsulación y visibilidad. • Explicación del concepto de herencia. • Realización de ejemplos utilización de la herencia en Java. • Actividad teórico-práctica del control de acceso a miembros en herencia. • Actividad teórico-práctica: constructores en clases derivadas y acceso a los constructores de la superclase. • Exposición de los tipos de herencia. • Análisis del concepto de clase abstracta. Implementación de ejemplos. • Exposición de las interfaces. Análisis de la diferencia con las clases abstractas. • Realización de ejemplos para entender y practicar el polimorfismo. • Exposición de los conceptos de sobreescritura y sobrecarga de métodos. • Realización y explicación de actividades resueltas. • Realización de actividades propuestas.

GUÍA ACTIVIDADES			
Actividad	**Tiempo**	**¿Cómo? / ¿Qué?**	**CE**
IM: Introducción/motivación	5 min	Debate grupo-clase ¿qué saben de la herencia? ¿y del polimorfismo? ¿qué crees que es una interfaz? ¿y una clase abstracta?	RT1, RT4,RT5
T1. La herencia	15 min	Exposición teórica del concepto de Herencia. Terminología: superclase, subclase, reutilización. Ventajas de la Herencia.	53
TP2. Ejemplo de herencia. Superclase DosDimensiones, subclase Triangulo	15 min	Codificación guiada y aplicación de las características clave de la herencia.	53, 59, 60
TP3. Ejemplo de acceso a miembros en herencia	20 min	Practicar el acceso a los atributos de la superclase utilizando los getters y setters.	53, 54, 55,57, 58, 59, 60
T4. Constructores y herencia	10 min	Exposición teórica y debate para ver qué constructor es responsable de construir un objeto de la subclase.	53, 54, 55, 60
TP5. Constructores en la subclase	35 min	Practicar el constructor en la subclase, accediendo a atributos de la superclase o inicializando los de la subclase. Codificar un main.	53, 54, 55, 60
TP6. Acceso a métodos de la superclase	25 min	Sobreescribir un método de la superclase y acceder a un método de la superclase o al sobreescrito.	53, 54, 55,56, 60

TP7. Aplicar super y this en llamadas a constructores de objetos	15 min	Añadir constructores a la clase Padre. Utilizar this en el constructor del padre y super en el constructor del hijo.	53, 54, 55,56, 60
T8. Tipos de herencia en Java	10 min	Exposición de los tipos de herencia que hay en POO y saber que Java no permite herencia múltiple.	53, 54, 55
T9. Clases y métodos abstractos	10 min	Analizar el concepto de clase abstracta y estudiar el ejemplo de los vehículos.	53, 54, 55, 60
TP10. Clases y métodos abstractos	40 min	Implementar un ejemplo completo(Empleado → Comercial) guiado de clase abstracta y codificación de métodos en la clase derivada. Programita main para realizar pruebas.	53, 54, 55, 56,58,59, 60
TP11. Interfaces. VideoClip	30 min	Análisis teórico-práctico de la implementación de la interfaz VideoClip.	53, 54, 56, 59, 60
T12. Polimorfismo	5 min	Exposición del polimorfismo utilizando persona→ empleado → encargado.	53, 54, 55
TP13. Implementción de la jerarquía persona→ empleado → encargado polimorfismo	35 min	Ejemplo guiado en que se mostrará los accesos private y protected desde clases derivadas. Forzaremos error para que no compile y el alumnado participe y vea cómo se hace.	53, 54, 55,, 56, 57, 58, 60
TP14. Sobreescritura de métodos (overriding)	10 min	Estudio de un ejemplo Pajaro → Loro, donde sobrecargamos el método getDetalles.	53, 54, 55,, 56, 57, 58, 60
TP15. Sobrecarga de métodos (overloading)	10 min	Análisis de la sobrecarga de getNombre de la clase Persona.	53, 54, 55,, 56, 57, 58, 60
TP16. Casting	35 min	Ejemplo guiado donde se analiza la pérdida de previsión de un objeto de tipo Persona, que no podrá ejecutar los métodos de sus clases derivadas, por lo que habrá que hacer una conversión de tipo o casting.	53, 54, 55,56, 57, 58,59, 60

TP17. Clases Anónimas. Saludando en Inglés, Francés y Español	45 min	Realización de un ejemplo. Definir una interfaz con dos métodos y observar su implementación habitual y comparar con la implementación de la clase anónima de distintos saludos.	53, 54, 55,56, 57, 58,59, 60
TP18. ¿y tú de quién eres? Instanceof	20 min	Comprobar que un objeto es de una clase concreta a través de un ejemplo	53, 54, 59, 60
T19. Expresiones Lambda	10 min	Exposición de las funciones anónimas lambda. Estructura y uso.	53, 54, 59, 60
PRÁCTICA EJERCICIOS RESUELTOS (Se dejará unos minutos para que el alumnado realice los ejercicios y se realizará la resolución y explicación en clase conforme al feedback recibido).			
REFUERZO			
R1. Uso de super con variables	20 min	Implementar programa que tenga una clase Vehicle con un atributo maxSpeed, y una derivada que contenga el mismo atributo. Realizar un main que muestre el valor del atributo del padre utilizando super.	53, 54, 55, 56, 57, 58, 60 RT 1, 2, 3, 4, 8, 9
R2. Uso de super con método	20 min	Actividad de descubrimiento: Implementar programa que tenga una clase Student con un método message, y una derivada Person que contenga el mismo método. Realizar un main que muestre el valor del atributo del padre utilizando super. Ejecutarlo y analizar el comportamiento.	53, 54, 55, 56, 57, 58, 60 RT 1, 2 , 3, 4, 8, 9
R3. Uso de super con constructores	20 min	Siguiendo con la clase Student, invocar al constructor del padre. Realizar un main para probarlo.	53, 54, 55, 56, 57, 58, 60 RT 1, 2, 3, 4, 8, 9
EJERCICIOS			
R4. Interfaces. ¿Quién es capaz de cantar?	20 min	Realizar un programa que codifique la interfaz PuedeCantar, con un único método cantar. Crear tres clases (Persona, Canario, Gallo) y hacer que cada uno cante a su manera.	3, 54, 55, 56, 57, 58, 60 RT 1, 2 3, 4, 8, 9

R5. Ejercicio de los Electrodomésticos	4 sesiones	Practicar la herencia, creación de distintos constructores y métodos tanto en el padre (Electrodomesticos) y los hijos (Lavadora y Televisión). Utilizar constantes final static. Utilización de super.	3, 54, 55, 56, 57, 58, 60 RT 1, 2, 3, 4, 8, 9
PRÁCTICA (quedan 16 sesiones para la realizar los 7 ejercicios). Se indica un tiempo estimado, pero el alumnado irá a su propio ritmo, con supervisión de la docente.			
P1. Clase Libro	1 sesión	Crear una clase Libro con atributos ISBN, titulo, autor y número de páginas. Codificar getters, setters y método toString con un formato determinado. Implementar un main para probarlo.	53, 59, 60 RT 1, 2 ,3, 4, 8, 9
P2. Animales que pueden volar, nadar, caminar. Superclases y clases derivadas. Implementación de interfaces	2 sesiones	Siguiendo instrucciones y esquema de página 50, implementar las superclases, las clases derivadas y los interfaces.	53, 54, 55, 57 58, 59, 60 RT 1, 2 ,3, 4, 8, 9
P3. Instalalaciones deportivas. Implementación de clases e interfaces	2 sesiones	Implementar dos interfaces InstalacionDeportiva (método getTipoInstalacion), y Edificio (método getSuperficieEdificio) Codificar la clase Polideportivo, que implemente IntalacionDeportiva y la interfaz Edififcio. Implementar clase EdificioDeOficinas, que implemente la interfaz Edificio.	
P4. Dado un diagrama UML implementar según instrucciones	2 sesiones	Codificación de jerarquía a partir de un diagrama UML.	53, 54, 55, 56, 57, 58, 59, 60 RT 1, 2 ,3, 4, 8, 9
P5. Series y Videojuegos	2 sesiones	Implementación de dos clases, Serie y VideoJuego sin relación de herencia entre ellas que implementen la interfaz Entregable. Crear una aplicarción con sendos arrays y realizar ciertas operaciones.	3, 54, 55, 56, 57, 58, 59, 60 RT 1, 2 ,3, 4, 8, 9
P6. Ecuaciones de segundo grado. Obtener las raices	1 sesión		
P7. Juego de la ruleta rusa	2 sesiones		
ACTIVIDADES DE AMPLIACIÓN (opcionales)			
ISA DESAFÍA: ¡TE RETO!	-	Actividades de motivación y diversión.	-
TEST/CUESTIONARIO	1 sesión	Test/ Cuestionario de la unidad.	

Cuestionario Unidad 07

1. Selecciona la opción que no se corresponde con una colección en Java.

☐ ArrayList.

☐ Properties.

☐ Vector.

☐ Iterator.

2. Queremos añadir la letra C en la colección ArrayList letras, que tiene los elementos A, B, D, E. Como queremos que salga en la posición que le corresponde (entre el 2 y el 4), ¿cómo debemos realizarlo?

☐ letras.add('C');

☐ letras.add(3, 'C');

☐ letras.add('C', 3)

☐ letras.add(2, 'C');

3. Los constructores.

☐ Todas las respuestas son verdaderas.

☐ Se llaman igual que la clase.

☐ Puede haber más de uno en una clase.

☐ Pueden no tener parámetros.

4. ¿Qué significa tener la palabra reservada static delante de un método?

☐ Podemos utilizar el método en cualquier momento.

☐ Podemos utilizar el método sin instanciar la clase.

☐ Ninguna de las opciones es correcta.

☐ No podemos utilizar el método sin instanciar la clase.

5. En base de datos OO se permitirá aplicar solamente herencia y encapsulación , típicas de la programación orientada a objetos.

☐ Verdadero.

☐ Falso.

6. ¿Qué hace este código?

```
terator <String> iterador = nombre. iterator (
hile (iterador. hasNext ()) {
    String nombre = iterador. next ();
    ...
```

☐ Recorre una colección de tipo Set denominada nombre e imprime cada uno de los valores.

☐ Recorre una colección cualquiera denominada nombre e imprime cada uno de los valores.

☐ Recorre una colección de tipo Map denominada nombre e imprime cada uno de los valores.

☐ Recorre una colección de tipo List denominada nombre e imprime cada uno de los valores.

7. **Error overflow: representa un error interno irrecuperable o agotamiento de recursos en el sistema de runtime de Java.**

☐ Verdadero.

☐ Falso.

8. **Las interfaces permiten que otras clases hereden de una superclase mediante extends.**

☐ Verdadero.

☐ Falso.

9. **¿Qué efecto tiene la palabra reservada final si lo encontramos delante de un método?**

☐ Es un método estático.

☐ Es un método abstracto.

☐ Es un método que no puede ser sobrescrito.

☐ Es un método que pertenece a otra clase.

10. **Las operaciones que se encuentran en el bloque finally.**

☐ Ninguna de estas opciones es correcta.

☐ Se ejecutan tanto si se produce la excepción como si no se produce.

☐ Sólo se ejecutan si no se produce la excepción.

☐ Sólo se ejecutan si se produce la excepción.

FICHA DIDÁCTICA DE LA UNIDAD 08

Bloque	2	Programación gráfica		
UNIDAD	8	Ficheros, serialización. Introducción a las Interfaces	Nº SESIONES:	24
		Objetivos didácticos específicos de la unidad		

41. Conocer las clases relativas a flujos.
42. Utilizar clases para la gestión de ficheros. Almacenar datos de forma definitiva usando ficheros.
43. Recuperar datos y objetos de ficheros.
44. Valorar la importancia en la persistencia.
45. Utilizar operaciones básicas para acceder a ficheros de acceso secuencial y aleatorio.
46. Conocer la interfaz gráfica swing.
47. Asimilar el concepto de evento.

Objetivos generales: j), q), w)	*Capacidades PPS:* a), i) j), t) , w)

Resultado de aprendizaje
RA 5: realiza operaciones de entrada y salida de información, utilizando procedimientos específicos del lenguaje y librerías de clases. RAT1, RAT2, RAT3, RAT4

Contenidos didácticos de la unidad
• Tipos de flujos. Flujos de bytes y de caracteres. • Flujos predefinidos. • Clases relativas a flujos. • Utilización de flujos. • Aplicaciones del almacenamiento de información en ficheros. • Ficheros de datos. Registros. • Apertura y cierre de ficheros. Modos de acceso. • Escritura y lectura de información en ficheros. • Almacenamiento de objetos en ficheros. Persistencia. Serialización. • Utilización de los sistemas de ficheros. • Creación y eliminación de ficheros y directorios. • Operaciones básicas sobre ficheros de acceso secuencial y aleatorio. • Conocer la interfaz gráfica swing.

Criterios de evaluación
36. Se ha utilizado la consola para realizar operaciones de entrada y salida de información. **37.** Se han aplicado formatos en la visualización de la información. **38.** Se han reconocido las posibilidades de entrada / salida del lenguaje y las librerías asociadas. **39.** Se han utilizado ficheros para almacenar y recuperar información. **40.** Se han creado programas que utilicen diversos métodos de acceso al contenido de los ficheros. **41.** Se han utilizado las herramientas del entorno de desarrollo para crear interfaces gráficos de usuarios simples. **42.** Se han programado controladores de eventos. **43.** Se han escrito programas que utilicen interfaces gráficos para la entrada y salida de información. **51.** Se han identificado las clases relacionadas con el tratamiento de documentos XML (RA6). **52.** Se han realizado programas que realicen manipulaciones sobre documentos XML(RA6).

Actividades generales
• Realización al inicio de la Unidad de un Brainstorming sobre "¿Qué es un fichero? ¿qué utilidad tiene?" • Explicación del concepto flujos de datos y librerías asociadas. • Realización de un ejemplo práctico utilizando StringReader y CharArrayWriter. • Conocimiento de las diferentes clases que alteran el comportamiento de un Stream. • Conocer la lectura de caracteres y la lectura de una línea completa. • Explicación de qué son ficheros de datos y las formas de acceder a ellos. • Trabajar con flujos de caracteres: realizar ejemplos que utilicen FileWriter y FileReader. • Leer y escribir datos de tipo primitivo utilizando ficheros binarios. Utilizar en ejemplo las clases DataInputStream y DataOutputStream. • Conocer el concepto de serialización. Almacenaje de objetos en ficheros. Persistencia. Realizar ejemplo de almacenaje y recuperación de un objeto • Realización de ejercicios resueltos. • Actividad de motivación BrainStorming "Consola vs Interfaz gráfica". • Conocer los componentes Swing. Utilizar contenedores Swing. Conocer la organización de los controles. Conocer la apariencia de las ventanas (look and feel). • Codificar ejemplos de tratamiento de archivos XML.

GUÍA ACTIVIDADES			
Actividad	Tiempo	¿Cómo? / ¿Qué?	CE
IM: Introducción/motivación	5 min	Tormenta de ideas: ¿qué es un fichero? ¿qué utilidad tiene?	RT4 RT5
T1. Flujos de datos	15 min	Exposición del concepto de flujo de datos. Representación gráfica del flujo de datos. Flujos de datos estándar: in, out, err.	36
TP2. LecturaDeLinea utilizando flujo estándar	10 min	Codificación guiada donde se utiliza el flujo estándar de lectura in, de escritura out y de error.	36, 38
T3. Utilización de flujos en ficheros	15 min	Exposición teórica del fun-cionamiento de la lectura y escritura Dibujo ordinogramas de lectura y escritura. Si error IOException.	36, 38
TP4. Entrada de texto desde un fichero	15 min	Codificación guiada de la lectura de un fichero, línea a línea, utilizando BufferedReader. Utilización de try.. catch para capturar fichero no encontrado y error de e/s.	36, 38, 39
T5. Clasificación de los flujos	5 min	Exposición de la diferencia entre flujos de caracteres y flujos de bytes.	38
T6. Clases relativas a flujos I O Stream vs Reader y Writer	15 min	Explicación del uso de la jerarquía de clases java.io haciendo hincapié en la distinción entre datos de tipo byte o char para la utilización de una clase u otra.	38
TP7. Utilización subclase StringReader y CharArrayWriter	20 min	Codificación guiada en la que se realiza el procesamiento de un texto almacenado en un String. Se utiliza un flujo de entrada StringReader para ir leyendo el String carácter a carácter; para luego ir guardando cada carácter en un flujo de salida CharArrayWriter. Una vez leídos todos los caracteres, se copian al array utilizando el método toCharArray. Se irá mostrando por pantalla para comprobar. Controlar exceptions. Puesta en común de las dudas surgidas en el alumnado.	36, 38
T8. Los InputStream: System.in, .out (bytes)	5 min	Insistir en que un InputStream solo lee bytes (ya sea de teclado, fichero socket o cualquier otro dispositivo de entrada).	36, 38

T9. Los Reader	5 min	Explicar que el InputStreamReader es un conversor de los bytes en un Reader, es decir en caracteres Unicode(sueltos).	36, 38
T10. BufferedReader	10 min	Exponer que la entrada mediate buffer mejora el rendimiento. Utilizar readLine() para leer una línea como cadena.	36, 38
T11. Combinación de flujos	30 min	Analizar las clases que alteran el comportamiento de un stream ya definido. Los flujos se pueden combinar para obtener la funcionalidad deseada.	36, 38
TP12. Practicando con InputStreamReader y con BufferedReader. Hacer eco hasta que escribas 'para'	30 min	Codificación guiada para mostrar cómo utilizar BufferedReader y su método readLine, que devuelva una línea completa del buffer.	36, 38
T13. Ficheros de datos. Acceso secuencial, directo, indexado y dinámico	5 min	Exposición teórica de los métodos de acceso a ficheros.	
TP14. Realización de una lectura y escritura secuencial en un archivo utilizando FileInputStream y FileOutputStream	35 min	Realización ejercicio guiado para mostrar cómo realizar una escritura secuencial a partir de un string. Definir el FileOutputStream, crear el fichero e ir escribiendo cada byte. Controlar las excepciones con try cath finally. Cerrar el flujo. A continuación, leer los datos del fichero utilizando un FileInputStream, carácter a carácter e ir concatenándolo al string. Controlar excepciones y cerrar al terminar.	36, 38, 39, 40
T15. La clase File	20 min	Exponer que la clase File desciende directamente de Object. Analizar y ver que es la manera más útil de trabajar con ficheros y directorios. Ver los tres constructores de File y los métodos que tiene (isDirectory, isFile, exist….).	36, 38, 39, 40
TP16. Algunos métodos de la clase File en acción	20 min	Codificación guiada del ejemplo del uso de algunos métodos de la clase File. Se analiza si el directorio existe, muestra si se tiene permiso de L/E y se listan los ficheros y directorios que contiene.	36, 38, 39, 40

T17. FileWriter y FileReader para trabajar con flujos de caracteres	15 min	Exposición teórica de la jerarquía de clases de FileReader y FileWriter. Análisis de los constructores y métodos disponibles.	36, 38, 39, 40
TP18. Utilizando FileWriter y FileReader	20 min	Dado un vector de strings, donde almacenamos nombres de amigos los escribimos con FileWriter línea a línea en un archivo. Controlar excepciones. A continuación leer el fichero creado, línea a línea, usando FileReader.	36, 38, 39, 40
T19. Almacenaje de tipos primitivos: DataOutputStream y DataInputStream	25 min	Exposición teórica de cómo almacenar en un fichero tipos de datos primitivos utilizando las clases del paquete java.io DataOutputStream y Data InputStream (escribir y leer en formato UTF-8). Ver gráfico explicativo en la página 21 para clarificar conceptos.	36, 38, 39, 40
TP20. Practicando con el filtro DataOutputStream para escritura y con DataInputStream para lectura	35 min	Práctica guiada para comprobar el flujo de datos visto en el gráfico anterior. Análisis de los métodos de ambas clases.	36, 38, 39, 40
T21. Serialización. No serialización de algún atributo usando transient	5 min	Exposición teórica de la serialización. Clases ObjectOutputStream, y ObjectInputStream.	36, 38, 39, 40
TP22. Aplicación de serialización a un ejemplo concreto	45 min	Codificación guiada de un ejemplo donde escribimos y leemos objetos en un fichero.	36, 38, 39, 40
T23. Tratamiento de archivos XML	5 min	Introducción al tratamiento de archivos XML a través de la API del DOM.	36, 38, 39, 40, 51, 52
TP24. Escritura de un archivo XML	45 min	Ejemplo guiado para la creación de un archivo XML. Instanciando las clases DocumentBuilderFactory, DocumentBuilder y Document. Definir toda la estructura siempre dentro de un bloque try catch. Finalmente instanciar TransformerFactory, Transformer, DOMSource y StreamReult para crear el archivo.	36, 38, 39, 40, 51, 52

TP25. Lectura de un archivo XML	20 min	Ejemplo que deberá realizar el alumnado siguiendo las indicaciones. Se parseará el fichero con DocumentBuilderFactory, DocumentBuilder y Document. Utilizar try catch. Métodos: getDocumentByElement, normalize, getElementsByTagName.	36, 38, 39, 40, 51, 52
TP26. Hola Mundo con interfaz gráfica Swing	15 min	Introducción a las interfaces de usuario utilizando Swing. Práctica guiada para mostrar cómo se hace.	41, 42
T27. Componentes Swing. Contenedores. Organización de los controles de un contenedor y apariencia de las ventanas	15 min	Exposición de los componentes de Swing, organización y apariencia.	41, 43
T28. JFileChooser	40 min	Codificación guiada y explicación paso a paso de un programa que nos permita acceder a nuestro sistema de ficheros y seleccionar uno (getSelectedFile) o varios (getSelectedFiles, SetMultiSelectionEnables (true)). Almacenar la información de un textArea en un fichero.	36, 38, 39, 40, 41, 43
TP28. Evento y controladores de eventos. PruebaSwing	45 min	Conocer los eventos y los listener (o controladores de eventos) especializados en el evento ocurrido. Codificación del ejemplo Limpia/Escribe. Mejora que realiza un evento u otro dependiendo del objeto que lo generó (getSource()).	36, 38, 39, 40, 41, 42 43
Propuesto de refuerzo: crear programa que utiliza ventanas y controles básicos de Swing	25 min	Afianzar los conceptos básicos de Swing siguiendo el tutorial. Crear un proyecto de ventanas y utilizar controles básicos de Swing. Añadir la librería joodies.	36, 38, 39, 40, 41, 42 43
TP29. SliderPrueba	40 min	Dado el interfaz mostrado y algunas pistas en los pantallazos, el alumnado deberá analizarlo y averiguar qué son las propiedades que se indican y apuntarlo. A continuación, dibujar la interfaz y codificar el ejemplo para comprobar el funcionamiento de Slider.	37, 41, 42, 43

PRÁCTICA EJERCICIOS RESUELTOS (Se dejará unos minutos para que el alumnado realice los ejercicios y se realizará la resolución y explicación en clase conforme al feedback recibido).			
R1. Concesionario de coches. Creación de un archivo xml	40 min	Creación de un archivo xml con la estructura indicada de un concesionario de coches.	36, 38, 39, 40, 51, 52
R2. Concesionario de coches. Lectura de un archivo xml	40 min	Lectura del archivo xml creado en R1	36, 38, 39, 40, 51, 52
R3. Solución al ejercicio de refuerzo propuesto	25 min	Repasar los conceptos básicos de Swing.	36, 38, 39, 40, 41, 42 43
R4. Contar palabras de un archivo de texto	30 min	Crear una clase que tenga un método cuentaPalabras() que cuente las palabras existentes en un archivo de texto pasado como parámetro. Pista: StringTokenizer.	36, 38, 39, 40
R5. Dado un fichero cambiar unas palabras por otras. A modo de censura	30 min	Repasar concepto de ficheros. Usar de nuevo StringTokenizer y str.replace.	36, 38, 39, 40
R6. Dado un fichero, ordenar los números que contiene de forma ascendente	30 min	Acceder a un fichero con números y ordenarlos creando una clase Ordena, que implemente un método ordenar, que realice la ordenación. Utilizar método de la burbuja.	36, 38, 39, 40
EJERCICIOS PROPUESTOS			
PRÁCTICA (quedan unas 8 sesiones para la realizar los 6 ejercicios). Se indica un tiempo estimado, pero el alumnado irá a su propio ritmo, con supervisión de la docente.			
BÁSICOS			
P1. Modificar el ejemplo de sliderPrueba realizado en la unidad para que funcione tanto si mueves los sliders como si escribes la cantidad en la casilla de euros o de dólares	1 sesión	Modificar un ejemplo anterior para que controle los eventos necesarios que mejoren el programa y funcione en ambos sentidos.	37, 41, 42, 43
P2. Generador de primitivas	1 sesión	Realizar un programa que genere primitivas utilizando la interfaz de usuario mostrada en el enunciado. Controlar que no salgan números repetidos al generarlos de forma aleatoria.	37, 41, 42, 43
P3. El secreto del chef	2 sesiones		38, 41, 42,43
P4. Traductor inglés-español y viceversa	1 sesión	Almacenando las palabras en alguna estructura de datos (por ejemplo, array de strings), construir un objeto ObjectOutputStream asociado a un FileOutputStream y guardar los pares en un fichero de texto diccionario.txt.	36, 38, 39, 40, 43

P5. Conversor gráfico decimal Romano, Romano-decimal	2 sesiones	Codificar y diseñar un convertidor de d-r / r-d.	38, 41, 42, 43
P6. Almacenar datos de varias personas contenidas en un ArrayList en un archivo personas.dat	1 sesión	Leer los valores con los datos de varias personas y guardarlos en un ArrayList. A partir del mismo escribirlas en un archivo personas. dat, con FileWriter recorriendo la estructura de datos usando un foreach.	36, 38, 39, 40, 42, 43
ACTIVIDADES DE AMPLIACIÓN (opcionales)			
ISA DESAFÍA: ¡TE RETO!	-	Actividades de motivación y diversión. Toma de contacto con el juez del concurso de programación *Programame*.	-
TEST/CUESTIONARIO	45 min	Test/ Cuestionario de la unidad.	44, 45, 46, 47, 48

ⓘ Nota de la autora

Swing está en desuso, pero lo introduzco aquí por si alguna empresa todavía lo tiene y para que el alumnado vaya adquiriendo los conceptos de eventos. En IntelliJ funciona un poco mal. En futuras versiones de mis apuntes tengo pensado quitar Swing. También me sirve para ver la reacción del alumnado cuando encuentran algún problemilla en el camino. La profe (el) siempre observando y analizando.

Cuestionario Unidad 08

1. **Señala si es verdadera o falsa la siguiente afirmación: para encontrar una información almacenada en la mitad de un fichero secuencial, podemos acceder directamente a esa posición pasando por los datos anteriores a esa información. ¿Verdadero o Falso?**

   ☐ Verdadero.

   ☐ Falso.

2. **Empleamos FileWriter para flujos de caracteres, pues para datos binarios se utiliza FileOutputStream. ¿Verdadero o Falso?**

   ☐ Verdadero.

   ☐ Falso.

3. **Señala la opción correcta:**

   ☐ Java solo admite el uso de ficheros aleatorios.

   ☐ Los ficheros secuenciales se deben leer de dos en dos registros.

   ☐ Todas son falsas.

   ☐ Con los ficheros de acceso aleatorio se puede acceder a un registro determinado directamente.

4. **Un objeto de la clase File representa un fichero en sí mismo. ¿Verdadero o Falso?**

    ☐ Verdadero.

    ☐ Falso.

5. **Para decirle el modo lectura y escritura a un objeto RamdomAccessFile debemos pasar como parámetro "rw". ¿Verdadero o Falso?**

    ☐ Verdadero.

    ☐ Falso.

6. **Un fichero .bmp guarda información de música codificada. ¿Verdadero o Falso?**

    ☐ Verdadero.

    ☐ Falso.

7. **Cuando trabajamos con ficheros en Java, no es necesario capturar las excepciones, el sistema se ocupa automáticamente de ellas. ¿Verdadero o Falso?**

    ☐ Verdadero.

    ☐ Falso.

8. **Para leer valores numéricos, la idea es tomar el valor de la entrada estándar en forma de cadena y emplear métodos para convertir el texto a números. ¿Verdadero o Falso?**

    ☐ Verdadero.

    ☐ Falso.

9. **Señala la opción correcta:**

    ☐ Read es una clase de System que permite leer caracteres.

    ☐ La clase keyboard también permite leer flujos de teclado.

    ☐ StringBuffer permite leer y StringBuilder escribir en la salida estándar.

    ☐ Stderr por defecto dirige al monitor pero se puede direccionar a otro dispositivo.

10. **La clase File permite manipular archivos y directorios, en las plataformas Linux y Windows. Para Mac OS empleamos MacFile. ¿Verdadero o Falso?**

    ☐ Verdadero.

    ☐ Falso.

FICHA DIDÁCTICA DE LA UNIDAD 09

Bloque	3	Programación gráfica. Proyecto final		
UNIDAD	9	Interfaz de usuario: JavaFX. SceneBuilder. El modelo MVC	Nº SESIONES:	32

Objetivos didácticos específicos de la unidad

7. Adquirir el concepto de Modelo-Vista-Controlador.
8. Conocer y utilizar los controles básicos de JavaFX.
9. Conocer y utilizar los contenedores de JavaFx.
10. Realizar control de eventos.
11. Aplicar CSS a los programas realizados.
12. Diseñar aplicaciones sencillas con interfaz gráfica javaFx y SceneBuilder.
13. Adaptar las aplicaciones utilizando nuevas librerías aparecidas con los cambios tecnológicos.

Objetivos generales: j), q), w)	Capacidades PPS: i) j), t) , w)

Resultados de aprendizaje

RA 5: realiza operaciones de entrada y salida de información, utilizando procedimientos específicos del lenguaje y librerías de clases.
RAT5: mantiene el espíritu emprendedor para innovar en el ámbito de su trabajo y adaptarse a los cambios tecnológicos y organizativos de su entorno profesional.

Contenidos didácticos de la unidad

• Modelo vista controlador (MVC).
• JavaFX. La clase Stage y La clase Scene.
• Controles básicos javaFx.
  − Label y Button.
  − TextField y TextArea.
  − RadioButton.
  − Checkbox.
  − Listas.
  − Menús.
  − Tables.
  − DatePicker.
• Contenedores javaFX.
  − HVox, Vbox.
  − FlowPane.
  − BorderPane.
  − AnchorPane.
• CSS.

Criterios de evaluación

• 37. Se han aplicado formatos en la visualización de la información.
• 38. Se han reconocido las posibilidades de entrada/salida del lenguaje y las librerías asociadas.
• 41. Se han utilizado las herramientas del entorno de desarrollo para crear interfaces gráficos de usuario simples.
• 42. Se han programado controladores de eventos.
• 43. Se han escrito programas que utilicen interfaces gráficos para la entrada y salida de información.
• RT4. Se han utilizado librerías nuevas y aplicado CSS en las aplicaciones.

Actividades generales
• Entender la estructura básica de una aplicación mediante el patrón Modelo Vista Controlador (MVC). • Familiarizarse con JavaFX. • Crear y empezar un proyecto JavaFX. • Uso de Scene builder para diseñar la interfaz de usuario. • Codificar y probar los ejercicios resueltos. • Realizar los ejercicios propuestos.

GUÍA ACTIVIDADES

Actividad	Tiempo	¿Cómo? / ¿Qué?	CE
IM: introducción/motivación	25 min	Debate entre usar Swing y JavaFx.	-
T1: presentar JavaFx y el MVC	10 min	Exposición.	-
TP1: crear un proyecto JavaFx y lanzarlo	30 min	Guiar al alumnado para: crear el proyecto, comprobar que hay un problema porque falta la librería JavaFx y añadirla. Lanzar el programa.	-
T2: explicación de los elementos y código de la actividad TP1	1 sesión	Análisis del código Main.java, Controller.java y module-info.java para comprender el funcionamiento. Comprensión de las clases Stage y Scene de JavaFx.	-
TP3: ejecutar y utilizar la herramienta SceBuilder , utilizar algún control y analizar el archivo fxml creado sin necesidad de escribir código	1 sesión	Mostrar cómo se ejecuta SceneBuilder en Intellij. Analizar el código fxml creado para saber interpretarlo (o modificarlo si procediera). Borrar el contenedor gridPane y añadir un anchorPane, donde se colocará una etiqueta y un botón que al pulsarlo realice una acción. Volver a comprobar el código asociado y comentarlo.	41
TP4. ACTIVIDAD 2: añadir tres botones Ok, Cancel y Reset que realicen ciertas acciones	2 sesiones	Actividad que realizará el alumnado para practicar añadir botones e implementar código al pulsarlos. Se les proporcionará el código con una solución que les muestre cómo discriminar si el objeto pulsado, es un botón u otro.	42
T5: controles básicos javaFx	5 min	Exposición de los controles básicos javaFx tales como Label y Button, Textfield y TextArea, RadioButton.	-

TP6. ACTIVIDAD 3. Elige el color con radiobuttons , **R1**	1 sesión	Los alumnos seleccionan un color a través de un radiobutton y al pulsar un botón se indica el mismo en una etiqueta.	41,42
T7: controles Checkbox, Listas, Menús, Tables	15 min	Exposición de los controles básicos, funcionamiento y propiedades.	-
TP8: ACTIVIDAD 5. Realizar una lista de libros con ISBN, título y autor utilizando un TableWiew	2 sesiones	Realización de una actividad guiada mostrando el uso del control TableView.	41,42, 43
T9: control DatePicker	5 min	Exponer el control DatePicker y su utilidad.	-
T10: contenedores javaFx: HBox, Vbox, FlowPane, BorderPane, AnchorPane	35 min	Mostrar los contenedores más comunes y sus propiedades más comunes.	-
PRÁCTICA EJERCICIOS RESUELTOS (Se dejará unos minutos para que el alumnado realice los ejercicios y se realizará la resolución y explicación en clase conforme al feedback recibido).			
R1. Resolución y explicación de la actividad 3 elige el color.	1 sesión	Explicación de la resolución del ejercicio y resolución de dudas generales.	-
R2 ACTIVIDAD SUMADOR. Realizar un sumador sencillo de dos operandos.	40 min	Realización guiada del ejercicio donde se introduce el uso de la interfaz Initializable, creando el método initialize. Análisis de los archivos asociados SumaVista.fxml, Main.java, Controlador.java.	41, 42, 43
R3 ACTIVIDAD TableView 1. Personas. Implementar un formulario que permita agregar, modificar o eliminar una persona, según el modelo dado.	2 sesiones	Realización de forma guiada del ejercicio y explicación de los archivos asociados (Main.java, ControllerPersona.java, Persona.java, VistaPersona.fxml. Se repasan los controles y eventos relacionados y el manejo de SceneBuilder.	38, 41, 42,43
R4 ACTIVIDAD TableView 2. A partir de la actividad R3 modificarlo para que cuando se añada o modifique alguna persona salga una ventana donde introducir la información sobre el 7.	1 sesión	Práctica guiada donde se modifica otro programa de base y se le añade otra ventana donde introducir o modificar la información de la persona. Mostrar la estructura de archivos del proyecto al alumnado para que observen que hay dos archivos fxml en el mismo correspondientes cada uno a su ventana y sus correspondientes controladores asociados.	38, 41, 42,43

R5. Mejorar la actividad R4 añadiendo un filtro a la tabla de personas cuando modifiquemos el txt	1 sesión	Añadir la implementación para filtrar por nombre.	38, 41, 42,43
EJERCICIOS PROPUESTOS PUNTUABLES (quedan 20 sesiones para realizar los 5 ejercicios). Se indica un tiempo estimado, pero cada alumno va a su ritmo con supervisión del docente.			
P1: EJERCICIO 1 Calculadora simple a partir de la Actividad 4 del sumador (Pág. 57)	1 sesión	En lugar de la suma, añadir las operaciones -, * /, mod. Se debe utilizar radiobuttons y utilizar try catch para el control de errores.	41, 42, 43
P2: EJERCICIO 2 Tableview de libros	5 sesiones	Modificar la actividad 5 para que se introduzcan en la lista los elementos que el usuario introduzca y deje limpios los campos de texto. Al seleccionar en un registro, mostrará los datos en los txt. Al pulsar el botón Modificar, el registro seleccionado se modificará con los datos que hay en los txt (editando el objeto). Al pulsar el botón Eliminar, el registro seleccionado se eliminará de la tabla.	38, 41, 42,43
P3: EJERCICIO 3 Bloc de Notas	3 sesiones	Crear un bloc de notas que tenga unas dimensiones determinadas y tenga los típicos elementos de menú Open, Save, un separador, Exit.	37, 38, 41, 42, 43
P4: EJERCICIO 4 Calculadora	5 sesiones	Realizar calculadora según el modelo dado.Averiguar cómo se aplica CSS y aplicarlo para conseguir un aspecto similar.	37, 38, 41, 42, 43, RT5
P5: EJERCICIO 5 Calculadora Pro	6 sesiones	Realizar calculadora con tres pestañas (Operaciones, Historial, Configuración) que añada una tecla Ans, que proporcionará el valor de la última operación realizada, que guarde un historial de operaciones. Además se debe permitir el cambio de la configuración de colores utilizando un ColorPicker.	37, 38, 41, 42, 43, RT5
PRY: diseñar la interfaz gráfica del proyecto iniciado en el tema anterior	-	Diseñar la interfaz gráfica del proyecto con SceneBuilder e ir añadiendo funcionalidad a los controles.	Todos
CUESTIONARIO	63		

Cuestionario Unidad 09

1. **¿Qué es MVC?**

   ☐ MVC es un patrón de programación que está dividido en tres capas, El Modelo, La Vista, y El Controlador. A continuación, la función principal de cada uno.

   ☐ La "Vista" es responsable del aspecto visual.

   ☐ El "Modelo" representa el mundo real a partir de objetos que son pasados a la vista.

   ☐ El "Controlador" es responsable de tomar la petición del usuario y cargar la correspondiente Vista y Modelo.

2. **La clase Stage…**

   ☐ Es una referencia al contenedor principal de nuestra aplicación.

   ☐ Es un título para nuestra aplicación.

   ☐ Contiene los controles secundarios de la aplicación.

   ☐ Contiene el control nodo raíz.

3. **GetWidth y getHeight..**

   ☐ Todas son falsas.

   ☐ Coge la anchura y la altura del AnchorPane.

   ☐ Coge la anchura y la altura del Stage.

   ☐ Coge la anchura y la altura de la Scene principal.

4. **Un radioButton..**

   ☐ Suele ir solo.

   ☐ Suele formar parte de un Toggle Grup.

   ☐ No tiene la propiedad Selected.

   ☐ Funciona exactamente igual que un checkbox.

5. **En un menu..**

   ☐ Necesitamos tres elementos: MenuBar, Menu, Menuitem.

   ☐ MenuBar define la barra donde se colocarán todos los menús.

   ☐ Menú define las categorías de los ítems de los menus.

   ☐ Todas son correctas.

6. **Un HBox..**

   ☐ Divide el panel en cinco regiones: top, bottom, left, right y center.

   ☐ Coloca los controles uno al lado del otro, hasta que no hay más espacio (vertical u horizontalmente).

   ☐ Coloca los controles horizontalmente, uno al lado del otro.

   ☐ Coloca los controles verticalmente, uno encima/debajo del otro.

7. Un FlowPane.

☐ Divide el panel en cinco regiones: top, bottom, left, right y center.

☐ Coloca los controles uno al lado del otro, hasta que no hay más espacio (vertical u horizontalmente).

☐ Coloca los controles horizontalmente, uno al lado del otro HBOX.

☐ Coloca los controles verticalmente, uno encima/debajo del otro VBOX.

8. Un VBox.

☐ Divide el panel en cinco regiones: top, bottom, left, right y center. Borderpane.

☐ Coloca los controles uno al lado del otro, hasta que no hay más espacio (vertical u horizontalmente).

☐ Coloca los controles horizontalmente, uno al lado del otro.

☐ Coloca los controles verticalmente, uno encima/debajo del otro.

9. Un BorderPane.

☐ Divide el panel en cinco regiones: top, bottom, left, right y center.

☐ Coloca los controles uno al lado del otro, hasta que no hay más espacio (vertical u horizontalmente).

☐ Coloca los controles horizontalmente, uno al lado del otro.

☐ Coloca los controles verticalmente, uno encima/debajo del otro.

FICHA DIDÁCTICA DE LA UNIDAD 10

Bloque	2	Programación Orientada a Objetos		
UNIDAD	5	Introducción a la Programación Orientada a Objetos	Nº SESIONES:	30
		Objetivos didácticos específicos de la unidad		

14. Comprender el concepto de base de datos relacional y orientada a objetos.
15. Reconocer las diferencias entre un lenguaje SQL y los sistemas de recuperación de datos de una BDOO.
16. Trabajar con una BBOO.
17. Realizar pequeños programas con Java y BBB relacional y BDOO.
18. Conocer las diferencias entre los distintos sistemas de recuperación de datos en db40 (SODA, NQ y QBE).
19. Implementar programas para recuperar, actualizar y eliminar objetos de las bases de datos.

Objetivos generales: d) j), w)	*Capacidades PPS:* j), t), w)
Resultado de aprendizaje	

RA 8: utiliza bases de datos orientados a objetos, analizando sus características y aplicando técnica para mantener la persistencia de la información.
RA 9: gestiona información almacenada en bases de datos relacionales manteniendo la integridad y consistencia de los datos.
RAT1, RAT2, RAT4

Contenidos didácticos de la unidad

- Modelos de 2 y 3 capas La arquitectura JDBC.
- Funcionamiento de JDBC.
- Conexiones con bases de datos.
- Manejo de SQLExceptions.
- Creación y carga de datos en tablas.
- Recuperación de información.
- Modificación y actualización de la base de datos.
- Nociones de BDOO Instalación. Creación. Acceso. Consulta.

Criterios de evaluación

- **61.** Se han identificado las características de las base de datos orientadas a objetos.
- **62.** Se ha analizado su aplicación en el desarrollo de aplicaciones mediante lenguajes orientados a objetos.
- **63.** Se han instalado sistemas gestores de bases de datos orientados a objetos.
- **64.** Se han clasificado y analizado los distintos métodos soportados por los sistemas gestores para la gestión de la información almacenada.
- **65.** Se han creado bases de datos y las estructuras necesarias para el almacenamiento de objetos.
- **66.** Se han programado aplicaciones que almacenen objetos en las bases de datos creadas.
- **67.** Se han realizado programas para recuperar, actualizar y eliminar objetos de las bases de datos.
- **68.** Se han realizado programas para almacenar y gestionar tipos de datos estructurados, compuestos y relacionados.
- **69.** Se han identificado las características y métodos de acceso a sistemas gestores de bases de datos relacionales.
- **70.** Se han programado conexiones con bases de datos.
- **71.** Se ha escrito código para almacenar información en bases de datos.
- **72.** Se han creado programas para recuperar y mostrar información almacenada en una base de datos.
- **73.** Se han efectuado borrados y modificaciones sobre la información almacenada.
- **74.** Se han creado aplicaciones que ejecuten consultas sobre bases de datos.
- **75.** Se han creado aplicaciones para posibilitar la gestión de información presente en las bases de datos relacionales.
- RT1-RT9 (todos los CE)

Actividades generales

- Explicar las características de las bases de datos tanto relacionales como orientadas a objetos, sus ventajas y limitaciones.
- Instalar el gestor de bases de datos.
- Instalar el motor de la base de datos.
- Realizar ejemplos guiados de operaciones básicas con la base de datos.
- Crear/acceder a la base de datos.
- Almacenar objetos en la base de datos.
- Recuperar objetos de la base de datos.
- Actualizar objetos de la base de datos.
- Borrar objetos de la base de datos.
- Explicar diferentes posibilidades para consultar la BD.
- Codificar ejemplos de objetos estructurados (objetos que contienen otros objetos).
- Realizar consulta de datos estructurados con QBE.
- Realizar programa que almacene y que utilice arrays de objetos.
- Realizar programa para recuperar objetos y arrays o arrayLists.
- Implementar programas que utilicen JavaFX, ficheros y bases de datos.

Actividad	Tiempo	¿Cómo? / ¿Qué?	CE
IM: Introducción/motivación	15 min	Tormenta de ideas. ¿Sabes qué es una base de datos? ¿Cuáles conoces?	-
T1. Conceptos de base de datos y SGBD. BD embebidas	10 min	Actividad interrogativa/expositiva. Preguntar qué podemos hacer con una base de datos. A partir de ahí recordar los conceptos de BDR.	69
T2. Arquitectura JDBC. Acceso a distintas BD	45 min	Exposición de la Arquitectura JDBC. Acceso a distintas BD. Modelos de 2 y 3 capas. Funcionamiento de JDBC.	70
TP3. Entorno de trabajo con BD y JDBC. Java, MySQL, drivers	1 sesión	Instalación y configuración de la última versión de Java SE SDK, MAMP (apache, MySQL, PHP y PhpAdmin) Instalación del plugin Database Navigator en IntelliJ.	
TP4. Creación de base de datos *ejemplo* en MySQL	20 min	Actividad guiada. Creación de la base de datos *ejemplo*, sus tablas e inserción de datos. Búsqueda de los drivers necesarios para Intellij (preparación previa para utilización del IDE).	69
T5. Conexiones con bases de datos.	10 min	Exponer las dos clases de conexión a JDBC: DriverManager y DataSource. Analizar ejemplo donde se utiliza DriverManager para realizar una conexión a una base de datos MySQL.	70
TP6. Creación de un DataSource en Intellij		Práctica guiada para grupo clase a modo de tutorial para crear un Datasource en el IDE IntelliJ. Realizar un test de conexión y notar que no coincide la zona horaria del IDE con el MySQL. Solucionarlo cambiando las variables serverTimezone = UTC, y useTimeZone = true. Recargar los drivers para comprobar que el funcionamiento es correcto.	69, 70
TP7. Ejecución de consultas desde el BD Navigator	15 min	Utilizar la base de datos *ejemplo* y realizar una consulta sencilla desde el BD Navigator de IntelliJ.	69
TP8. Añadiendo el driver a un proyecto nuevo	25 min	Analizar el funcionamiento de JDBC accediendo a la base de datos *ejemplo* y mostrando el contenido de la tabla *departamentos* mostrando y explicando al alumnado cómo se hace.	69, 70, 72, 74

TP9. Gestión de errores. Manejo de las SQLExceptions	25 min	Acceder a la información producida por una excepción SQL (getMessage, getSQLState, getErrorCode). Realizar la codificación guiada y capturar las excepciones ClassNotFoundException y SQLException). Navegar por las causas del error con getCause y getNextException. Mostrar cómo capturar una cadena de excepciones a través de código.	69, 70, 71, 72
T10. Clase Statement	10 min	Mostrar cómo realizar conexión, crear sentencia en un objeto Statement. Hay tres métodos: executeQuery (para único objeto Resultset), executeUpdateQuery (para sentencias DML y DLL), y execute (para cualquier sentencia SQL).	69, 70, 71, 72
TP11. Utilizando execute	25 min	Recuperación de filas mediante execute, y recorrer el ResultSet para mostrar los datos. Mostrar el número de filas afectadas con getUpdateCount. No olvidar cerrar tanto la sentencia como la conexión por buenas prácticas de programación.	69, 70, 71, 72
TP12. ¿Quieres jugar en mi equipo? Para poder jugar en equipo, necesitamos crear las tablas de *equipo* y de *jugadores*	45 min	Codificar una clase CrearTablas donde realizamos una gestión de errores implementando un método printSQLException. Codificar createEQUIPO y createJUGADORES Implementar programa principal que lo ejecute.	69, 70, 71, 72
TP13. Trae jugadores a tu equipo. Para formar los equipos tenemos que incorporar tanto los equipos como los jugadores que los forman. Insertarlos en la base de datos	20 min	Codificar cargaEQUIPO, para introducir los datos de los equipos; y cargaJUGADORES para introducir los jugadores con insert into tabla.	69, 70, 71, 72
TP14. ¿Quién está en mi equipo? Necesitamos saber en qué equipo están los jugadores, para ello realizamos una consulta contra la base de datos basket	15 min	Recuperar información de la base de datos utilizando executeQuery y getString. Tratar SQLExceptions.	69, 70, 71, 72

T15. La interfaz ResultSet	10 min	Explicación teórica sobre los distintos tipos de ResultSet: TYPE_FORWARD_ONLY (cursor por defecto unidireccional), TYPE_SCROLL_INSENSITIVE (el cursor se mueve hacia delante y hacia atrás), TYPE_SCROLL_SENSITIVE (el cursor va adelante y atrás con datos actualizados).	69
T16. Los cursores	5 min	Explicación al crear un ResultSet, un cursor, éste se posiciona al principio; aunque podemos crear cursores bidireccionales. Comentar los métodos next, previous, first, last, beforFirst, afterLast, relative y absolute.	69
TP17. Modificación clásica de datos en las tablas	5 min	Codificar procedimiento básico de actualización de una columna en una BD. CreateStatement, executeUpdate.	69, 70, 71, 72, 73
TP18. Modificación de datos en las tablas usando ResultSet (Pág. 28)	10 min	Actualizar la edad de los jugadores y sumarle un valor pasado como parámetro CreateStatement, executeQuery.	69, 70, 71, 72, 73
T19. BDOO	10 min	Exposición teórica de BDOO, algunas bdoo disponibles en el mercado. Características. Ventajas. Limitaciones.	61
TP20. Instalación del SGBD db4o	45 min	El alumnado buscará la información para realizar la Instalación y documentación de db4o, nativa de Java, distribuida en un único zip.	62 RT9
TP21. Crear/Acceder a la BDOO	35 min	Previo: implementar la clase Alumno en Pág. 32 Analizar la secuencia de trabajo general y Db4oEmbeded.openFile para crear la bdoo y almacenar objetos con store.	65
TP22. Recuperar objetos de la BDOO. Recorrido. QBE		Recorrer la base de datos para acceder objeto a objeto. Si queremos recuperar todos los objetos utilizaremos queryByExample y después mostrar resultados.	65, 66, 67, 68
PRÁCTICA EJERCICIOS RESUELTOS (Se dejará unos minutos para que el alumnado realice los ejercicios y se realizará la resolución y explicación en clase conforme al feedback recibido).			

ACTIVIDADES			
R1. (Básico) Inserción de datos en una base de datos, pasando parámetros al main	30 min	Insertar un departamento pasando los datos del departamento, nombre y localidad a través de los argumentos de main()..	69, 70, 71
R2. Los coches del concesionario. Inserción de datos desde un fichero a la base de datos	1 sesión	Insertar los datos de los coches de un concesionario que están almacenados en un archivo. Implementar la creación de la tabla coches donde se cree la estructura de la tabla.	69, 70, 71
PRÁCTICA (quedan 4 sesiones para la realizar los 4 ejercicios). Se indica un tiempo estimado, pero el alumnado irá a su propio ritmo, con supervisión de la docente.			
BÁSICOS			
P1. Consultar datos de una base de datos y mostrarla al usuario utilizando JavaFx	1 sesión	Consultar los datos del concesionario de coches y mostrar, uno a uno, los datos según el modelo del enunciado.	70, 72, 74, 75
P2. Modificación de un programa para añadir funcionalidad de inserción y borrado de la base de datos, utilizando JavaFx	2 sesiones	Implementar las mejoras de inserción y borrado del concesionario de coches cambiando la interfaz inicial por la indicada en el enunciado. Tendremos una ventana de datos, donde se podrá filtrar la información; y un cuadro de dialogo tal cual se muestra en la captura del enunciado.	70, 71,72, 73, 74, 75
P3. La primitiva. JavaFx. Creación de tablas. Inclusión y utilización de la librería jfoenix	2 sesiones	Creación de tablas en una base de datos para guardar los datos de los sorteos de lotería primitiva. Presentación gráfica de los datos utilizando JavaFx y añadiendo alguna librería.	70, 71, 72, 73, 74, 75
P4. Aplicación de gestión de un hotel	3 sesiones	Implementación de una pequeña aplicación para la gestión de las reservas de un hotel.	70, 71, 72, 73, 74, 75
ACTIVIDADES DE AMPLIACIÓN (opcionales)			
ISA DESAFÍA: ¡TE RETO!	-	¿Te atreves con la tabla periódica?	
TEST/CUESTIONARIO	1,5 sesiones	Test/ Cuestionario MEGA.	26, 28, 29 30, 33, 35

Cuestiones para practicar a full

1. **Los comentarios ayudan a llevar un seguimiento de nuestro programa. Pensemos que, si un código va acompañado de comentarios, facilitará mucho la tarea a la hora de trabajar con él.**

   ☐ Verdadero.

   ☐ Falso.

2. **El diagrama de objetos pertenece al diagrama de comportamiento y es un diagrama de interacción.**

   ☐ Verdadero.

   ☐ Falso.

3. **st.execute("DELETE * FROM users WHERE idUser='101'").**

   ☐ Borra la tabla users.

   ☐ Borra todos los usuarios.

   ☐ Borra un usuario concreto.

   ☐ Ninguna de las anteriores.

4. **Selecciona la opción que no se corresponde con una colección en Java.**

   ☐ ArrayList.

   ☐ Properties.

   ☐ Vector.

   ☐ Iterator.

5. **void close (); Este código cierra el fichero.**

   ☐ Verdadero.

   ☐ Falso.

6. **Queremos añadir la letra C en la colección ArrayList letras, que tiene los elementos A, B, D, E. Como queremos que salga en la posición que le corresponde (entre el 2 y el 4), ¿cómo debemos realizarlo?**

   ☐ letras.add('C');

   ☐ letras.add(3, 'C');

   ☐ letras.add('C', 3)

   ☐ letras.add(2, 'C');

7. **Cuando trabajamos con bases de datos desde Java, debemos recordar cerrar.**

   ☐ El resultado obtenido de la consulta.

   ☐ La conexión a la base de datos.

   ☐ Ambas son correctas.

   ☐ Ambas son incorrectas

8. **Los constructores.**

   ☐ Todas las respuestas son verdaderas.

   ☐ Se llaman igual que la clase.

   ☐ Puede haber más de uno en una clase.

   ☐ Pueden no tener parámetros.

9. **¿Qué significa tener la palabra reservada static delante de un método?**

   ☐ Podemos utilizar el método en cualquier momento.

   ☐ Podemos utilizar el método sin instanciar la clase.

   ☐ Ninguna de las opciones es correcta.

   ☐ No podemos utilizar el método sin instanciar la clase.

10. **En base de datos OO se permitirá aplicar solamente herencia y encapsulación, típicas de la programación orientada a objetos.**

    ☐ Verdadero.

    ☐ Falso.

11. **¿Qué hace este código?**

```
Iterator <String> iterador = nombre. iterator ()
While (iterador. hasNext ()) {
    String nombre = iterador. next ();
    ...
}
```

   ☐ Recorre una colección de tipo Set denominada nombre e imprime cada uno de los valores.

   ☐ Recorre una colección cualquiera denominada nombre e imprime cada uno de los valores.

   ☐ Recorre una colección de tipo Map denominada nombre e imprime cada uno de los valores.

   ☐ Recorre una colección de tipo List denominada nombre e imprime cada uno de los valores.

12. **Entre las excepciones de bases de datos tenemos.**

    ☐ SQLException.

    ☐ ExceptionSQL.

    ☐ Ambas son correctas.

    ☐ Ambas son incorrectas.

13. **Una base de datos objeto-relacional es una base de datos no relacional a la que se le añade una extensión para poder programar sus tablas o relaciones, de modo que se pueda orientar a objetos.**

    ☐ Verdadero.

    ☐ Falso.

14. **Selecciona la opción falsa sobre las bases de datos orientadas a objetos:**

    ☐ En una base de datos orientada a objetos, los objetos tienen un único identificador.

    ☐ Los usuarios pueden definir junto con la estructura de la base de datos, las operaciones sobre los datos.

    ☐ Necesitamos realizar conversiones para poder almacenar los objetos en las bases de datos orientadas a objetos.

    ☐ En las bases de datos orientadas a objetos, se busca plasmar la realidad en la base de datos según la percibimos.

15. **Error. Representa un error interno irrecuperable o agotamiento de recursos en el sistema de runtime de Java.**

    ☐ Verdadero.

    ☐ Falso.

16. **El método executeQuery() tiene como parámetros.**

    ☐ Ambas opciones son correctas.

    ☐ Ninguna opción es correcta.

    ☐ La petición SQL.

    ☐ La contraseña.

17. **¿Cuál de los siguientes contenedores es superior?**

    ☐ JPanel.

    ☐ JScrollPane.

    ☐ JSplitPane.

    ☐ JDialog.

18. **Las interfaces permiten que otras clases hereden de una superclase mediante extends.**

    ☐ Verdadero.

    ☐ Falso.

19. **¿Qué efecto tiene la palabra reservada final si lo encontramos delante de un método?**

    ☐ Es un método estático.

    ☐ Es un método abstracto.

    ☐ Es un método que no puede sobrescribirse.

    ☐ Es un método que pertenece a otra clase.

20. **Las operaciones que se encuentran en el bloque finally.**

    ☐ Ninguna de estas opciones es correcta.

    ☐ Se ejecutan tanto si se produce la excepción como si no se produce.

    ☐ Sólo se ejecutan si no se produce la excepción.

    ☐ Sólo se ejecutan si se produce la excepción.

21. **Los objetos que se utilicen en la base de datos añaden más características propias de la POO como, por ejemplo, la sobrecarga de métodos y polimorfismo.**

☐ Verdadero.

☐ Falso.

22. **Microsoft Visual Basic.Net es un entorno de integrado de desarrollo en la creación y compilación de programas.**

☐ Verdadero.

☐ Falso.

23. **Las excepciones en Java:**

☐ Son un mecanismo para representar errores en tiempo de ejecución.

☐ Son un mecanismo para representar errores en tiempo de compilación.

☐ Pueden ser capturadas mediante un bloque try/catch.

☐ Son un mecanismo para representar errores en tiempo de ejecución, y además, pueden ser capturadas mediante un bloque try/catch.

24. **En las BBDD orientadas a objetos, es el usuario en el que se va encargar de decidir los elementos que van a formar parte de la base de datos con la que esté trabajando.**

☐ Verdadero.

☐ Falso.

25. **Java es un lenguaje.**

☐ Todas las otras opciones son correctas.

☐ Interpretado.

☐ Orientado a objetos.

☐ Multiplataforma.

26. **El método next(), propio de iterator** _____

27. **El paso del mismo mensaje da como resultado diferente respuesta dependiendo de la clase a la que se envía. Esto se llama…**

☐ Herencia.

☐ Interface.

☐ Abstracción.

☐ Polimorfismo.

28. **Java es un lenguaje multiplataforma. El compilador de Java produce un código binario de tipo universal, es decir, se puede ejecutar en cualquier tipo de máquina virtual que admita la versión utilizada.**

☐ Verdadero.

☐ Falso.

29. **Cada tabla que definíamos en la bases de datos relacionales va a convertirse, a partir de ahora, en objetos de nuestra base de datos.**

    ☐ Verdadero.

    ☐ Falso.

30. **¿Para sobrescribir un método de la clase padre en la clase hija, qué condiciones debe tener?**

    ☐ Coincidir el número de parámetros.

    ☐ Todas las opciones anteriores son correctas.

    ☐ Coincidir el tipo de todos los parámetros.

    ☐ Coincidir el nombre.

31. **Añaden más características propias de la POO como, por ejemplo, la sobrecarga de métodos y polimorfismo.**

    ☐ Verdadero.

    ☐ Falso.

32. **Señala la opción que no es un gestor de bases de datos relacionales para Java:**

    ☐ Db2.

    ☐ MySQL.

    ☐ Mongo DB.

    ☐ Todos son gestores de bases de datos relacionales.

33. **Algunos de los beneficios de los métodos genéricos son la comprobación de tipos más fuerte en tiempo de compilación, eliminación de casts aumentando la legibilidad del código, posibilidad de implementar algoritmos genéricos, con tipado seguro.**

    ☐ Verdadero.

    ☐ Falso.

34. **Un SGBD no es un programa que almacene, modifique o extraiga información de una base de datos determinada.**

    ☐ Verdadero.

    ☐ Falso.

35. **"Exception" representa una situación excepcional en el programa. Existen dos tipos: tiempo de compilación (Derivadas de Exception) tiempo de ejecución (Derivadas de RuntimeException).**

    ☐ Verdadero.

    ☐ Falso.

36. **JBuilder es un entorno integrado de desarrollo en la creación y compilación de programas Verdadero Falso.**

    ☐ Verdadero.

    ☐ Falso.

37. **El diagrama de clases pertenece al diagrama de estructuras.**

    ☐ Verdadero.

    ☐ Falso.

38. **Set..**

    ☐ Permite almacenar una colección de elementos no repetidos y sin ordenar.

    ☐ No permite almacenar una colección de elementos no repetidos y sin ordenar.

    ☐ Permite almacenar una colección de elementos no repetidos pero ordenados.

    ☐ Ninguna es correcta.

39. **El método main.**

    ☐ Es una interfaz.

    ☐ Es un método estático.

    ☐ Es un método abstracto.

    ☐ Ninguna opción es correcta.

40. **Los objetos que se utilicen en la base de datos, pueden heredar los unos de los otros.**

    ☐ Verdadero.

    ☐ Falso.

41. **Los objetos que se utilicen en la base de datos, no pueden heredar unos de los otros.**

    ☐ Verdadero.

    ☐ Falso.

42. **Es un lenguaje interpretado. El codigo que diseña se denomina bytecode y se puede interpretar a través de una máquina virtual.**

    ☐ Verdadero.

    ☐ Falso.

43. **"final": estos métodos no ofrecen la posibilidad de sobrescribirlos.**

    ☐ Verdadero.

    ☐ Falso.

44. **Al ejecutar estas dos sentencias se puede afirmar que:**

```
public static String muestra(byte[] a){
String res = "---> ";
for(int i=0;i<=a.length;i++){
res = resta(i)+" ";
}
return res;
}
```

☐ Double [] array = {1.0, 2.0, 3.0, 4.0, 5.0}; muestra(array).

☐ Se obtiene la cadena "---> 5.0 4.0 3.0 2.0 1.0".

☐ Se obtiene la cadena "---> 1.0 2.0 3.0 4.0".

☐ Se obtiene la cadena "---> 1.0 2.0 3.0 4.0 5.0".

☐ Se eleva la excepción ArrayIndexOutOfBoundsException.

45. **"Package" se puede utilizar cuando tenemos una clase que no tiene modificador y, además, es visible en todo el paquete.**

☐ Verdadero.

☐ Falso.

46. **Las relaciones mucho a muchos (N...N): definimos un atributo de la clase objeto en la parte del uno, con la que se va relacionar. Este atributo va a tener identificador de objeto del padre.**

☐ Verdadero.

☐ Falso.

47. **¿Cuál de los siguientes métodos nos permite dividir una cadena en un array de cadenas?**

☐ charAt()

☐ trim()

☐ indexOf()

☐ split()

48. **El diagrama de casos de uso pertenece al diagrama de estructuras.**

☐ Verdadero.

☐ Falso.

49. **¿Qué instrucción encontramos encima de la implementación de un método que está sobrescribiendo a otro?**

☐ @Param

☐ @super

☐ @Override

☐ Ninguna de las opciones anteriores es correcta.

50. **No es un lenguaje orientado a objetos. El lenguaje Java es uno de los que menos se acerca al concepto de una programación orientada a objetos. Los principales modelos de programación son las clases y no permite que existan funciones independientes.**

☐ Verdadero.

☐ Falso.

51. Añadimos "/*" o "*/" para los que contengan más de una línea.
- ☐ Verdadero.
- ☐ Falso.

52. ¿Qué colección permite acceder a cualquier posición?
- ☐ Ninguna de las opciones anteriores es correcta.
- ☐ Stack.
- ☐ List.
- ☐ Queue.

53. A la hora de crear un menú con Swing, ¿cuál de los siguientes elementos es opcional?
- ☐ JMenuBar.
- ☐ JMenu.
- ☐ JMenuSeparator.
- ☐ JMenuItem.

54. El diagrama de casos de uso pertenece al diagrama de estructuras.
- ☐ Verdadero.
- ☐ Falso.

55. Señale la opción con la que podemos sobrescribir el valor del tercer elemento de una lista, que vale D, para que tenga un valor C.
- ☐ set (2, 'C');
- ☐ set (3, 'C');
- ☐ set ('D', 'C');
- ☐ El método set no se puede aplicar a la colección ArrayList.

56. La herencia en JAVA:
- ☐ Es múltiple para interfaces, pero no para clases.
- ☐ Es múltiple para interfaces y clases.
- ☐ No puede ser múltiple ni para interfaces ni para clases.
- ☐ Es múltiple para clases, pero no para interfaces.

57. Las bases de datos se diseñan de forma diferente que los programas orientados a objetos.
- ☐ Verdadero.
- ☐ Falso.

58. Eclipse es un entorno integrado de desarrollo en la creación y compilación de programas.
- ☐ Verdadero.
- ☐ Falso.

59. **Para la conexión a una base de datos.**

☐ Ambas opciones son incorrectas.

☐ Además del usuario y contraseña, necesitamos el driver para realizar la conexión.

☐ Además del nombre de la base de datos, necesitamos el driver para realizar la conexión.

☐ Ambas opciones son correctas.

60. **Map..**

☐ No permite crear colecciones.

☐ Permite crear una colección de elementos repetibles indexados por clave única arbitraria.

☐ Permite crear una colección de elementos repetibles no indexados.

☐ Permite crear colecciones de cualquier elemento.

61. **Los tipos genéricos pueden extenderse o implementarse mientras no se cambie el tipo de argumento. De modo que List es un subtipo de ArrayList, que a su vez es un tipo de Collection.**

☐ Verdadero.

☐ Falso.

62. **¿Qué operador utilizamos para crear nuevos objetos en Java?**

☐ Instanceof.

☐ This.

☐ new.

☐ try.

63. **Las consultas SQL las guardamos en variables de tipo.**

☐ int.

☐ Boolean.

☐ String.

☐ SQL..

64. **¿Cómo recuperamos la clave conociendo el campo valor (Ordenador) en un HashMap?**

☐ hm.containsKey("ORDENADOR");

☐ hm.containsValue("ORDENADOR");

☐ Sólo es posible conocer el contenido del campo valor si conocemos la clave, pero no al revés.

☐ hm.contains("ORDENADOR");

65. **Las interfaces están formadas por un conjunto de métodos que no necesitan implementarse.**

☐ Verdadero.

☐ Falso.

66. **En las BBDD orientadas a objetos, no pueden heredar los unos de los otros.**
   ☐ Verdadero.
   ☐ Falso.

67. **"Static" se puede utilizar directamente dentro de la propia clase en vez de instanciar ésta. De la misma forma, podemos también crear atributos estáticos.**
   ☐ Verdadero.
   ☐ Falso.

68. **¿Cuál de estos tipos de diagramas es de estructuras?**
   ☐ Diagrama de paquetes.
   ☐ Diagrama de comunicación.
   ☐ Diagrama de actividad.
   ☐ Diagrama de secuencia.

69. **¿Cuál de los siguientes elementos permite al usuario escribir en la aplicación gráfica creada con Swing?**
   ☐ JButton.
   ☐ JTextField.
   ☐ JRadioButton.
   ☐ JLabel.

70. **El diagrama de objetos pertenece al diagrama de comportamiento y es un diagrama de interacción.**
   ☐ Verdadero.
   ☐ Falso.

71. **ODL...**
   ☐ Permite realizar el diseño de una BBDDOO implementada.
   ☐ Es el equivalente a DDL (lenguaje de definición de datos) de los SGBD tradicionales.
   ☐ Permite realizar consultas de modo eficiente sobre BBDDOO, incluyendo primitivas de alto nivel para conjuntos de objetos y estructuras.
   ☐ Todas son correctas.

72. **La sintaxis de las clases genéricas deben de ser de la siguiente forma [modificador_de_acceso] super nombre_clase{T variable}.**
   ☐ Verdadero.
   ☐ Falso.

73. **void write (int x); este codigo escribe un byte.**

☐ Verdadero.

☐ Falso.

74. **Seleccione la opción que no es una propiedad de la programación orientada a objetos.**

☐ Polimorfismo.

☐ Abstracción.

☐ Todas las opciones son correctas.

☐ Encapsulamiento.

75. **En las BBDD orientadas a objeto, es el administrador el que se va a encargar de decidir los elementos que van a formar parte de la bases de datos con la que se está trabajando.**

☐ Verdadero.

☐ Falso.

76. **Señala la opción falsa.**

☐ En las bases de datos orientadas a objetos existen dos tipos de herencia.

☐ Los objetos de las bases de datos orientadas a objetos no desaparecen al terminar la ejecución del programa.

☐ En las bases de datos orientadas a objetos no se pueden crear relaciones muchos a muchos sin necesidad de crear entidades intermedias.

☐ Las bases de datos orientadas a objetos permiten almacenar atributos multivaluados.

77. **El diagrama de actividad es un tipo de diagrama de estructuras.**

☐ Verdadero.

☐ Falso.

78. **"Synchronized" es utilizado en aplicaciones multihilo.**

☐ Verdadero.

☐ Falso.

79. **¿Qué modificador tendrá un método que puede ser accesible desde una clase de otro paquete?**

☐ Protected.

☐ Private.

☐ Public.

☐ Sin modificador.

80. **Para poner comentarios añadimos "//" para comentarios de una única linea.**

☐ Verdadero.

☐ Falso.

81. **FileInputStream y FileOutputStream son clases que pueden realizar operaciones de lectura y escritura de bajo nivel.**

    ☐ Verdadero.

    ☐ Falso.

82. **Sobre Java: cuando existen elementos referenciados, forma un mecanismo para gestionar la memoria y, para conseguir que estos se vayan eliminando, aparece el recolector de basura (garbage collector).**

    ☐ Verdadero.

    ☐ Falso.

83. **El concepto de herencia en Java conduce a una estructura jerárquica de clases o estructura de árbol, lo cual significa que en la POO todas las relaciones entre clases deben ajustarse a dicha estructura.**

    ☐ Verdadero.

    ☐ Falso.

84. **¿Cómo conocemos el número de caracteres de una cadena?**

    ☐ length()

    ☐ length

    ☐ size()

    ☐ Todas las opciones anteriores son correctas.

85. **¿Qué elementos necesitamos para realizar la conexión a la base de datos?**

    ☐ La contraseña.

    ☐ Todas las respuestas son correctas.

    ☐ El usuario.

    ☐ El nombre de la base de datos.

86. **"Protected" no se usa cuando trabajamos con varias clases que heredan las unas de las otras, de tal forma que, aquellos miembros que queremos que actúen de forma privada, no se suelen declarar con esta palabra.**

    ☐ Verdadero.

    ☐ Falso.

87. **El método createStatement() tiene como parámetros:**

    ☐ La contraseña.

    ☐ El nombre de usuario.

    ☐ Ambas opciones son correctas.

    ☐ Ninguna opción es correcta.

88. La herencia es un mecanismo que permite la definición de una clase a partir de la definición de otra ya existente y también permite compartir automáticamente métodos y datos entre clases, subclases y objetos.

☐ Verdadero.

☐ Falso.

89. Selecciona la opción falsa:

☐ Una base de datos relacional representa la información en forma de tablas.

☐ En las bases de datos relacionales podemos almacenar objetos.

☐ Un SGBD nos permite extraer información de una base de datos.

☐ En las bases de datos relacionales tendremos un campo clave que identifique el registro.

90. FileINputStream devuelve un valor entero (int) entre 0 y 55

☐ Verdadero.

☐ Falso.

91. En las bases de datos orientadas a objetos se implementan.

☐ Sobrecarga de funciones.

☐ Ambas son incorrectas.

☐ Polimorfismo.

☐ Ambas son correctas.

92. Cada tabla que definíamos en la bases de datos relaciones va a convertirse, a partir de ahora, en objetos de nuestra base de datos.

☐ Verdadero.

☐ Falso.

93. Señale la opción con la que recorremos una lista de ArrayList.

☐ for (int i = 0; i <= lista.size(); i++)

☐ for (int i = 0; i <= array.length; i++)

☐ for (int i = 0; i < lista.size(); i++)

☐ for (int i = 0; i < array.length; i++)

94. ¿Cuál es el carácter especial que podemos utilizar en printf() para escribir un número real?

☐ %d

☐ %f

☐ %s

☐ %c

95. Si tengo la definición, int [] array = new int [100]; ¿cuál es la última posición del array?

☐ 99

☐ Ninguna de las opciones es correcta.

☐ 101

☐ 100

96. IOException es la clase general de excepciones producidas por operaciones E/S fallidas o interrumpidas.

☐ Verdadero.

☐ Falso.

97. Python es un entorno de integrado de desarrollo en la creación y compilación de programas.

☐ Verdadero.

☐ Falso.

98. st.execute("DELETE TABLE users")

☐ Borra la tabla users.

☐ Borra todos los usuarios.

☐ Borra un usuario concreto.

☐ Ninguna de las anteriores.

99. "Abstract" no se declara en la clase principal, pero sí en las demás que hereden de ésta.

☐ Verdadero.

☐ Falso.

100. En Java toda excepción se deriva de la clase Throwable.

☐ Verdadero.

☐ Falso.

101. Seleccione la opción falsa sobre los destructores.

☐ Los destructores son métodos que no devuelven ningún tipo de dato, ni siquiera void.

☐ Los destructores son métodos que no devuelven ningún tipo de dato, se debe indicar void como tipo de dato que devuelven.

☐ Los destructores no tienen parámetros.

☐ En Java no existen los destructores.

102. Di cual es el código correcto:

☐ Pattern patron = Pattern.compile ("pedro"); Matcher encaja = patron.match();

☐ Pattern patron = Pattern.compile ("pedro"); Matcher encaja = patron.matcher();

103. ¿Cuál de estas clases no hereda de RuntimeException?

☐ FileNotFoundException.

☐ ClassCastException.

☐ ArithmeticException.

☐ IndexOutBoundException.

104. "Public" engloba aquellos elementos a los que se puede acceder desde fuera de la clase.

☐ Verdadero.

☐ Falso.

105. Queue...

☐ Permite el acceso aleatorio.

☐ No permite el acceso aleatorio y sólo permite acceder a los objetos del principio o del final.

☐ No permite acceso alguno.

☐ Permite el acceso controlado a cualquier objeto.

106. En Java, una subclase puede heredar de varias superclases si indicamos un extende para cada una de ellas.

☐ Verdadero.

☐ Falso.

107. "Private" son aquellos componentes de carácter privado que solamente pueden ser utilizados por otros miembros de la misma clase, pero nunca por otras donde se instancien.

☐ Verdadero.

☐ Falso.

2

SOLUCIONARIO

Las soluciones están realizadas con "lo que sabemos de teoría en este momento". Es posible que en las primeras unidades haya soluciones muy sencillas, pues se supone que empezamos a programar en Java desde nivel 0. El límite lo pone el alumnado cuando realizan sus proyectos al final del curso; normalmente se ilusionan y hacen grandes cosas.

SOLUCIONES UNIDAD 01

Básicos / Refuerzo

B1. Ejercicio: programa Java para que declare cuatro variables enteras A, B, C y D y asígnale un valor a cada una. A continuación, realiza las instrucciones necesarias para que:

B tome el valor de C.
C tome el valor de A.
A tome el valor de D.
D tome el valor de B.

Si por ejemplo A = 1, B = 2, C = 3 y D = 4 el programa debe mostrar:

```
Console 🖾
<terminated> B1 [Java Application] C:\Program Files\Ja
Valores iniciales
A = 1
B = 2
C = 3
D = 4
Valores finales
B toma el valor de C -> B = 3
C toma el valor de A -> C = 1
A toma el valor de D -> A = 4
D toma el valor de B -> D = 2
```

```java
public class B1 {

    public static void main(String[] args) {
        int A = 1, B = 2, C = 3, D = 4, AUX;
        System.out.println("Valores iniciales");
        System.out.println("A = " + A);
        System.out.println("B = " + B);
        System.out.println("C = " + C);
        System.out.println("D = " + D);
        AUX = B;
        B = C;
        C = A;
        A = D;
        D = AUX;
        System.out.println("Valores finales");
        System.out.println("B toma el valor de C -> B = " + B);
        System.out.println("C toma el valor de A -> C = " + C);
        System.out.println("A toma el valor de D -> A = " + A);
        System.out.println("D toma el valor de B -> D = " + D);
    }
```

B2. Ejercicio: escribe un programa Java que dado un número entero obtiene y muestra por pantalla el doble y el triple de ese número.

```java
public class B2 {
    public static void main(String[] args) {

        int numero;

        numero = 7;
        System.out.println("Número introducido: " + numero);
        System.out.println("Doble de " + numero + " -> "+ 2*numero);
        System.out.println("Triple de " + numero + " -> "+ 3*numero);


    }
}
```

Propuestos

```java
// Ejercicio 1. IBG
public class suma
{
    static int n1 = 50;        //variable de clase
    public static void main (String[] args)
    {
        //inicializar variables locales. Faltaba n3
        int n2 = 30, suma = 0, n3 = 0;

        suma= n1 + n2;
        System.out.println("LA SUMA ES: " + suma);
        suma = suma + n3;
```

```
      System.out.println(suma);
   }
} // fin clase suma


//Ejercicio 2. IBG
public class suma2 {
   public static void main(String[] args)
   {
      int  n1 = 50, n2 = 30;
      // boolean suma = 0;    error solo puede ser true o false
      int suma = 0;

      suma= n1 + n2;
      System.out.println("LA SUMA ES: " + suma);


   }


}


//Ejercicio 3. IBG
public class cuadrado
{
   public static void main(String[] args)
   {
      // int nunero = 2;     error tipográfico al definir variable numero
      int numero = 2;
      int cuad;            //faltaba declarar

      cuad = numero * numero;

      // System.out.println("EL CUADRADO DE " + NUMERO + " ES:" + cuad);
      // NUMERO es una variable diferente a numero. Distinción mayusculas y min.
      System.out.println("EL CUADRADO DE " +numero + " ES:" + cuad);
   }

}


//Ejercicio 4.IBG
/* Da errores y no mostrará nada por pantalla */
/* Si lo arreglamos el resultado es 7 y 1      */

public class ejer4
{
   public static void main(String[] args)
   {
      // int nunero = 5;              supongo que es la variable num
       int num = 5;
      num += num -1 * 4 + 1;         // 5+5-(1*4)+1= 5+5-4+1 = 7
```

```java
        System.out.println(num);
        // Num = 4;                     supongo que es la variable num
        num = 4;
        num %= 7 * num % 3 * 7>> 1;    // 4 mod [(7 * 4 mod 3 * 7)>>1] = 1

        System.out.println(num);
    }

}


//Ejercicio 5. IBG
/* Calcular la longitud de una circunferencia r= 3 metros */
public class longCircunf
{
    final static double PI = 3.141592;
        public static void main(String[] args)
        {
        double lon = 0.0, radio = 3.0;

        lon = 2 * PI * radio;

        System.out.println("La longitud de la circunferencia de radio " + radio + " es: "
+lon);
        }
}


//Ejercicio 6. IBG
/* Calcular el area de una circunferencia r= 5.2 centimetros */
public class areaCirfung
{
    final static double PI = 3.141592;
    public static void main(String[] args)
    {
        double area = 0.0, radio = 5.2;

        area = PI * radio * radio;

        System.out.println("El área de la circunferencia de radio " + radio + " es: "
+area);
    }

}


//Ejercicio 7. IBG
/* Mostrar un texto por pantalla */
public class ejer7
{
```

```java
    public static void main(String[] args)
    {
        System.out.println("Me gusta la programación.\nCada día más");
    }
}


//Ejercicio 8. IBG
/* generar letras aleatorias y ver si vocal o consonante */
public class ejer8
{
    public static char getLetras()
    {
        char c;
        float aleatorio = 0;


        aleatorio =(float) Math.random();
        if (aleatorio <= 0.5) c= 'a';    //generaré minuscula
        else c = 'A';                    //generaré mayúscula

        return (char) (aleatorio *26 + c);
    }

    public static void main(String[] args){
    boolean vocal= false;
    char letra=getLetras();

    vocal = (letra=='a' || letra=='e' || letra=='i' || letra=='o' || letra=='u'||
        letra=='A' || letra=='E' || letra=='I' || letra=='O' || letra=='U');

    if (vocal) System.out.println("La letra " +letra + " es una vocal");
    else System.out.println("La letra " +letra + " es una consonante");
    }
}


//Ejercicio 9. IBG
/* jasp */
public class joven
{
        public static void main(String[] args)
        {
        int edad = 28, nivel_de_estudios = 4, ingresos = 28500;
         boolean jasp = false;

        jasp =((edad <= 28) && (nivel_de_estudios > 3) && (ingresos > 28000));
        System.out.println(jasp);
        }
}
```

```java
//Ejercicio 10. IBG
/* segundos expresados en h m s*/
/*
 * aHoras = segundos / 3600              --> 1h tiene 3600 s
 * aMinutos = (segundos Mod 3600) / 60    --> del resto de segundos de la hora, sacamos min
 * aSegundos = ((segundos Mod 3600) Mod 60) -> del resto de segundos de los minutos, sacamos los segundos que quedan
 */
public class ejer10
{
    public static void main(String[] args)
    {
    int t=4000;

    System.out.println(t + " segundos equivale a:");
    System.out.println(t/3600 + " horas");
    System.out.println(((t % 3600) / 60) + " minutos");
    System.out.println(((t % 3600) % 60) + " segundos");

    }
}
```

Propuestos Nivel Avanzado

```java
//Ejercicio 11. IBG
/* desglosar una cantidad entera en moneda de curso legal*/

public class desgloseMonedas
{
    public static void main(String[] args)
    {
    int cantidad = 633, cambio = 0;
    int b500=0, b200=0, b100=0, b50=0,b20=0, b10=0, b5=0; // billetes
    int m2=0, m1=0; //monedas

    cambio = cantidad;
    b500 = cantidad/500 ;
    System.out.println(b500 + " billetes de 500" );

    cambio = cambio - (b500 * 500);//num bill de 500 * valor billete

    b200= cambio/200;
    System.out.println(b200 + " billetes de 200" );
    cambio = cambio - (b200 * 200);//num bill de 200 * valor billete

    b100= cambio/100;
    System.out.println(b100 + " billetes de 100" );
    cambio = cambio - (b100 * 100);//num bill de 100 * valor billete
```

```
        b50= cambio/50;
        System.out.println(b50 + " billetes de 50" );
        cambio = cambio - (b50 * 50);   //num bill de 50 * valor billete

        b20= cambio/20;
        System.out.println(b20 + " billetes de 20" );
        cambio = cambio - (b20 * 20);   //num bill de 20 * valor billete

        b10= cambio/10;
        System.out.println(b10 + " billetes de 10" );
        cambio = cambio - (b10 * 10);   //num bill de 10 * valor billete


        b5= cambio/5;
        System.out.println(b5 + " billetes de 5" );
        cambio = cambio - (b5 * 5); //num bill de 5 * valor billete


        m2= cambio/2;
        System.out.println(m2 + " monedas de 2" );
        cambio = cambio - (m2 * 2); //num monedas de 2 * valor moneda

        m1= cambio/1;
        System.out.println(m1 + " monedas de 1" );
        cambio = cambio - (m1 * 1); //num monedas de 1 * valor moneda

    }
} // fin clase desgloseMonedas
```

SOLUCIONES UNIDAD 02

P1. Crea un programa que pida al usuario un número entero y diga si es par (pista: habrá que comprobar si el resto que se obtiene al dividir entre dos es cero: if (x % 2 == 0)).

SOLUCIÓN:

```
package propuestos;

import java.util.Scanner;

/* P1. Crea un programa que pida al usuario
un número entero y diga si es par
(pista: habrá que comprobar si el resto que
se obtiene al dividir entre dos es cero:
 if (x % 2 == 0) …).*/
public class ud2P1 {

    public static void main(String[] args) {
        Scanner teclado = new Scanner(System.in);
```

```java
        int n;

        //pedir datos a usuario
        System.out.println("Introduzca entero");
        n = teclado.nextInt();

        //operar
        if(n%2==0) {
            System.out.println("El número " + n + " es par");
        }
        else {
            System.out.println("El número " + n + " es impar");
        }


    }
}
```

P2. Crea un programa que pida al usuario dos números enteros y diga cuál es el mayor de ellos.

SOLUCIÓN:

```java
package propuestos;
import java.util.Scanner;
/* P2. Crea un programa que pida al usuario
dos números enteros y diga cuál es el mayor */
public class ud2P2 {
    public static void main(String[] args){
        Scanner teclado = new Scanner(System.in);
        int n, m;
        //pedir datos a usuario
        System.out.println("Introduzca entero");
        n = teclado.nextInt();
        System.out.println("Introduzca otro entero");
        m = teclado.nextInt();

        //operar
        if (n>m){
            System.out.println(n + " es mayor que " + m);
         }
        else{ //m<=n
            System.out.println(m + " es mayor que " + n);
         }


    }
}
```

P3. Crea un programa que pida al usuario dos números enteros y diga si el primero es múltiplo del segundo (pista: igual que en el ejercicio P1, habrá que ver si el resto de la división es cero: a % b == 0).

SOLUCIÓN:

```java
package propuestos;
```

```java
import java.util.Scanner;

/* P3. Crea un programa que pida al usuario
dos números enteros y diga si el primero es
múltiplo del segundo (pista: igual que en el
ejercicio P1, habrá que ver si el resto de
la división es cero: a % b == 0). */
public class ud2P3 {
    public static void main(String[] args) {
        Scanner teclado = new Scanner(System.in);
        int a, b;

        //pedir datos a usuario
        System.out.println("Introduzca entero");
        a = teclado.nextInt();
        System.out.println("Introduzca otro entero");
        b = teclado.nextInt();

        //si el resto es cero
        if(a%b==0)
            System.out.println("El número " + a+ " es múltiplo de " + b);
        else
            System.out.println("El número " + a+ " NO es múltiplo de " + b);
    }
}
```

P4. Crea un programa que pida al usuario un número entero. Si es múltiplo de 10, informará al usuario y pedirá un segundo número, para decir a continuación si este segundo número también es múltiplo de 10

SOLUCIÓN:

```java
package propuestos;

import java.util.Scanner;

/* P4. Crea un programa que pida al usuario un número entero.
Si es múltiplo de 10, informará al usuario y pedirá un segundo
número, para decir a continuación si este segundo número también es múltiplo de 10.*/
public class ud2P4 {
    public static void main(String[] args) {
        Scanner teclado = new Scanner(System.in);
        int a, b;

        //pedir datos a usuario
        System.out.println("Introduzca entero");
        a = teclado.nextInt();

        //si el resto es cero
        if(a%10==0) {
            System.out.println("El número " + a + " es múltiplo de 10");
```

```java
            System.out.println("Introduzca otro entero");
            b = teclado.nextInt();
            if (b%10==0)
                System.out.println("El número " + b + " es múltiplo de 10");
        }
        else
            System.out.println("El número " + a + " NO es múltiplo de 10. Ya no pido el
    otro número");
    }
}
```

P5. Crea un programa que multiplique dos números enteros de la siguiente forma: pedirá al usuario un primer número entero. Si el número que se que teclee es 0, escribirá en pantalla "El producto de 0 por cualquier número es 0". Si se ha tecleado un número distinto de cero, se pedirá al usuario un segundo número y se mostrará el producto de ambos.

SOLUCIÓN:

```java
package propuestos;

import java.util.Scanner;

/* P5. Crea un programa que multiplique dos números enteros
 de la siguiente forma: pedirá al usuario un primer número entero.
 Si el número que se que teclee es 0, escribirá en pantalla
 "El producto de 0 por cualquier número es 0".
 Si se ha tecleado un número distinto de cero, se pedirá al usuario
 un segundo número y se mostrará el producto de ambos.*/
public class ud2P5 {
    public static void main(String[] args) {
        Scanner teclado=new Scanner(System.in);
        int a, b;

        //pedir datos a usuario
        System.out.println("Introduzca entero");
        a=teclado.nextInt();

        //si el número no es cero, le pido el otro
        if (a != 0) {
            System.out.println("Introduzca otro entero");
            b=teclado.nextInt();
            System.out.println(a + " * " + b + "  = " + a * b);
        }
    }
}
```

P6. Crea un programa que pida al usuario dos números enteros. Si el segundo no es cero, mostrará el resultado de dividir el primero entre el segundo. Por el contrario, si el segundo número es cero, escribirá "Error: no se puede dividir entre cero".

SOLUCIÓN:

```java
package propuestos;

import java.util.Scanner;

/*P6. Crea un programa que pida al usuario dos enteros.
 Si el segundo no es cero, mostrará el resultado de dividir el
  primero entre el segundo. Por el contrario, si el segundo número es
  cero, escribirá "Error: no se puede dividir entre cero".*/
public class ud2P6 {
    public static void main(String[] args) {
        Scanner teclado=new Scanner(System.in);
        int a, b;

        //pedir datos a usuario
        System.out.println("Introduzca entero");
        a=teclado.nextInt();
        System.out.println("Introduzca otro entero");
        b=teclado.nextInt();

        //comprobar si el divisor es cero
        if (b != 0)
            System.out.println(a + " /" + b + "  = " + a / b);
        else
            System.out.println("¡ Error: no se puede dividir entre cero !");
    }
}
```

P7. Crea un programa que pida al usuario un número entero y responda si es múltiplo de 2 o de 3

SOLUCIÓN:

```java
package propuestos;

import java.util.Scanner;

/* P7. Crea un programa que pida al usuario un
número entero y responda si es múltiplo de 2 o de 3.*/
public class ud2P7 {
    public static void main(String[] args) {
        Scanner teclado = new Scanner(System.in);
        int a;

        //pedir dato a usuario
        System.out.println("Introduzca entero");
        a = teclado.nextInt();

        if(a%2==0)
            System.out.println("El número " + a + " es múltiplo de 2");
        if (a%3==0)
                System.out.println("El número " + a + " es múltiplo de 3");
    }
}
```

P8. Crea un programa que pida al usuario un número entero y responda si es múltiplo de 2 y de 3 simultáneamente.

SOLUCIÓN:

```java
package propuestos;

import java.util.Scanner;

/* P8. Crea un programa que pida al usuario un
número entero y responda si es múltiplo de
2 y de 3 simultáneamente.*/
public class ud2P8 {
    public static void main(String[] args) {
        Scanner numero = new Scanner(System.in);

        //entrada por teclado de un número
        System.out.println("Dame un número entero ");
        int a = numero.nextInt();

        //comprobar condiciones
        if (a % 2 == 0 && a % 3 == 0) {
            System.out.println("El " + a+ " es multiplo de 2 y 3 a la vez");
        }
    }
}
```

P9. Crea un programa que pida al usuario un número entero y responda si es múltiplo de 2 pero no de 3

SOLUCIÓN:

```java
package propuestos;

import java.util.Scanner;

public class ud2P9 {
    public static void main(String[] args) {
        Scanner numero = new Scanner(System.in);

        //pedir datos
        System.out.println("Dame un número entero ");
        int a = numero.nextInt();

        //condicionales
        if(a%2==0 && a%3!=0){
            System.out.println("El "+ a + " es multiplo de 2 pero no de 3");
        }
    }
}
```

P10. Crea un programa que pida al usuario un número entero y responda si no es múltiplo de 2 ni de 3

SOLUCIÓN:

```java
package propuestos;

import java.util.Scanner;
/* P10. Crea un programa que pida al usuario un número entero y responda si no es
múltiplo de 2 ni de 3*/
public class ud2P10 {
    public static void main(String[] args) {
        Scanner numero=new Scanner(System.in);

        //pedir datos
        System.out.println("Dame un número entero ");
        int n=numero.nextInt();

        //condiciones
        if (n % 2 != 0 && n % 3 != 0) {
            System.out.println("El " + n + " no es multiplo de 2 ni de 3");
        }
    }
}
```

P11. Crea un programa que pida al usuario dos números enteros y diga si ambos son pares.

SOLUCIÓN:

```java
package propuestos;

import java.util.Scanner;

/* P11. Crea un programa que pida al usuario dos números enteros y diga si ambos son
pares.*/
public class ud2P11 {
    public static void main(String[] args) {
        Scanner numero = new Scanner(System.in);
        int n1, n2;

        //pedir datos
        System.out.println("Introduzca un número entero ");
        n1 = numero.nextInt();
        System.out.println("Introduzca un número entero ");
        n2 = numero.nextInt();

        //condicionales
        if(n1%2==0 && n2%2==0){
            System.out.println("El "+ n1+ " y el "+ n2+ " son pares ");
        }
    }
}
```

P12. Crea un programa que pida al usuario dos números enteros y diga si (al menos) uno es par.

SOLUCIÓN:

```java
package propuestos;

import java.util.Scanner;
/*
P12. Crea un programa que pida al usuario dos números enteros y diga si (al menos) uno
es par.
*/
public class ud2P12 {
    public static void main(String[] args) {
        Scanner numero=new Scanner(System.in);
        int n1, n2;

        //pedir datos
        System.out.println("Introduzca un número entero ");
        n1=numero.nextInt();
        System.out.println("Introduzca un número entero ");
        n2=numero.nextInt();

        //condicionales
        if (n1 % 2 == 0 || n2 % 2 == 0) {
            System.out.println("Al menos un número de " + n1 + " o  " + n2 + " es par
");
        }
    }
}
```

P13. Crea un programa que pida al usuario dos números enteros y diga si uno y sólo uno es par.

SOLUCIÓN:

```java
package propuestos;

import java.util.Scanner;
/* P13. Crea un programa que pida al usuario dos números enteros y diga si uno y sólo
uno es par.*/
public class ud2P13 {
    public static void main(String[] args) {
        Scanner numero=new Scanner(System.in);
        int n1, n2;
        boolean n1Par, n2Par;

        //pedir datos
        System.out.println("Introduzca un número entero ");
        n1=numero.nextInt();
        System.out.println("Introduzca otro número entero ");
        n2=numero.nextInt();

        //calculamos
```

```
        n1Par = (n1 % 2 == 0);
        n2Par = (n2 % 2 == 0);

        //como no hay un operador lógico XOR, lo pongo en forma condicional
        //XOR --> Uno u otro es V; pero no los dos a la vez
        if ((n1Par || n2Par)   && !(n1Par && n2Par)) {
            System.out.println("Uno y sólo un número de " + n1 + " o  " + n2 + " es par
");
        }
    }
}
```

P14. Crea un programa que pida al usuario dos números enteros y diga "Uno de los números es positivo", "Los dos números son positivos" o bien "Ninguno de los números es positivo", según corresponda.

SOLUCIÓN:

```
package propuestos;

import java.util.Scanner;

/* P14. Crea un programa que pida al usuario dos números enteros
y diga "Uno de los números es positivo", "Los dos números son positivos"
o bien "Ninguno de los números es positivo", según corresponda.*/
public class ud2P14 {
    public static void main(String[] args) {
        Scanner numero=new Scanner(System.in);
        int n1, n2;

        //pedir datos
        System.out.println("Introduzca un número entero ");
        n1=numero.nextInt();
        System.out.println("Introduzca otro número entero ");
        n2=numero.nextInt();

        //condiciones
        if (n1 > 0 && n2 > 0)
            System.out.println("Los dos números son positivos");
        else
            if (n1 > 0 || n2 > 0)
                System.out.println("Uno de los números es positivo ");
            else
                if (n1 < 0 && n2 < 0)
                    System.out.println("Ninguno de los números es positivo");


    }
}
```

P15. Crea un programa que pida al usuario tres números y muestre cuál es el mayor de los tres.

SOLUCIÓN:

```java
package propuestos;

import java.util.Scanner;

public class ud2P15 {
    public static void main(String[] args) {
        Scanner numero=new Scanner(System.in);
        int n1, n2, n3;

        //pedir datos
        System.out.println("Introduzca un número entero ");
        n1=numero.nextInt();
        System.out.println("Introduzca otro número entero ");
        n2=numero.nextInt();
        System.out.println("Introduzca otro número entero ");
        n3=numero.nextInt();

        //condiciones
        if(n1 > n2 && n1 > n3)
            System.out.println("El número mayor es " + n1);
        else{
            if(n2> n1 && n2 > n3)
                System.out.println("El número mayor es " + n2);
            else
                System.out.println("El número mayor es " + n3);
        }
    }
}
```

OTRA SOLUCIÓN: controlando errores

```java
public class problemai {

    public static void main(String[] args) {
        Scanner entrada = new Scanner(System.in);
        int num1 = 0, num2=0, num3=0;
        boolean ok;
        do {
            try {
            System.out.print("Introduce un primer número entero: ");

            num1 = entrada.nextInt();

            System.out.print("Introduce un segundo número entero: ");
            num2 = entrada.nextInt();

            System.out.print("Introduce un tercer número entero: ");
            num3 = entrada.nextInt();
```

```
            ok=true;
        } catch (InputMismatchException e) { // Manejo de excepciones.
            ok = false;
            System.out.println("\nError- Debe introducir un número
                    entero\n");
            entrada.nextLine(); //limpio entrada
        }
    }while (ok == false);


    int mayor = num1;

    if (num2 > mayor){ mayor = num2; }

    if (num3 > mayor){ mayor = num3; }

    System.out.println("El número más alto es: "+mayor);

    entrada.close();
    }
}
```

P16. Crea un programa que pida al usuario dos números enteros y diga si son iguales o, en caso contrario, cuál es el mayor de ellos.

SOLUCIÓN:

```
package propuestos;

import java.util.Scanner;

/*P16. Crea un programa que pida al usuario dos números enteros
y diga si son iguales o, en caso contrario, cuál es el mayor de ellos.*/
public class ud2P16 {
    public static void main(String[] args) {
        Scanner numero=new Scanner(System.in);
        int n1, n2;

        //pedir datos
        System.out.println("Introduzca un número entero ");
        n1=numero.nextInt();
        System.out.println("Introduzca otro número entero ");
        n2=numero.nextInt();
        if(n1==n2)
            System.out.println("Ambos números son iguales");
        else
            if (n1>n2)
                System.out.println("El número " +n1+" es mayor ");
            else
                System.out.println("El número " +n2+" es mayor ");

    }
}
```

AVANZADOS

P17. Pedir 3 números y mostrarlos ordenados de mayor a menor.

SOLUCIÓN:

```java
package propuestos;

import java.util.Scanner;
/*P17. Pedir 3 números y mostrarlos ordenados de mayor a menor.*/
public class ud2P17 {
    public static void main(String[] args) {
        Scanner sc = new Scanner(System.in);
        int n1, n2, n3;

        //pedir datos
        System.out.print("Introduzca primer número: ");
        n1 = sc.nextInt();
        System.out.print("Introduzca segundo número: ");
        n2 = sc.nextInt();
        System.out.print("Introduzca tercer número: ");
        n3 = sc.nextInt();

        //comprobar condiciones
        if (n1 > n2)
            if (n1 > n3)
                System.out.println("El mayor es: " + n1);
            else
                System.out.println("el mayor es: " + n3);
        else
            if (n2 > n3)
                System.out.println("el mayor es: " + n2);
            else
                System.out.println("el mayor es: " + n3);
    }
}
```

P18. Pedir una nota de 0 a 10 y mostrarla con letra de la forma: Insuficiente, Suficiente, Bien, Notable, Sobresaliente.

SOLUCIÓN:

```java
package propuestos;

import java.util.Scanner;

/* P18. Pedir una nota de 0 a 10 y mostrarla con letra
de la forma: Insuficiente, Suficiente, Bien, Notable, Sobresaliente.*/
public class ud2P18 {
    public static void main(String[] args) {
        Scanner sc=new Scanner(System.in);
        int n1;
```

```java
            //pedir datos
            System.out.print("Introduzca la nota: ");
            n1=sc.nextInt();

            if (n1 < 5)
                System.out.println("Insuficiente ");
            else
                if (n1 >= 5 && n1 < 6)
                    System.out.println("Suficiente ");
                else
                    if (n1 >= 6 && n1 < 7)
                        System.out.println("Bien ");
                    else
                        if (n1 >= 7 && n1 <= 8)
                            System.out.println("Notable ");
                        else
                            if (n1 >= 9 && n1 <= 10)
                                System.out.println("Sobresaliente ");
        }
    }
```

P19. Pedir el día, mes y año de una fecha e indicar si la fecha es correcta.

SOLUCIÓN:

```java
    package propuestos;

    import java.util.Scanner;

    public class ud2P19 {
        public static void main(String[] args) {
            Scanner numero=new Scanner(System.in);
            int dia, mes, anio;
            //pedir día. Compruebo que  esté entre 1 y 31
            do {
                System.out.println("Introduzca un día (1-31) ");
                dia=0;
                dia=numero.nextInt();
            } while (dia < 1 || dia > 31);

            //pedir mes, valor de1 1 al 12
            do {
                System.out.println("Introduzca un mes (1-12) ");
                mes=0;
                mes=numero.nextInt();
            } while (mes < 1 || mes > 12);

            //pedir año
            System.out.println("Introduzca un año ");
            anio=0;
```

```java
        anio=numero.nextInt();

    switch (mes) {
        //caso especial febrero. 29 días bisiesto
        case 2:
            if ((anio % 4 == 0) && (anio % 400 == 0 || anio % 100 != 0) && (dia <=
29))
                System.out.println("Fecha correcta ");
            else //año no bisiesto
                if (dia <= 28)
                    System.out.println("Fecha correcta ");
                else
                    System.out.println("Fecha incorrecta ");
        //meses de 31 días
        case 1:
        case 3:
        case 5:
        case 7:
        case 8:
        case 10:
        case 12:
            System.out.println("Fecha correcta ");
            break;

        //meses de 30 días
        case 4:
        case 6:
        case 9:
        case 11:
            if (dia <= 30)
                System.out.println("Fecha correcta ");
            else
                System.out.println("Fecha incorrecta ");

            break;
    }
  }
}
```

P20. Pedir un número de a 99 y mostrarlo escrito. Por ejemplo 43, mostraría: cuarenta y tres.

SOLUCIÓN:

```java
package propuestos;

import java.util.Scanner;

public class ud2P20 {
    public static void main(String[] args) {
        int num, unidad, decena;
        String uni="", sobreD="", dec="";
```

```java
Scanner teclado=new Scanner(System.in);

System.out.println("Número a texto");
System.out.print("Dame un número: ");
num=teclado.nextInt();

decena=num / 10;
unidad=(num % 10) / 1;

//unidades
switch (unidad) {
    case 1: uni="uno"; break;
    case 2: uni="dos"; break;
    case 3: uni="tres"; break;
    case 4: uni="cuatro"; break;
    case 5: uni="cinco"; break;
    case 6: uni="seis"; break;
    case 7: uni="siete"; break;
    case 8: uni="ocho"; break;
    case 9: uni="nueve"; break;
}
//números 1x
switch (decena) {
    case 1:
        switch (unidad) {
            case 0: sobreD="diez"; break;
            case 1: sobreD="once"; break;
            case 2: sobreD="doce"; break;
            case 3: sobreD="trece"; break;
            case 4: sobreD="catorce"; break;
            case 5: sobreD="quince";  break;
            case 6: sobreD="dieciséis"; break;
            case 7: sobreD="diecisiete"; break;
            case 8: sobreD="dieciocho"; break;
            case 9: sobreD="diecinueve"; break;
        }
}

//2x, 3x, .. 9x
switch (decena) {
    case 2: if (unidad == 0) dec="veinte";
            else dec ="veinti";
            break;
    case 3: if (unidad == 0) dec="treinta";
            else dec ="treinta y ";
            break;
    case 4: if (unidad == 0) dec="cuarenta";
            else dec ="cuarenta y ";
            break;
    case 5: if (unidad == 0) dec="cincuenta";
```

```java
                        else dec ="cincuenta y ";
                        break;
            case 6: if (unidad == 0) dec ="sesenta";
                        else dec = "sesenta y ";
                        break;
            case 7: if (unidad == 0) dec="setenta";
                        else dec = "setenta y ";
                        break;
            case 8: if (unidad == 0) dec="ochenta";
                        else dec = "ochenta y ";
                        break;
            case 9: if (unidad == 0) dec="noventa";
                        else dec = "noventa y ";
            break;
        }
        //una vez calculado escribimos el número
        if (num < 10)
            System.out.println("El número es: " + uni);
        else if (num < 20)
            System.out.println("El número es: " + sobreD);
        else if (num < 100) {
            if (num % 10 == 0) {
                System.out.println("El número es: " + dec);
            } else {
                System.out.print("El número es: " + dec + "" + uni);
            }
        }

    }//fin main
}
```

BUCLES

P21. Ejercicio: transforma el siguiente bucle for en un bucle while y en otro do..while.

```java
    for ( int i = 5; i < 15; i++) {
        out.print(i + " ");
    }
    System.out.println();
```

SOLUCIÓN:

```java
    /* P1. Transformar unos bucles en los otros*/
    public class ud2P8 {
        public static void main(String[] args) {
            //FOR
            for ( int i = 5; i < 15; i++) {
                System.out.print(i + " ");
            }
            System.out.println();

            //WHILE
```

```
        int i = 5;
        while ( i < 15) {
            System.out.print(i + " ");
            i++;
        }
        System.out.println();

        //DO WHILE
         i = 5;
         do{
            System.out.print(i + " ");
            i++;
        } while ( i <14);
        System.out.print(i + " ");


    }
```

P22. Realiza un programa utilizando bucles que muestre la siguiente figura por pantalla:

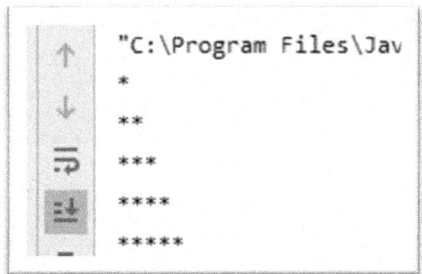

SOLUCIÓN:

```
package propuestos;
/*P22. Realiza un programa utilizando bucles que muestre la siguiente figura por
pantalla:
*
**
***
****
*****
 */
public class ud2P22 {
    public static void main(String[] args) {
        for (int i=1; i< 6 ;i++)
        {
            for (int j=0; j<i;j++)
                System.out.print("*");
            System.out.println("");
        }
    }
}
```

P23. Realiza un programa que muestre por pantalla los 5 primeros números pares.

SOLUCIÓN:

```
package propuestos;
/* Realiza un programa que muestre por pantalla los 5 primeros números pares*/
public class ud2P23 {
    public static void main (String[] args) {
        int numero ;
        for (numero = 2; numero <= 10; numero+=2) {
            System.out.println( numero);
        }
    }
}
```

P24. Realiza un programa que muestre por pantalla las tablas de multiplicar del 1 al 10 con el siguiente formato:

```
Tabla del 10
*************
10 x 1 = 10
10 x 2 = 20
10 x 3 = 30
10 x 4 = 40
10 x 5 = 50
10 x 6 = 60
10 x 7 = 70
10 x 8 = 80
10 x 9 = 90
10 x 10 = 100
```

SOLUCIÓN:

```
package propuestos;
/* Realiza un programa que muestre por pantalla las tablas de
multiplicar del 1 al 10 con el siguiente formato:

Tabla del 10
*************
10 x 1 = 10
10 x 2 = 20
10 x 3 = 30
10 x 4 = 40
10 x 5 = 50
10 x 6 = 60
10 x 7 = 70
10 x 8 = 80
10 x 9 = 90
10 x 10 = 100
* */
public class ud2P24 {
    public static void main(String [] args) {
        for (int i=1; i <= 10; i++) {
```

```
            System.out.println("Tabla del " + i);
            System.out.println("************");
            for (int j=1; j <= 10; j++) {
                System.out.println(i + " x " + j + " = " + i * j);
            }
            System.out.println("");
        }
    }
}
```

P25. Realiza un programa que transforme números en formato decimal a números en formato romano (número < 4000).

SOLUCIÓN 1:

```
package propuestos;
//P25. Convertir de decimal a romano
/* Esta versión: uso switch para identificar los elementos tabla      */
/* Pasar un numero de decimal a romano */
/* M 100                                           *
 * D 500                                           *
 * C 100                                           *
 * L 50                                                *
 * X 10                                                *
 * V  5                                                *
 * I  1                                                    *
 *               TABLA ROMANA                              *
 *        0    1 2  3  4 5 6     7    8  9                 *
 * amilesR      "nada"  M MM MMM                          *
 * acientosR "nada" C CC CCC CD D DC DCC DCCC CM               *
 * adiecesR      "nada"  X XX XXX XL L LX LXX LXXX XC          *
 * aunosR  "nada"  I II III IV V VI VII VIII IX             */

import java.io.BufferedReader;
import java.io.IOException;
import java.io.InputStreamReader;

public class ud2P25 {
    public static void main(String[] args) throws IOException
    {
        int numero;
        int unos , dieces, cientos, miles;
        String cadenaR="";

        BufferedReader entrada =new BufferedReader (new InputStreamReader(System.in));

        // Introducir y validar datos
        do{
            System.out.print ("Introduzca un número [1..3999]: ");
            numero=Integer.parseInt(entrada.readLine());
        }while (numero<1 || numero>3999);   // pongo límites
```

```java
        System.out.println (numero);

        // miro  la cantidad a representar
        unos= numero % 10;                      //System.out.println ("unos: " + unos);
        dieces= numero % 100 - (unos);          //System.out.println ("dieces: " +dieces);
        cientos= numero % 1000 - (dieces + unos);  //System.out.println ("cientos: " +cientos);
        miles= numero -(cientos + dieces +unos);   //System.out.println ("miles: " + miles);

        // represento cada cantidad decimal en su tabla romana
        // y voy concatenando el valor romano

        // por ejemplo 3000/1000 = 3. MMM
        switch(miles/1000)
        {
            case 0: break;
            case 1: cadenaR = "M"; break;
            case 2: cadenaR = "MM"; break;
            case 3: cadenaR = "MMM"; break;
        }

        // ejemplo 400/100 4. CD
        switch(cientos/100)
        {
            case 0: break;
            case 1: cadenaR = cadenaR + "C";    break;
            case 2: cadenaR = cadenaR + "CC";   break;
            case 3: cadenaR = cadenaR + "CCC"; break;
            case 4: cadenaR = cadenaR + "CD";   break;
            case 5: cadenaR = cadenaR + "D";    break;
            case 6: cadenaR = cadenaR + "DC";   break;
            case 7: cadenaR = cadenaR + "DCC"; break;
            case 8: cadenaR = cadenaR + "DCCC";    break;
            case 9: cadenaR = cadenaR + "CM";   break;
        }

        // ejemplo 90/10 9. CM
        switch (dieces/10)
        {
            case 0: break;
            case 1: cadenaR = cadenaR + "X";    break;
            case 2: cadenaR = cadenaR + "XX";   break;
            case 3: cadenaR = cadenaR + "XXX"; break;
            case 4: cadenaR = cadenaR + "XL";   break;
            case 5: cadenaR = cadenaR + "L";    break;
            case 6: cadenaR = cadenaR + "LX";   break;
            case 7: cadenaR = cadenaR + "LXX"; break;
            case 8: cadenaR = cadenaR + "LXXX";    break;
```

```java
        case 9: cadenaR = cadenaR + "XC";   break;
    }

    // ejemplo es directo
    switch (unos)
    {
        case 0: break;
        case 1: cadenaR = cadenaR + "I";    break;
        case 2: cadenaR = cadenaR + "II";   break;
        case 3: cadenaR = cadenaR + "III";  break;
        case 4: cadenaR = cadenaR + "IV";   break;
        case 5: cadenaR = cadenaR + "V";    break;
        case 6: cadenaR = cadenaR + "VI";   break;
        case 7: cadenaR = cadenaR + "VII";  break;
        case 8: cadenaR = cadenaR + "VIII";     break;
        case 9: cadenaR = cadenaR + "IX";   break;
    }

    System.out.println("Represento: "+ miles + " " + cientos + " " + dieces + " " +
unos);
    System.out.println(cadenaR);
    }

}
```

SOLUCIÓN 2:

```java
package propuestos;

import java.io.IOException;
import java.util.Scanner;

public class ud2P25b {
    public static String decimalToRomano(int dato){
        int d=dato;
        String s="";
        while(d>0){
            while (d>=1000){ d-=1000; s+="M";}
            while (d>=900){ d-=900; s+="CM";}
            while (d>=500){ d-=500; s+="D";}
            while (d>=400){ d-=400; s+="CD";}
            while (d>=100){ d-=100; s+="C";}
            while (d>=90){ d-=90; s+="XC";}
            while (d>=50){ d-=50; s+="L";}
            while (d>=40){ d-=40; s+="XL";}
            while (d>=10){ d-=10; s+="X";}
            while (d>=9){ d-=9; s+="IX";}
            while (d>=5){ d-=5; s+="V";}
            while (d>=4){ d-=4; s+="IV";}
            while (d>=1){ d-=1; s+="I";}
        }
```

```java
        return s;
    }

    public static void main(String[] args) throws IOException {
        Scanner teclado=new Scanner(System.in);
        System.out.println("Introduce un nº menor de 4000 para pasar a romano: ");
        int d = teclado.nextInt();
        System.out.println(decimalToRomano(d));
    }
}
```

P26. . Escribe un programa en Java que le pida al usuario un entero N y dibuje un triángulo creciente de altura N. Por ejemplo, si N es 4, deberá dibujar esto:

```
  *
 **
 ***
 ****
```

SOLUCIÓN:

```java
package propuestos;

import java.util.Scanner;
/*
P26. Escribe un programa en Java que le pida al usuario un entero N y
dibuje un triángulo creciente de altura N. Por ejemplo, si N es 4,
deberá dibujar esto:
    *
   **
   ***
  ****
            */
public class ud2P26 {
    public static void main(String[] args) {
        Scanner teclado = new Scanner(System.in);
        int a, esp, asteris; //altura, espacios, asteriscos

        System.out.println("introduce altura piramide dcha");
        a= teclado.nextInt();
        esp = a - 1;
        asteris = 1;


        for (int i=0; i<a; i++)
        {
            //imprime espacios
            for(int j=0; j<esp; j++){
                System.out.print(" ");
            }
```

```
        //imprime asteriscos
        for(int j=0; j<asteris; j++){
            System.out.print("*");
        }
        esp--;
        asteris++;

        System.out.println();
    }
  }
}
```

Soluciones al cuestionario

Cuestión 1.

Solución: el bucle while NO SE EJECUTA en el caso de que la condición sea false.

Feedback: el bucle for se ejecuta un número determinado de veces y el while un número indeterminado de veces. El bucle for sí que puede convertirse en un bucle while (mira la cuestión 7). Y todo bucle for permite definir una inicialización del mismo.

Cuestión 2.

Solución: la condición sólo se evalúa al principio de la ejecución del bucle.

Feedback: la condición se evalúa CADA VEZ que se ejecuta una nueva iteración del bucle y es la que sirve para indicar el final o no del mismo.

Cuestión 3.

Solución:

```
int y = 0;
do {
  y++;
  System.out.print(y);
  if (y%4 == 0)
        System.out.print(" --> es múltiplo de 4");
  System.out.println();
} while (y < 101);
```

Cuestión 4.

Solución:

```
class Fibonacci {
    public static void main( String args[] ){
        int max = 1000;
        int bajo = 1;
        int alto = 0;
        System.out.println( bajo );
        while( alto < max ) {
            System.out.println( alto );
```

```
            int temp = alto;
            alto = alto + bajo;
            bajo = temp;
            }
        }
    }
```

Cuestión 5.

Solución: es una variable booleana (boolean) a la que asignaremos valores y que nos ayudará en el control del bucle.

Feedback: las variables "centinelas," también conocidas como "banderas" o "flags", permiten introducir elementos de control adicionales de la ejecución de los bucles y aprovechar las combinaciones de las variables de tipo boolean que se comprueban cada vez que se ejecuta la condición del bucle. También pueden servir para la depuración de programas (mira la URL que se pone referencia).

Reparación de programas (debugging) : http://www.lab.dit.upm.es/~lprg/material/apuntes/debug/debug.htm

Cuestión 6.

Solución: si condición = = false, el bucle no se llega a ejecutar nunca.

Feedback: lo que tiene que quedar claro del bucle do-while es que EL BUCLE SIEMPRE SE EJECUTA AL MENOS UNA VEZ. Y al final de esa primera iteración se comprueba la condición para controlar si se sigue o no ejecutando el mismo.

> ### ⓘ Nota
>
> Recuerda que en las expresiones booleanas que se realizan en la condición del bucle, hay que usar el operador relacional == para realizarlas. No hay que confundirlo con el operador de asignación = que lo que hace es asignar un valor a otro.

Cuestión 7.

Solución:

```
int a=0;
int b=0;
while (a<7) {
    a++;
    b+=2;
}
```

Cuestión 8.

Solución: la inicialización se realiza cada vez antes de entrar al bucle.

Feedback: la inicialización del bucle for se realiza ÚNICAMENTE al comienzo del mismo.

ⓘ Nota

Es importante recordar que el el bucle for TODOS los elementos (inicialización, condición y actualización) son OPCIONALES.

Como ejemplo de esto, existe la posibilidad de implementar un BUCLE INFINITO (no sale nunca de él) si los dejamos TODOS vacíos, es decir:

```
for ( ; ; ) {
    sentencias;
}
```

Cuestión 9.

Solución: las sentencias break y continue pueden usarse en tanto en sentencias de repetición (bucles) como de bifurcación (switch).

Feedback: la sentencia continue SÓLO se emplea en estructuras de repetición (bucles).

Cuestión 10

Solución: el bucle se ejecuta permanentemente (no sale).

Feedback: hay que tener cuidado al combinar las sentencias break y continue para no tener efectos indeseados como este caso. Los bucles siempre tienen que tener condiciones de "salida", bien por el uso de la sentencia break o por terminación del mismo.

SOLUCIONES UNIDAD 03

P1. Realiza de nuevo el ejemplo T4, copia de un array en otro utilizando el método arraycopy, pero utiliza un bucle for para mostrar la información por pantalla.

SOLUCIÓN:

```java
class SystemDemo2 {

    public static void main(String[] args) {

        int[] arr1 = { 0, 1, 2, 3, 4, 5 };
        int[] arr2 = { 5, 10, 20, 30, 40, 50 };

        // copies an array from the specified source array
        System.arraycopy(arr1, 0, arr2, 0, 1);
        System.out.print("array2 = ");
        for (int i=0; i< arr1.length; i++)
            System.out.print(arr2[i] + " ");

    }
}
```

P2. Crea un programa que pida diez números reales por teclado, los almacene en un array, y luego lo recorra para averiguar el máximo y mínimo y mostrarlos por pantalla.

SOLUCIÓN:

```java
package propuestos;
import java.util.Scanner;

/* P2. Crea un programa que pida diez números reales por teclado, los almacene en un
array, y luego lo recorra para averiguar el máximo y mínimo y mostrarlos por * pantalla.
*/
public class ud3P2 {
    public static void main(String[] args) {
        double[] valores = new double[10];
        Scanner entrada = new Scanner(System.in);

        // Introducimos todos los valores en el array
        for (int i = 0; i < valores.length; i++) {
            System.out.print("Introduce valor " + i + ": ");
            valores[i] = entrada.nextDouble();
        }

        // Averiguamos máximo y mínimo
        double max = valores[0], min = valores[0];
        for (int i = 1; i < valores.length; i++) {
            if (valores[i] > max)
                max = valores[i];
            else if (valores[i] < min)
                min = valores[i];
        }

        System.out.println("Máximo: " + max);
        System.out.println("Mínimo: " + min);
    }
}
```

P3. Leer 5 números y mostrarlos en el mismo orden introducido.

SOLUCIÓN:

```java
package propuestos;

import java.util.Scanner;
/*P3. Leer 5 números y mostrarlos en el mismo orden introducido.*/
public class ud3P3 {
    public static void main(String[] args) {
        Scanner entrada = new Scanner(System.in);

        int[] t;
        t = new int[5];
        for (int i=0;i<5;i++)
        {
```

```
            System.out.print("Introduzca un número: ");
            t[i]=entrada.nextInt();
        }
        System.out.println("Los números son:");
        for (int i=0;i<5;i++)
            System.out.println(t[i]);
    }
}
```

P4. Crea un programa que pida veinte números enteros por teclado, los almacene en un array y luego muestre por separado la suma de todos los valores positivos y negativos.

SOLUCIÓN:

```
package propuestos;

import java.util.Scanner;

/*P4. Crea un programa que pida veinte números enteros por teclado, los almacene en
 * un array y luego muestre por separado la suma de todos los valores positivos
 * y negativos */
public class ud3P4 {

    public static void main(String[] args) {
        int pos=0, neg=0;
        int[] valores = new int[20];
        Scanner entrada = new Scanner(System.in);

        // Introducimos todos los valores en el array
        for (int i = 0; i < valores.length; i++) {
            System.out.print("Introduce valor " + i + ": ");
            valores[i] = entrada.nextInt();
        }

        // Sumamos positivos y negativos por separado
        for (int i = 0; i < valores.length; i++) {
            if (valores[i] > 0)
                pos += valores[i];
            else
                neg += valores[i];
        }

        System.out.println("Suma de Positivos: " + pos);
        System.out.println("Suma de Negativos: " + neg);
    }
}
```

P5. Leer 10 números enteros. Debemos mostrarlos en el siguiente orden: el primero, el último, el segundo, el penúltimo, el tercero, etc.

SOLUCIÓN:

```java
package propuestos;

import java.util.Scanner;
/*P5. Leer 10 números enteros. Debemos mostrarlos en el siguiente orden:
el primero, el último, el segundo, el penúltimo, el tercero, etc.*/
public class ud3P5 {
    public static void main(String[] args) {
        Scanner entrada = new Scanner(System.in);
        int i, t[];
        t = new int[10];

        for (i=0;i<t.length;i++){
            System.out.print("Introduzca número: ");
            t[i]=entrada.nextInt();
        }

        System.out.println("El resultado es:");
        // como en cada vuelta de for se muestran dos números
        // para mostrarlos todos, solo necesitaremos la mitad de vueltas.
        for (i=0;i<t.length/2;i++){    //for (i=0;i<=4;i++){
            System.out.print (t[i] +" "); // muestro el i-ésimo número por el principio
            System.out.print(t[t.length-1-i]+" "); // y el i-ésimo por el final
        }
    }
}
```

P6. Leer los datos correspondiente a dos tablas de 12 elementos numéricos, y mezclarlos en una tercera de la forma: 3 de la tabla A, 3 de la B, otros 3 de A, otros 3 de la B, etc.

SOLUCIÓN:

```java
package propuestos;

import java.util.Scanner;

/*P6. Leer los datos correspondiente a dos tablas de 12 elementos numéricos,
y mezclarlos en una tercera de la forma: 3 de la tabla A, 3 de la B, otros 3 de A,otros
3 de la B, etc.*/
public class ud3P6 {
    public static void main(String[] args) {
        Scanner entrada = new Scanner(System.in);
        int a[], b[], c[];
        int i,j;
        a=new int[12];
        b=new int[12];
        // la tabla c tendrá que tener el doble de tamaño que a y b.
        c = new int [24];
```

```java
        // leemos la tabla a
        System.out.println("Leyendo la tabla a");
        for (i=0;i<12;i++){
            System.out.print("número: ");
            a[i]=entrada.nextInt();
        }
        // leemos la tabla b
        System.out.println("Leyendo la tabla b");
        for (i=0;i<12;i++){
            System.out.print("número: ");
            b[i]=entrada.nextInt();
        }
        // asignaremos los elementos de la tabla c
        // para las tablas a y b utilizaremos como índice i
        // y para la tabla c utilizaremos como índice j.
        j=0;
        i=0;
        while (i<12)
        {
        // copiamos 3 de a
            for (int k=0;k<3; k++)
            {
                c[j]=a[i+k];
                j++;
            }
        // copiamos 3 de b
            for (int k=0;k<3;k++)
            {
                c[j]=b[i+k];
                j++;
            }
        // como hemos copiado 3 de a y b, incrementamos la i en 3.
            i+=3;
        // la j se incrementa cada vez que se añade un elemento a la tabla c.
        }
        System.out.println("La tabla c queda: ");
        for (j=0;j<24;j++) // seguimos utilizando j, para la tabla c. Aunque se podría
    utilizar i.
            System.out.print(c[j]+" ");
        System.out.println("");
    }
}
```

P7. Leer por teclado una serie de 10 números enteros. La aplicación debe indicarnos si los números están ordenados de forma creciente, decreciente, o si están desordenados.

SOLUCIÓN:

```java
    package propuestos;
```

```java
import java.util.Scanner;

/* P7. Leer por teclado una serie de 10 números enteros.
La aplicación debe indicarnos si los números están ordenados
de forma creciente, decreciente, o si están desordenados*/
public class ud3P7 {
    public static void main(String[] args) {
        Scanner entrada = new Scanner(System.in);
        int[] numeros;
        int i;
        boolean creciente, decreciente;
        // creciente indicará si los números están ordenados de forma creciente
        // decreciente indicará si la serie está ordenada de forma decreciente
        // los posibles valores para creciente y decreciente son:
        /* creciente              decreciente
         * false                  false          -> cuando todos los números sean
idénticos
           * false                 true           -> orden decreciente
           * true                  false          -> orden creciente
           * true                  true           -> desordenado
         * si, para algún i, se cumple t[i]>t[i+1]: la serie t[i], t[i+1] es decreciente
         * o el caso contrario.*/
        numeros = new int [10];
        creciente = false;
        decreciente = false;

        // leemos los números
        System.out.println("Leyendo números:");
        for (i=0;i<10;i++){
            System.out.print("número: ");
            numeros[i]=entrada.nextInt();
        }

        // comprobaremos el orden
        for (i=0;i<9;i++) // usamos i e i+1, por lo que la i solo podrá llegar hasta 8
(ó <9)
        {
            if (numeros[i] > numeros[i+1]) // en este momento es decreciente
                decreciente = true;
            if (numeros[i] < numeros[i+1]) // en este momento es creciente
                creciente = true;
        }

        // dependiendo de los valores de creciente y decreciente daremos un tipo de
ordenación
        if (creciente ==true && decreciente ==false) //toda las parejas están en orden
creciente
            System.out.println("Serie creciente.");
        if (creciente ==false && decreciente ==true) // todas la parejas están en orden
decreciente
```

```java
            System.out.println("Serie decreciente.");
        if (creciente ==true && decreciente ==true) // si ha tenido momentos creciente y
decrecientes
                System.out.println("Serie desordenada.");
        if (creciente ==false && decreciente ==false) // no hay parejas crecientes ni
decrecientes
                System.out.println("Todos los números iguales."); // lo que significa que
todos son iguales
    }
}
```

P8. Crea un programa que cree un array de enteros de tamaño 100 y lo rellene con valores enteros aleatorios entre 1 y 10 (utiliza 1 + Math.random()*10). Luego pedirá un valor N y mostrará en qué posiciones del array aparece N.

SOLUCIÓN:

```java
package propuestos;

import java.util.Scanner;

public class ud3P8 {
    public static void main(String[] args) {
        Scanner entrada = new Scanner(System.in);

        // Creamos array con 100 números [1, 10]
        int[] vector = new int[100];
        for (int i = 0; i < vector.length; i++) {
            vector[i] = (int) (1 + Math.random() * 10);
        }

        // Pedimos valor N al usuario
        System.out.print("Introduce valor N a buscar: ");
        double n = entrada.nextInt();

        // Mostramos las posiciones en las que aparece N
        System.out.print("Posiciones donde aparece N:");
        for (int i = 0; i < vector.length; i++) {
            if (vector[i] == n)
                System.out.print(" " + i);
        }

        System.out.println();
    }
}
```

P9. Diseñar una aplicación que declare una tabla de 10 elementos enteros. Leer mediante el teclado 8 números. Después se debe pedir un número y una posición, insertarlo en la posición indicada, desplazando los que estén detrás.

SOLUCIÓN:

```java
package propuestos;

import java.util.Scanner;

public class ud3P9 {
    public static void main(String[] args) {
        Scanner entrada = new Scanner(System.in);
        int[] t=new int[10];
        int elemento, posicion;

        // Leemos 8 números
        System.out.println("Leyendo datos...");
        for (int i=0;i<8;i++){
            System.out.print("Introduzca número: ");
            t[i]=entrada.nextInt();
        }
        // pedimos el nuevo elemento y la posición
        System.out.print("Nuevo elemento: ");
        elemento = entrada.nextInt();
        System.out.print("Posición donde insertar (de 0 a 8): ");
        posicion = entrada.nextInt();

        // supondremos que la posición estará entre 0 y 8.
        // un valor distinto podría dar un error en tiempo de ejecución
        // una posible mejora, propuesta para el alumnado, es comprobar esto.
        // ahora desplazaremos los elementos de la tabla
        // desde posición hasta el último (en este caso 7)

        for (int i=7;i>=posicion;i--)
            t[i+1]=t[i];
        //insertamos el nuevo elemento
        t[posicion] =elemento;
        System.out.println("La tabla queda:");
        for (int i=0;i<9;i++)
            System.out.println(t[i]);
    }
}
```

P10. Hacer un programa que acepte un String por teclado. Por la salida queremos que nos diga cuántas letras tiene (contando espacios en blanco si es que los tiene).

SOLUCIÓN:

```java
package propuestos;

import java.util.Scanner;
```

```java
/*P10. Hacer un programa que acepte un String por teclado.
Por la salida queremos que nos diga cuántas letras tiene
(contando espacios en blanco si es que los tiene).*/
public class ud3P10 {
    public static void main(String[] args) {
        Scanner sc = new Scanner(System.in);

        System.out.println("Introduce una palabra o frase: ");
        System.out.println(sc.nextLine().length());
    }
}
```

P11. Hacer un programa que acepte un String por teclado. Por la salida queremos que nos diga cuántas letras tiene sin contar espacios en blanco.

SOLUCIÓN:

```java
package propuestos;

import java.util.Scanner;

/*P11. Hacer un programa que acepte un String por teclado.
Por la salida queremos que nos diga cuántas letras tiene
sin contar espacios en blanco.*/
public class ud3P11 {
    public static void main(String[] args) {
        Scanner sc = new Scanner(System.in);

        System.out.println("Introduce una palabra o frase: ");
        String s = sc.nextLine();

        int contador = 0;

        for(int i = 0; i < s.length(); i++) {
            if(s.charAt(i) != ' ') {
                contador++;
            }
        }

        System.out.println(contador);
    }
}
```

P12. Hacer un programa que acepte un String por teclado. Por la salida queremos que nos diga cuántas letras ʿaʾ tiene.

SOLUCIÓN:

```java
package propuestos;

import java.util.Scanner;
```

```java
/*P12. Hacer un programa que acepte un String por teclado.
Por la salida queremos que nos diga cuántas letras 'a' tiene.*/

public class ud3P12 {
    public static void main(String[] args) {
        Scanner sc = new Scanner(System.in);

        System.out.println("Introduce una palabra o frase: ");
        String s = sc.nextLine();
        int contador = 0;

        for(int i = 0; i < s.length(); i++) {
            if(s.charAt(i) == 'a') {
                contador++;
            }
        }

        System.out.println(contador);

    }
}
```

P13. Hacer un programa que acepte varios números por teclado hasta llegar a un 0, cuando llegue a un 0 no pedirá más y nos mostrará por pantalla el mayor de los números introducidos (como máximo 10, contando el 0).

SOLUCIÓN:

```java
package propuestos;

import java.util.Scanner;

/*P13. Hacer un programa que acepte varios números por teclado
hasta llegar a un 0, cuando llegue a un 0 no pedirá más y nos
mostrará por pantalla el mayor de los números introducidos (como
máximo 10, contando el 0).*/

public class ud3P13 {
    public static void main(String[] args) {
        Scanner sc = new Scanner(System.in);
        int[]arr = new int[10];
        int mayor;

        System.out.println("Introduce 10 números, o un 0 para parar antes de los 10: ");
        int n = sc.nextInt();

        int i = 0;

        while(n != 0) {
            arr[i] = n;
```

```
        System.out.println("Introduce el siguiente: ");
        n = sc.nextInt();
        i++;
    }

    mayor = arr[0];
    for (int j = 0; j < arr.length; j++) {
        if(arr[j] > mayor) {
            mayor = arr[j];
        }
    }

    System.out.println("El mayor es: " + mayor);
  }
}
```

P14. Hacer un programa que acepte inicialice un vector de Strings y declare cuatro marcas de coches. Recorrer el vector utilizando el bucle for-each para indicar las marcas de coches almacenadas.

La salida por pantalla será:

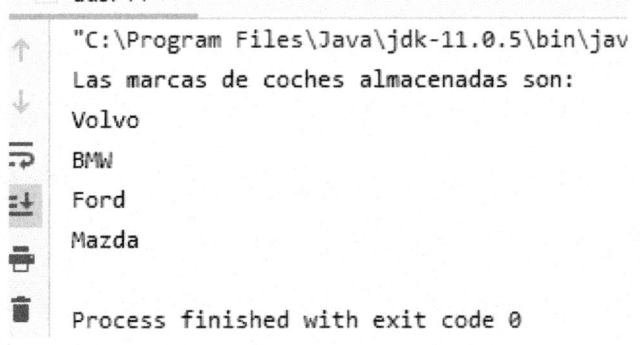

SOLUCIÓN:

```
package propuestos;

/* P14. Hacer un programa que acepte inicialice un vector de Strings
y declare cuatro marcas de coches. Recorrer el vector utilizando el
bucle for-each para indicar las marcas de coches almacenadas*/
public class ud3P14 {
    public static void main(String[] args) {

        String[] cars = {"Volvo", "BMW", "Ford", "Mazda"};
        System.out.println("Las marcas de coches almacenadas son: ");
        for (String i : cars) {
            System.out.println(i);
        }
    }
}
```

P15. Hacer un programa que simule un torneo de baloncesto. Primero se pedirá que se introduzca por teclado 8 nombres de equipos diferentes. Después de meterlos, se emparejarán (1º con 2º, 3º con 4º, 5º con 6º y 7º con 8º) por pantalla de la siguiente manera:

```
Primera ronda:
1.equipo1 - 2.equipo2:
1.equipo3 - 2.equipo4:
1.equipo5 - 2.equipo6:
1.equipo7 - 2.equipo8:
```

Después de cada : se debe introducir un número por teclado, que debe ser 1 ó 2. Si escribimos 1 gana el equipo de la izquierda, si escribimos 2, el de la derecha.

Después de la primera ronda y meter todos los ganadores, aparecerán el ganador del partido 1 contra el del 2 y el del 3 contra el 4 de esta manera (supongamos que ganan, en este orden: equipo1, equipo3, equipo6 y equipo7):

```
Segunda ronda:
1.equipo1 - 2.equipo3:
1.equipo6 - 2.equipo7:
```

Y nuevamente, después de : metemos por teclado 1 ó 2 dependiendo de quién gane (supongamos que equipo1 y equipo 6).

```
Tercera ronda:
1.equipo1 - 2.equipo6:
```

Metemos por teclado quién gana finalmente (supongamos que gana el 6):

```
Ganador: equipo6
```

SOLUCIÓN:

```java
package propuestos;

import java.util.Scanner;
/*P15. Hacer un programa que simule un torneo de baloncesto.
Primero se pedirá que se introduzca por teclado 8 nombres de equipos diferentes.
Después de meterlos, se emparejarán (1º con 2º, 3º con 4º, 5º con 6º y 7º con 8º) por
pantalla de la siguiente manera:

Primera ronda:
1.equipo1 - 2.equipo2:
1.equipo3 - 2.equipo4:
1.equipo5 - 2.equipo6:
1.equipo7 - 2.equipo8:

Después de cada : se debe introducir un número por teclado, que debe ser 1 ó 2.
Si escribimos 1 gana el equipo de la izquierda, si escribimos 2, el de la derecha.
Después de la primera ronda y meter todos los ganadores, aparecerán el ganador del
partido 1 contra el del 2 y el del 3 contra el 4 de esta manera (supongamos que ganan,
en este orden: equipo1, equipo3, equipo6 y equipo7):
```

```java
Segunda ronda:
1.equipo1 - 2.equipo3:
1.equipo6 - 2.equipo7:

Y nuevamente, después de : metemos por teclado 1 ó 2 dependiendo de quién gane
(supongamos que equipo1 y equipo6)
Tercera ronda:
1.equipo1 - 2.equipo6:

Metemos por teclado quién gana finalmente (supongamos que gana el 6):
Ganador: equipo6
*/
public class ud3P15 {
    public static void main(String[] args) {
        String[] nombres = new String[8];
        Scanner sc = new Scanner(System.in);

        for (int i = 0; i < nombres.length; i++) {
            System.out.println("Introduce el nombre del equipo número " + (i + 1));
            nombres[i] = sc.nextLine();
        }

        int cont = 0;
        int[] ganadores1 = new int[4];
        int pos = 0;
        System.out.println("Primera ronda");
        while(cont < 7) {
            System.out.println("1. " + nombres[cont] + " - 2. " + nombres[cont + 1] + ":
");

            int opcion = sc.nextInt();
            if(opcion == 1) ganadores1[pos] = cont;
            else ganadores1[pos] = cont + 1;

            cont += 2;
            pos++;
        }

        cont = 0;
        pos = 0;
        int[] ganadores2 = new int[2];
        System.out.println("Segunda ronda");
        while(cont < 3) {
            System.out.println("1. " + nombres[ganadores1[cont]] + " - 2. " +
nombres[ganadores1[cont + 1]] + ": ");
            int opcion = sc.nextInt();
            if(opcion == 1) ganadores2[pos] = ganadores1[cont];
            else ganadores2[pos] = ganadores1[cont + 1];

            cont += 2;
            pos++;
```

```java
        }

        System.out.println("Tercera ronda");
        System.out.println("1. " + nombres[ganadores2[0]] + " - 2. " +
nombres[ganadores2[1]] + ": ");
        int opcion = sc.nextInt();
        int ganador;
        if(opcion == 1)    ganador = ganadores2[0];
        else ganador = ganadores2[1];

        System.out.println("Finalmente el ganador es: " + "!" + nombres[ganador] + "!");
    }
}
```

P16. Crea un programa que cree un array de enteros de tamaño 100 y lo rellene con valores enteros aleatorios entre 1 y 10 (utiliza 1 + Math.random()*10). Luego pedirá un valor N y mostrará en qué posiciones del array aparece N.

SOLUCIÓN:

```java
package propuestos;

import java.util.Scanner;
/*P16. Crea un programa que cree un array de enteros de tamaño 100
y lo rellene con valores enteros aleatorios entre 1 y 10
(utiliza 1 + Math.random()*10). Luego pedirá un valor N y mostrará
en qué posiciones del array aparece N. */
public class ud3P16 {
    public static void main(String[] args) {
        Scanner entrada = new Scanner(System.in);

        // Creamos array con 100 números [1, 10]
        int[] vector = new int[100];
        for (int i = 0; i < vector.length; i++) {
            vector[i] = (int) (1 + Math.random() * 10);
        }

        // Pedimos valor N al usuario
        System.out.print("Introduce valor N a buscar: ");
        double n = entrada.nextInt();

        // Mostramos las posiciones en las que aparece N
        System.out.print("Posiciones donde aparece N:");
        for (int i = 0; i < vector.length; i++) {
            if (vector[i] == n)
                System.out.print(" " + i);
        }

        System.out.println();
    }
}
```

P17. Realiza un programa que lea una frase por teclado e indique si la frase es un palíndromo o no (ignorando espacios y sin diferenciar entre mayúsculas y minúsculas). Supondremos que el usuario solo introducirá letras y espacios (ni comas, ni puntos, ni acentos, etc.). Un palíndromo es un texto que se lee igual de izquierda a derecha que de derecha a izquierda. Por ejemplo:

```
Dabale arroz a la zorra el abad
Amigo no gima
Amo la pacífica paloma
A man a plan a canal Panama
```

SOLUCIÓN:

```java
package propuestos;

import java.util.Scanner;
/*P17. Realiza un programa que lea una frase por teclado e indique
si la frase es un palíndromo o no (ignorando espacios y sin diferenciar
entre mayúsculas y minúsculas). Supondremos que el usuario solo introducirá letras y
espacios (ni comas, ni puntos, ni acentos, etc.). Un palíndromo es un texto que se lee
igual de izquierda a derecha que de derecha a izquierda. Por ejemplo:
Dabale arroz a la zorra el abad
Amigo no gima
Amo la pacífica paloma
A man a plan a canal Panama*/

public class ud3P17 {
    public static void main(String[] args) {
        Scanner sc = new Scanner(System.in);
        String frase;
        boolean palindromo = true;

        // Suponemos que la frase no tiene acentos ni signos de puntuación.
        System.out.print("Introduce una frase: ");

        frase = sc.nextLine();
        frase = frase.replace(" ", "");
        frase = frase.toUpperCase();
        int longitud = frase.length();

        for (int i = 0; i < longitud && palindromo; i++) {
            // comparamos el carácter de la posición i con el de la última posición - i
            if (frase.charAt(i) != frase.charAt((longitud - 1) - i)) {
                palindromo = false;
            }
        }

        if (palindromo) {
            System.out.println("La frase es palíndromo");
        } else {
            System.out.println("La frase no es palíndromo");
        }
```

```
        }
    }
```

P18. Crear una tabla bidimensional de tamaño 5x5 y rellenarla de la siguiente forma: la posición T[n,m] debe contener n+m. Después se debe mostrar su contenido.

SOLUCIÓN:

```java
package propuestos;
/*P18. Crear una tabla bidimensional de tamaño 5x5 y rellenarla de la siguiente forma:
la posición T[n,m] debe contener n+m. Después se debe mostrar su contenido.*/
public class ud3P18 {
    public static void main(String[] args) {
        int[][] t; // definimos t como una tabla bidimensional
        t = new int [5][5]; // creamos la tabla de 5x5

        for (int i=0;i<5;i++) // utilizamos i para la primera dimensión
        {
            for (int j=0;j<5;j++) // utilizamos j para la segunda dimensión
            {
                t[i][j]=i+j;
            }
        }
        System.out.println("TABLA: ");
        for (int i=4;i>=0;i--)
        {
            System.out.println();
            for (int j=0;j<5;j++)
            {
                System.out.print(t[i][j]+" ");
            }
        }
    }
}
```

P19. Crea un programa que cree una matriz de tamaño NxM (tamaño introducido por teclado) e introduzca en ella NxM valores (también introducidos por teclado). Luego deberá recorrer la matriz y al final mostrar por pantalla cuántos valores son mayores que cero, cuántos son menores que cero y cuántos son igual a cero.

SOLUCIÓN:

```java
package propuestos;

import java.util.Scanner;

/*P19. Crea un programa que cree una matriz de tamaño NxM
(tamaño introducido por teclado) e introduzca en ella NxM
valores (también introducidos por teclado). Luego deberá
 recorrer la matriz y al final mostrar por pantalla cuántos
 valores son mayores que cero, cuántos son menores que cero
 y cuántos son igual a cero.*/
```

```java
public class ud3P19 {
    public static void main(String[] args) {

        Scanner sc = new Scanner(System.in);

        int n, m, menor = 0, mayores = 0, menores = 0, cero = 0;

        System.out.println("Introduce numero de filas");

        n = sc.nextInt();

        System.out.println("Introduce numero de columnas");

        m = sc.nextInt();

        int matriz[][] = new int[n][m];

        for (int i = 0; i < matriz.length; i++) {

            for (int x = 0; x < matriz[0].length; x++) {

                System.out.println("Introduce valor de fila : " + (i + 1) + " Columna: "
+ (x + 1));

                matriz[i][x] = sc.nextInt();

                if (matriz[i][x] < 0) {
                    menores++;
                } else if (matriz[i][x] > 0) {
                    mayores++;
                } else {
                    cero++;
                }

            }

        }

    }
}
```

P20. Crear y cargar una tabla de tamaño 4x4 y decir si es simétrica o no, es decir si se obtiene la misma tabla al cambiar las filas por columnas.

SOLUCIÓN:

```java
package propuestos;

import java.util.Scanner;
/*P20. Crear y cargar una tabla de tamaño 4x4 y decir
si es simétrica o no, es decir si se obtiene la misma
```

```java
tabla al cambiar las filas por columnas.*/
public class ud3P20 {
    public static void main(String[] args) {
        Scanner entrada = new Scanner(System.in);
        int[][] t;
        boolean simetrica;
        int i,j;
        t = new int[4][4];
        for (i=0;i<4;i++)
        {
            for (j=0;j<4;j++)
            {
                System.out.print("Introduzca elemento ["+i+"]["+j+"]: ");
                t[i][j]=entrada.nextInt();
            }
        }
        simetrica=true; // suponemos que la matriz es simétrica, y en caso de
        // encontrar un caso donde t[i][j] sea distinta de t[j][i] pondremos
        // simétrica a falso.
        //una solución es mirar todos los elementos de la matriz, pero se hacen
comprobaciones
        // dobles, un ejemplo: comprobamos t[1][2] con t[2][1]... pero más tarde
comprobaremos
        // t[2][1] con t[1][2]
        // la solución será mirar solo la zona inferior o superior a la diagonal
principal.
        // En el momento que tengamos la constancia de que no es simétrica, pararemos
        // todas las comprobaciones
        i=0;
        while(i<4 && simetrica==true){
            j=0;
            while(j<i && simetrica==true){
                if(t[i][j]!=t[j][i])
                    simetrica=false;
                j++;
            }
            i++;
        }
        // si en algún momento se da: t[i][j]!=t[j][i] es que la matriz no es simétrica.
        // si al llegar aquí y la variable simétrica vale true, indica que no hemos
encontrado
        // ningún valor que indique que la matriz no es simétrica.
        if(simetrica)
            System.out.println("SIMETRICA");
        else
            System.out.println("NO ES SIMETRICA");
    }
}
```

P21. Crear y cargar dos matrices de tamaño 3x3, sumarlas y mostrar su suma.

SOLUCIÓN:

```java
package propuestos;

import java.util.Scanner;

/* P21. Crear y cargar dos matrices de tamaño 3x3, sumarlas y mostrar su suma.*/
public class ud3P21 {
    public static void main(String[] args) {
        Scanner entrada = new Scanner(System.in);
        int a[][], b[][], suma[][];
        int i,j;
        a = new int[3][3];
        b = new int[3][3];

        // Leemos los datos
        System.out.println ("Matriz A:");
        for (i=0;i<3;i++)
        {
            for (j=0;j<3;j++)
            {
                System.out.print("A["+i+"]["+j+"]: ");
                a[i][j]=entrada.nextInt();
            }
        }
        System.out.println ("Matriz B:");
        for (i=0;i<3;i++)
        {
            for (j=0;j<3;j++)
            {
                System.out.print("B["+i+"]["+j+"]: ");
                b[i][j]=entrada.nextInt();
            }
        }

        // hacemos la suma
        suma = new int[3][3];
        for (i=0;i<3;i++)
        {
            for (j=0;j<3;j++)
            {
                suma[i][j] = a[i][j] + b[i][j];
            }
        }

        // mostramos los resultados
        System.out.println ("Matriz Suma:");
        for (i=0;i<3;i++)
        {
```

```
        for (j=0;j<3;j++)
        {
            System.out.print (suma[i][j] + " ");
        }
        System.out.println ();
    }
  }
}
```

P22. Crear una matriz "marco" de tamaño 8x6: todos sus elementos deben ser 0 salvo los de los bordes que deben ser 1. Mostrarla. Saldrá así:

```
"C:\Program Files\Java\jdk-11.0.5\bir
Matriz marco:
1 1 1 1 1
1 0 0 0 0 1
1 0 0 0 0 1
1 0 0 0 0 1
1 0 0 0 0 1
1 0 0 0 0 1
1 0 0 0 0 1
1 1 1 1 1

Process finished with exit code 0
```

SOLUCIÓN:

```java
package propuestos;
/*P22. Crear una matriz "marco" de tamaño 8x6: todos sus elementos
deben ser 0 salvo los de los bordes que deben ser 1. Mostrarla.*/
public class ud3P22 {
    public static void main(String[] args) {
        int i,j;
        int[][] t;
        t = new int[8][6]; // se inicializa toda la tabla a 0.
        // rellenamos la matriz marco
        for (i=0;i<8;i++)
            for (j=0;j<6;j++) {
                if(i==0 || i==7) // si nos encontramos en la primera o última columna
                    t[i][j]=1;
                if(j==0 || j==5) // si nos encontramos en la primera o última fila
                    t[i][j]=1;
            }
        System.out.print("Matriz marco: ");
        for (i=0;i<8;i++){
            System.out.println();
            for (j=0;j<6;j++){
                System.out.print (t[i][j]+" ");
            }
```

```
            }
        System.out.println ();
    }
}
```

P23. Crear una tabla de tamaño 7x7 y rellenarla de forma que sea una matriz identidad, es decir, que los elementos de la diagonal principal sean 1 y el resto 0.

SOLUCIÓN:

```
package propuestos;
/*P23. Crear una tabla de tamaño 7x7 y rellenarla de forma que sea una matriz identidad,
es decir, que los elementos de la diagonal principal sean 1 y el resto 0.*/
public class ud3P23 {
    public static void main(String[] args) {
        int t[][]=new int[7][7];
        int i,j;
        for (i=0;i<7;i++)
            for (j=0;j<7;j++)
                if (i==j)
                    t[i][j] = 1;
                /*else
                    t[i][j] = 0; // en java, al crear una tabla de enteros, todos los
elementos se
                                 // inicializan a 0. Por lo que esta instrucción no es
necesaria.
                */
        System.out.println ("Matriz:");
        for (i=0;i<7;i++)
        {
            for (j=0;j<7;j++)
                System.out.print(t[i][j]+" ");
            System.out.println ();
        }
    }
}
```

P24. Crear y cargar una tabla de tamaño 10x10, mostrar la suma de cada fila y de cada columna.

SOLUCIÓN:

```
package propuestos;

import java.util.Scanner;

/* P24. Crear y cargar una tabla de tamaño 10x10, mostrar la suma de cada fila y de cada
columna.*/
public class ud3P24 {
    public static void main(String[] args) {
        Scanner entrada = new Scanner(System.in);
        int[][] t=new int[10][10];
        int suma_fila,suma_col;
```

```java
        int i,j;
        final int tamaño=4;
        t = new int[tamaño][tamaño];
        for (i=0;i<tamaño;i++){
            for (j=0;j<tamaño;j++){
                System.out.print("Elemento ["+i+"]["+j+"]: ");
                t[i][j]=entrada.nextInt();
            }
        }

        // sumamos columna a columna
        System.out.println();
        for (i=0;i<tamaño;i++){
            suma_col=0;
            for (j=0;j<tamaño;j++){
                suma_col=suma_col+t[i][j];
            }
            System.out.println("Columna"+" "+i+":"+" "+suma_col);
        }

        // sumamos fila a fila
        for (j=0;j<tamaño;j++){
            suma_fila=0;
            for (i=0;i<tamaño;i++){
                suma_fila=suma_fila+t[i][j];
            }
            System.out.println("Fila"+" "+j+":"+" "+suma_fila);
        }
    }
}
```

P25. Utilizando dos tablas de tamaño 5x9 y 9x5, cargar la primera y trasponerla en la segunda.

SOLUCIÓN:

```java
package propuestos;

import java.util.Scanner;

/*P25. Utilizando dos tablas de tamaño 5x9 y 9x5, cargar la primera y trasponerla en la
segunda.*/
public class ud3P25 {
    public static void main(String[] args) {
        Scanner entrada = new Scanner(System.in);
        int a[][], b[][];
        int i,j;
        a = new int[5][9];
        b = new int [9][5];
        for (i=0;i<5;i++){
            for (j=0;j<9;j++){
                System.out.print("Elemento ["+i+"]["+j+"]: ");
```

```
        a[i][j]=entrada.nextInt();

    // si queremos ahorrarnos introducir 5x9 (45) números, podemos comentar las
    // dos lineas anteriores y utilizar (por ejemplo):
    // a[i][j] = 10*i+j;
        }
    }

    // trasponemos
    for (i=0;i<5;i++){
        for (j=0;j<9;j++){
            b[j][i] = a[i][j];
        }
    }

    // mostramos la matriz traspuesta
    System.out.println("Matriz traspuesta");
    for (i=0;i<9;i++){
        for (j=0;j<5;j++)
            System.out.print (b[i][j] + " ");
        System.out.println ();
    }
}
}
```

SOLUCIÓN CUESTIONARIO:

1	2	3	4	5	6	7	8	9	10
C	C	D	A	A	C	B	C	A	C

SOLUCIONES UNIDAD 04

P1. Queremos hacer una función que acepta un número como parámetro. La función debe imprimir por pantalla la tabla de multiplicar (0 a 10) de ese número.

SOLUCIÓN:

```
package propuestos;

import java.util.Scanner;

/*P1. Queremos hacer una función que acepta un número
como parámetro. La función debe imprimir por pantalla la
tabla de multiplicar (0 a 10) de ese número.*/
public class ud4P1 {
    public static void tablaDel(int n) {
        for(int i = 0; i <= 10; i++) {
            System.out.println(n + " x " + i + " = " + (n * i));
        }
```

```java
    }

    public static void main(String[] args) {
        Scanner teclado = new Scanner (System.in);
        int n;
        System.out.println("Introducir número para saber su tabla de multiplicar: ");
        n = teclado.nextInt();
        tablaDel(n);
    }
}
```

P2. Queremos hacer dos funciones: la primera nos dirá si un número es positivo o negativo (devolviendo un *boolean*), después usaremos esnombrefunción dentro de otra que dependiendo del resultado que devuelva la primera nos imprimirá por pantalla "es positivo" o "es negativo".

SOLUCIÓN:

```java
package propuestos;

import java.util.Scanner;
/* P2. Queremos hacer dos funciones: la primera nos dirá
si un número es positivo o negativo (devolviendo un boolean),
después usaremos esnombrefunción dentro de otra que dependiendo del
resultado que devuelva la primera nos imprimirá por pantalla
"es positivo" o  "es negativo".*/
public class ud4P2 {
    public static boolean esPos(int n) {
        if(n >= 0) {
            return true;
        }else {
            return false;
        }
    }

    public static void posOneg(int n) {
        if(esPos(n)) {
            System.out.println("Es positivo");
        }else {
            System.out.println("Es negativo");
        }
    }

    public static void main(String[] args) {
        Scanner teclado = new Scanner (System.in);
        int n;
        System.out.println("Introducir número para saber si es positivo o negativo: ");
        n = teclado.nextInt();
        posOneg(n);
    }
}
```

P3. Queremos un programa que se ejecute de forma constante, que lea una cadena e imprima "lacadena (IA)". La forma de hacer que el programa pare es introducir la cadena "salir".

SOLUCIÓN:

```java
package propuestos;

import java.util.Scanner;

public class ud4P3 {
    public static void repetidor(String s) {
        System.out.println(s + " (IA)");
    }

    public static void main(String[] args) {
        Scanner sc = new Scanner(System.in);
        String s = sc.nextLine();

        while(!s.equals("salir")) {
            repetidor(s);
            s = sc.nextLine();
        }
    }
}
```

P4. Queremos hacer un programa para administrar los alumnos de la ESO de un instituto. Son 4 cursos y dentro de cada curso hay 3 clases A, B y C. Queremos hacer un programa que nos permita: añadir alumnos a una clase, eliminar alumnos de una clase, informar del número de alumnos de una clase y salir del programa. Para ello os dejo la estructura que debería tener el programa:

- Añadir alumno.
- Eliminar alumno.
- Alumnos en clase.
- Salir.

Elige una opción:

Si elegimos 1) nos aparecerá esto:

▼ Primero elige el curso:

Y una vez introducido por teclado aparecerá:

▼ Ahora la clase:

Para eliminar e informar el procedimiento es el mismo pero cambiando las operaciones internas.

El programa se ejecutará hasta que el menú principal se introduzca un 4.

SOLUCIÓN:

```java
package propuestos;

import java.util.Scanner;
/*P4. Queremos hacer un programa para administrar los alumnos de la
ESO de un instituto. Son 4 cursos y dentro de cada curso hay 3 clases
A, B y C. Queremos hacer un programa que nos permita: añadir alumnos
a una clase, eliminar alumnos de una clase, informar del número de
alumnos de una clase y salir del programa. Para ello os dejo la estructura
que debería tener el programa:
• Añadir alumno
• Eliminar alumno
• Alumnos en clase
• Salir
Elige una opción:
Si elegimos 1) nos aparecerá esto:
• Primero elige el curso:
Y una vez introducido por teclado aparecerá:
• Ahora la clase:
Para eliminar e informar el procedimiento es el mismo pero cambiando las operaciones
internas.
El programa se ejecutará hasta que el menú principal se introduzca un 4.
*/
public class ud4P4 {
    public static void main(String[] args) {
        Scanner sc=new Scanner(System.in);

        int[][] ESO=new int[4][3];
        int opcion=0;
        int curso;
        int clase;

        while (opcion != 4) {
            System.out.println("(1) Anadir alumno");
            System.out.println("(2) Eliminar alumno");
            System.out.println("(3) Alumnos en clase");
            System.out.println("(4) Salir");

            opcion=sc.nextInt();
```

```
        switch (opcion) {
            case 1:
                System.out.println("Primero elige el curso: ");
                curso=sc.nextInt();
                System.out.println("Ahora la clase (A = 1, B = 2, C = 3)");
                clase=sc.nextInt();
                ESO[curso][clase]++;
                break;
            case 2:
                System.out.println("Primero elige el curso: ");
                curso=sc.nextInt();
                System.out.println("Ahora la clase (A = 1, B = 2, C = 3)");
                clase=sc.nextInt();
                if (ESO[curso][clase] > 0) {
                    ESO[curso][clase]--;
                }
                break;
            case 3:
                System.out.println("Primero elige el curso: ");
                curso=sc.nextInt();
                System.out.println("Ahora la clase (A = 1, B = 2, C = 3)");
                clase=sc.nextInt();
                System.out.println(ESO[curso][clase] + " alumnos");
                break;
            case 4:
                System.out.println("Saliendo del sistema");
                break;
            default:
                System.out.println("Opcion no valida");
        }
    }
}
}
```

P5. Crea una biblioteca con funciones matemáticas que contenga las siguientes 14 funciones. Recuerda que puedes usar unas dentro de otras si es necesario.

- **esCapicua**: devuelve verdadero si el número que se pasa como pará- metro es capicúa y falso en caso contrario.

- **esPrimo**: devuelve verdadero si el número que se pasa como parámetro es primo y falso en caso contrario.

- **siguientePrimo**: devuelve el menor primo que es mayor al número que se pasa como parámetro.

- **potencia**: dada una base y un exponente devuelve la potencia.

- **digitos**: cuenta el número de dígitos de un número entero.

- **voltea**: le da la vuelta a un número.

- **digitoN**: devuelve el dígito que está en la posición n de un número entero. Se empieza contando por el 0 y de izquierda a derecha.

- **posicionDeDigito**: da la posición de la primera ocurrencia de un dígito dentro de un número entero. Si no se encuentra, devuelve -1

- **quitaPorDetras**: le quita a un número n dígitos por detrás (por la derecha).

- **quitaPorDelante**: le quita a un número n dígitos por delante (por la izquierda).

- **pegaPorDetrás**: añade un dígito a un número por detrás.

- **pegaPorDelante**: añade un dígito a un número por delante.

- **trozoDeNumero**: toma como parámetros las posiciones inicial y final dentro de un número y devuelve el trozo correspondiente.

- **juntaNumeros**: pega dos números para formar uno.

SOLUCIÓN:

```java
package propuestos;
/* Biblioteca con funciones matemáticas*/
public class ud4P5funciones {
    /*esCapicua: Devuelve verdadero si el número que se pasa como
    parámetro es capicúa y falso en caso contrario.*/
    public static boolean esCapicua(String s)
    {
        int N = s.length();
        for (int i = 0; i < N/2; i++)
            if (s.charAt(i) != s.charAt(N-1-i))
                return false;
        return true;
    }


    /*esPrimo: Devuelve verdadero si el número que se pasa
    como parámetro es primo y falso en caso contrario.*/
    public static boolean esPrimo(int x) {

        for (int i = 2; i < x; i++) {
            if ((x % i) == 0) {
                return false;
            }
        }

        return true;
    }

    /*siguientePrimo: Devuelve el menor primo que es mayor al número que se pasa como
parámetro.*/
    public static int siguientePrimo(int num) {
        while (!esPrimo(++num));
        return num;
    }

    /*potencia: Dada una base y un exponente devuelve la potencia.*/
    public static int potencia(int num1, int num2) {
```

```java
        int resultado = (int) Math.pow (num1, num2);
        return resultado;
    }


    /*digitos: Cuenta el número de dígitos de un número entero.*/
    public static int digitos(int inum) {
        String x = Integer.toString(inum);
        int ndig = x.length();
        return ndig;
    }

/* voltea: le da la vuelta a un número. Versión más eficiente que voltea2*/
public static int voltea(int num) {
    int cifra, inverso = 0;
    while(num!=0){
        cifra = num%10;
        inverso = (inverso * 10) + cifra;
        num/=10;
    }
    return inverso;
}
/* voltea2: le da la vuelta a un número. pero usando string. Es lento */
public static int voltea2(int num) {
    //paso el numero a string
    String snum = String.valueOf(num);
    String sinverso = "" ;
    //concateno del cada digito desde el final
    for (int i = snum.length()-1; i>-1; i--)
        sinverso = sinverso + snum.charAt(i);

    return Integer.parseInt(sinverso);
}


/* digitoN: Devuelve el dígito que está en la posición n de un número
entero. Se empieza contando por el 0 y de izquierda a derecha*/
    public static int digitoN(int num, int n){
        int dig=0;
        // Le damos la vuelta para que sea mas fácil, ya que podemos
        // hacer divisiones de 10.
        num=voltea(num);
        while (n>0){
            num=num/10;
            n--;
        }
        dig=num%10;
        return dig;

    }
```

```java
/*digitoN: Devuelve el dígito que está en la posición n de
un número entero. Se empieza contando por el 0 y de izquierda a derecha*/
public static int posicionDeDigito(int num, int digito) {
        String str = String.valueOf(num);
        return str.indexOf(String.valueOf(digito));
}

 /* quitaPorDetras: Le quita a un número n dígitos por detrás (por la derecha).*/
public static int quitaPorDetras(long num, int cantidad) {
    return (int) num / potencia(10, cantidad);
}


/* quitaPorDelante: Le quita a un número n dígitos por delante (por la izquierda).*/
public static int quitaPorDelante(int x, int n){
    x=voltea(x);
    x=quitaPorDetras(x,n);
    x=voltea(x);

    return x;
}

/* pegaPorDetras: Añade un dígito a un número por detrás.*/
public static int pegaPorDetras (int x, int y){
    x=(x*potencia(10, digitos(y))+y );
    return x;
}

/*pegaPorDelante: Añade un dígito a un número por delante*/
public static int pegarPorDelante(int x, int y){
    return pegaPorDetras(y, x);
}


/* trozoDeNumero: Toma como parámetros las posiciones inicial y final
dentro de un número y devuelve el trozo correspondiente.*/
public static long trozoDeNumero(int x, int inicio, int fin) {
    //quitamos lo que sobra por delante y detrás y devolvemos lo que queda
    int longitud = digitos(x);
    x = quitaPorDelante(x, inicio);
    x = quitaPorDetras(x, (longitud - fin - 1));
    return x;
}

/*.    juntaNumeros: Pega dos números para formar uno.*/
public static int juntaNumeros(int x, int y){
    x=(x*potencia(10, digitos(y))+y );
    return x;
}
```

```
public static void main(String[] args) {
    // System.out.println(voltea2(12345));
     //System.out.println(voltea(12345));
    // System.out.println(digitoN(1234,0));
     //System.out.println(posicionDeDigito2(123,3)); //1.497s

    }

}
```

RECURSIVIDAD

P6. Escribe un programa en Java que defina una función esPrimo que, de forma recursiva, devolverá un booleano indicando si el número que recibe como parámetro es primo o no. Pruébala desde el programa principal para comprobar si el 49 y el 47 son primos.

La cabecera de la función debe ser así:

```
static boolean esPrimo(int numero, int divisor)
```

SOLUCIÓN:

```
package propuestos;
/* Escribe un programa en Java que defina una función esPrimo que, de forma recursiva,
devolverá un booleano indicando si el número que recibe como parámetro es primo o no.
Pruébala desde el programa principal para comprobar si el 49 y el 47 son primos.
La cabecera de la función debe ser así:
static boolean esPrimo(int numero, int divisor)
*/
public class ud4P7 {
    static boolean esPrimo(int numero, int divisor)
    {
        if (divisor > numero / 2)
            return true;
        else
            return numero % divisor != 0 && esPrimo(numero, divisor+1);
    }

}
```

P7. Escribe un programa en Java que calcule de forma recursiva cuántas veces aparece una cadena b dentro de otra cadena a. La función recursiva sólo debe recibir como parámetros las dos cadenas a y b.

```
package propuestos;
/*P7. Escribe un programa en Java que calcule de forma recursiva cuántas veces
aparece una cadena b dentro de otra cadena a. La función recursiva sólo debe
recibir como parámetros las dos cadenas a y b*/
public class ud4P7 {
    public static int contarOcurrencias(String a, String b)
    {
```

```java
        // Caso base: b no está en a
        if (!a.contains(b))
            return 0;
        // Caso recursivo: cortamos a por la 1a ocurrencia de b
        else
            return 1 +
                    contarOcurrencias(
                            a.substring(a.indexOf(b) + b.length()), b);
    }
    public static void main(String[] args)
    {
        int n = contarOcurrencias("Esto es un texto largo con " +
                                "un par de palabras", "un");
        System.out.println(n); // 2
    }
}
```

P8. Invertir una cadena de texto de forma recursiva. Indicar la pila de llamadas para el texto "hola".

Por ejemplo: invertir("hola") = "aloh"

▶ Caso base: una cadena de tamaño 1 da como resultado ella misma.

▶ Caso recursivo: una cadena de tamaño N da como resultado el primer carácter al final y seguir invirtiendo el resto de la cadena.

```java
package propuestos;

public class ud4P8 {
    public static String invertir(String texto){
        if(texto.length()<=1)
            return texto;
        else
            return invertir(texto.substring(1))+ texto.charAt(0);
    }

    public static void main(String[] args) {
        System.out.println( invertir("hola"));
    }
}
```

Veamos la pila de llamadas para el texto "hola".

$$invertir("hola") = invertir("ola") + 'h'$$
$$invertir("ola") = invertir("la") + 'o'$$
$$invertir("la") = invertir("a") + 'l'$$
$$invertir("a") = "a" \ (caso\ base)$$

Comprobamos el resultado:

```
ud4P8 ×
"C:\Program Files\Java\jdk-11.0.5\bin\java
aloh

Process finished with exit code 0
```

P9. Implementar un método recursivo para ordenar los elementos de un vector.

SOLUCIÓN:

```java
package propuestos;

/*P9. Implementar un método recursivo para ordenar los elementos de un vector.*/
public class ud4P9 {
    public static void ordenar (int [] v, int cant) {
        if (cant > 1) {
            for (int i = 0 ; i < cant - 1 ; i++)
                if (v [i] > v [i + 1]) {
                    int aux = v [i];
                    v [i] = v [i + 1];
                    v [i + 1] = aux;
                }
            ordenar (v, cant - 1);
        }
    }

    public static void imprimir (int[] v) {
        for (int i = 0 ; i < v.length ; i++)
            System.out.print (v [i] + "  ");
        System.out.println("\n");
    }


    public static void main (String [] args)  {
        int [] vec = {312, 614, 88, 22, 54};

        imprimir (vec);
        ordenar (vec, vec.length);
        imprimir (vec);
    }
}
```

Si ejecutamos el programa:

```
ud4P9  ×

"C:\Program Files\Java\jdk-11.0.5\bin\jav

312  614  88  22  54


22  54  88  312  614


Process finished with exit code 0
```

Soluciones al cuestionario

Cuestión 1
☐ Significa que no devuelve nada.

Cuestión 2
☐ No hay límites.

Cuestión 3
☐ Si.

Cuestión 4
¿Es correcto el código?
☐ No, debes añadir un return en caso de que no entre en el if.

Cuestión 5
☐ Si, se pueden llamar igual siempre y cuando tengan diferentes parámetros.

Cuestión 6
☐ Si.

Cuestión 7
☐ Al menos de una condición actúa como condición de corte que provoca la finalización de la recursión.

Cuestión 8
☐ Es un algoritmo que expresa la solución de un problema en términos de una llamada a sí mismo.

Cuestión 9
☐ Un caso base que no vuelva a invocarse.

Cuestión 10
Para que una función recursiva funcione debe cumplir con que:
☐ Existe una salida no recursiva del procedimiento.

SOLUCIONES UNIDAD 05

P1. Implementar la clase Operaciones que tiene dos atributos enteros y cuatro métodos. Necesita un constructor que introduzca el valor de los dos atributos y 4 métodos que permiten sumar, restar, multiplicar y dividir los atributos y mostrar el resultado.

SOLUCIÓN:

```java
package unidad5.resueltos;

import java.util.Scanner;
/**
 * Clase Operaciones
 * @author Isabel Barquilla
 */
public class Operaciones {
    private Scanner teclado;
    int valor1, valor2;

    public Operaciones() {
        teclado = new Scanner(System.in);
        System.out.println( "Introducir primer número:" );
        valor1 = teclado.nextInt();
        System.out.println( "Introducir segundo número:" );
        valor2 = teclado.nextInt();
    }

    public void sumar() {
        int suma=valor1+valor2;
        System.out.println( "La suma es: "+suma );
    }

    public void restar() {
        int resta=valor1-valor2;
        System.out.println( "La resta es: "+resta );
    }

    public void multiplicar() {
        int multiplicacion=valor1*valor2;
        System.out.println( "La multiplicacion es: "+multiplicacion );
    }

    public void dividir(){
        int division;
        if (valor2==0)
            System.out.println( "No se puede dividir por cero " );

        else {
            division =valor1/valor2;
            System.out.println( "La division es: "+division);
```

```java
    }

  }


  public static void main (String[] args) {
      Operaciones hazcuenta=new Operaciones();

      hazcuenta.sumar();
      hazcuenta.restar();
      hazcuenta.multiplicar();
      hazcuenta.dividir();
  }
}
```

P2. Crea un programa con una clase llamada *Punto* que representará un punto de dos dimensiones en un plano. Solo contendrá dos atributos enteros llamadas x e y (coordenadas).

En el *main* de la clase principal *PruebaPunto* instancia 3 objetos Punto con las coordenadas (5,0), (10,10) y (-3, 7).

Muestra por pantalla sus coordenadas (utiliza un System.out.println para cada punto).

Modifica todas las coordenadas (prueba distintos operadores como = + - += *=...) y vuelve a imprimirlas por pantalla.

SOLUCIÓN:

Punto.java

```java
package propuestos.clasesSencillas.P2;

public class Punto {
  private int x, y;

    //CONSTRUCTORES
    public Punto() {
    }

    public Punto(int x, int y) {
        this.x=x;
        this.y=y;
    }

    //GETTERS Y SETTERS
    public int getX() {
        return x;
    }

    public void setX(int x) {
        this.x=x;
    }
```

```java
    public int getY() {
        return y;
    }

    public void setY(int y) {
        this.y=y;
    }
}
```

PruebaPunto.java

```java
package propuestos.clasesSencillas.P2;
/*P2. Crea un programa con una clase llamada Punto que representará un punto de
dos dimensiones en un plano. Solo contendrá dos atributos enteros llamadas x e y
(coordenadas).
En el main de la clase principal PruebaPunto instancia 3 objetos Punto con las
coordenadas (5,0), (10,10) y (-3, 7).
Muestra por pantalla sus coordenadas (utiliza un System.out.println para cada punto).
Modifica todas las coordenadas (prueba distintos operadores como = + - += *=...) y vuelve
a imprimirlas por pantalla.
*/
public class PruebaPunto {
    public static void main(String[] args) {

        //Instanciamos los tres objetos Punto
        Punto p1 = new Punto();
        Punto p2 = new Punto();
        Punto p3 = new Punto(-3,7);

        p1.setX(5);
        p1.setY(0);

        p2.setX(10);
        p2.setY(0);

        //Imprimimos las coordenadas de los tres puntos
        System.out.println("Coordenadas del punto p1 (" + p1.getX() + "," + p1.getY() +
")");

        System.out.println("Coordenadas del punto p2 (" + p2.getX() + "," + p2.getY()+
")");

        System.out.println("Coordenadas del punto p3 (" + p3.getX() + "," + p3.getY() +
")");

        System.out.println();

        //Modificamos las coordenadas de los tres puntos usando operadores

        p1.setX(p1.getX()+3);
        p1.setY(6);

        p2.setX(p2.getX()/2);
        p2.setY(p2.getX()*2);
```

```
        p3.setX(p3.getX() - 5);
        p3.setY(p3.getY() % 2);

        //Imprimimos las coordenadas nuevas de los tres puntos
        System.out.println("Coordenadas nuevas del punto p1 (" + p1.getX() + "," +
p1.getY() + ")");
        System.out.println("Coordenadas nuevas del punto p2 (" + p2.getX() + "," +
p2.getY()+ ")");
        System.out.println("Coordenadas nuevas del punto p3 (" + p3.getX() + "," +
p3.getY() + ")");
        System.out.println();
    }
}
```

P3. Crea un programa con una clase llamada *Persona* **que representará los datos principales de una persona: dni, nombre, apellidos y edad.**

En el *main* de la clase principal *PruebaPersona* instancia dos objetos de la clase *Persona*. Luego, pide por teclado los datos de ambas personas (guárdalos en los objetos). Por último, imprime dos mensajes por pantalla (uno por objeto) con un mensaje del estilo "Antonio López García con DNI … es / no es mayor de edad".

SOLUCIÓN:

Persona.java

```
package propuestos.clasesSencillas.P3;

public class Persona {
    private String dni;
    private String nombre;
    private String apellidos;
    private int edad;

    //constructores
    public Persona() {
    }

    public Persona(String dni, String nombre, String apellidos, int edad) {
        this.dni=dni;
        this.nombre=nombre;
        this.apellidos=apellidos;
        this.edad=edad;
    }

    //getters y setters
    public String getDni() {
        return dni;
    }

    public void setDni(String dni) {
```

```java
        this.dni=dni;
    }

    public String getNombre() {
        return nombre;
    }

    public void setNombre(String nombre) {
        this.nombre=nombre;
    }

    public String getApellidos() {
        return apellidos;
    }

    public void setApellidos(String apellidos) {
        this.apellidos=apellidos;
    }

    public int getEdad() {
        return edad;
    }

    public void setEdad(int edad) {
        this.edad=edad;
    }
    //otros métodos

    @Override
    public String toString() {
        return "Persona{" +
                "dni='" + dni + '\'' +
                ", nombre='" + nombre + '\'' +
                ", apellidos='" + apellidos + '\'' +
                ", edad=" + edad +
                '}';
    }
}
```

PruebaPersona.java

```java
package propuestos.clasesSencillas.P3;
import java.util.Scanner;

public class PruebaPersona {
    public static void main(String[] args) {

        Scanner sc = new Scanner(System.in);

        Persona persona1 = new Persona();
        Persona persona2;
```

```java
        System.out.println("Introduce los datos de la primera persona");
        System.out.print("DNI: ");
        persona1.setDni(sc.nextLine()) ;
        System.out.print("Nombre: ");
        persona1.setNombre(sc.nextLine());
        System.out.print("Apellidos: ");
        persona1.setApellidos(sc.nextLine());
        System.out.print("Edad: ");
        persona1.setEdad(sc.nextInt());
        sc.nextLine();

        //creamos otra persona pidiendo datos para practicar constructor con parámetros
        String dni, nom, ape;
        int edad;
        System.out.println("Introduce los datos de la segunda persona");
        System.out.print("DNI: ");
        dni = sc.nextLine() ;
        System.out.print("Nombre: ");
        nom = sc.nextLine();
        System.out.print("Apellidos: ");
        ape = sc.nextLine();
        System.out.print("Edad: ");
        edad = sc.nextInt();
        sc.nextLine();
        persona2 = new Persona(dni, nom, ape, edad); //utilizo constructor


        String cadena1 = persona1.getNombre() + " " + persona1.getApellidos() + " con
DNI " + persona1.getDni();
        String cadena2 = persona2.getNombre()+ " " + persona2.getApellidos() + " con DNI
" + persona2.getDni();

        if (persona1.getEdad() >= 18) {
            cadena1 += " es mayor de edad";
        } else {
            cadena1 += " no es mayor de edad";
        }

        if (persona2.getEdad() >= 18) {
            cadena2 += " es mayor de edad";
        } else {
            cadena2 += " no es mayor de edad";
        }

        System.out.println(cadena1);
        System.out.println(cadena2);

        //utilizo el toString para comprobar datos (no se pedía enunciado)
        System.out.println("\n\nCompruebo persona1: " + persona1);
```

```
    System.out.println("\n\nCompruebo persona2: " + persona2);

    }
}
```

P4. Crea un programa con una clase llamada *Rectangulo* **que representará un rectángulo mediante dos coordenadas (x1,y1) y (x2,y2) en un plano, por lo que la clase deberá tener cuatro atributos enteros: x1, y1, x2, y2**

En el main de la clase principal *PruebaRectangulo* instancia 2 objetos *Rectangulo* en (0,0)(5,5) y (7,9) (2,3). Muestra por pantalla sus coordenadas, perímetros (suma de lados) y áreas (ancho x alto). Modifica todas las coordenadas como consideres y vuelve a imprimir coordenadas, perímetros y áreas.

SOLUCIÓN:

Rectangulo.java

```java
package propuestos.clasesSencillas.P4;

public class Rectangulo {
    private int x1, y1, x2, y2;

    //constructores
    public Rectangulo() {
    }

    public Rectangulo(int x1, int y1, int x2, int y2) {
        this.x1=x1;
        this.y1=y1;
        this.x2=x2;
        this.y2=y2;
    }

    //getters y setters

    public int getX1() {
        return x1;
    }

    public void setX1(int x1) {
        this.x1=x1;
    }

    public int getY1() {
        return y1;
    }

    public void setY1(int y1) {
        this.y1=y1;
    }

    public int getX2() {
```

```java
        return x2;
    }

    public void setX2(int x2) {
        this.x2=x2;
    }

    public int getY2() {
        return y2;
    }

    public void setY2(int y2) {
        this.y2=y2;
    }
}
```

PruebaRectangulo.java

```java
package propuestos.clasesSencillas.P4;

public class PruebaRectangulo {
    public static double perimetro(Rectangulo rect) {
        int lado1 = Math.abs(rect.getX1() - rect.getX2());
        int lado2 = Math.abs(rect.getY1() - rect.getY2());

        return (lado1 + lado2) * 2;
    }

    public static double area(Rectangulo rect) {
        int lado1 = Math.abs(rect.getX1() - rect.getX2());
        int lado2 = Math.abs(rect.getY1() - rect.getY2());

        return lado1 * lado2;
    }

    public static void main(String[] args) {

        Rectangulo rec1 = new Rectangulo();
        Rectangulo rec2;

        //le doy valores a las coordenadas del rec1
        rec1.setX1(0);
        rec1.setY1(0);
        rec1.setX2(5);
        rec1.setY2(5);

        //creo el rec2 pasando las coordenadas a través del constructor
        rec2 = new Rectangulo(7,9,2,3);

        //mostrar coordenadas, perímetro y áreas
        System.out.println("Coordenadas del rectángulo 1 (" + rec1.getX1() + "," + rec1.
```

```
getY1() + ") y (" + rec1.getX2()+ "," + rec1.getY2() + ")");
        System.out.println("Coordenadas del rectángulo 2 (" + rec2.getX1() + "," + rec2.
getY1() + ") y (" + rec2.getX2() + "," + rec2.getY2()+ ")");
        System.out.println("El perímetro del rectángulo 1 es: " + perimetro(rec1));
        System.out.println("El perímetro del rectángulo 2 es: " + perimetro(rec2));
        System.out.println("El área del rectángulo 1 es: " + area(rec1));
        System.out.println("El área del rectángulo 2 es: " + area(rec2));
        System.out.println("");

        //modificar datos
        rec1.setX1(5);
        rec1.setY1(5);
        rec1.setX2(15);
        rec1.setY2(15);

        rec2.setX1(17);
        rec2.setY1(19);
        rec2.setX2(22);
        rec2.setY2(24);

        //volver a mostrar
        System.out.println("Coordenadas del rectángulo 1 (" + rec1.getX1() + "," + rec1.
getY1() + ") y (" + rec1.getX2()+ "," + rec1.getY2() + ")");
        System.out.println("Coordenadas del rectángulo 2 (" + rec2.getX1() + "," + rec2.
getY1() + ") y (" + rec2.getX2() + "," + rec2.getY2()+ ")");
        System.out.println("El perímetro del rectángulo 1 es: " + perimetro(rec1));
        System.out.println("El perímetro del rectángulo 2 es: " + perimetro(rec2));
        System.out.println("El área del rectángulo 1 es: " + area(rec1));
        System.out.println("El área del rectángulo 2 es: " + area(rec2));
        System.out.println("");

    }
}
```

P5. Crea un programa con una clase llamada *Articulo* **con los siguientes atributos: nombre, precio (sin IVA), iva (siempre será 21) y cuantosQuedan (representa cuantos quedan en el almacén).**

En el main de la clase principal *PruebaArticulo* instancia un objeto de la clase artículo. Asígnale valores a todos sus atributos (los que quieras) y muestra por pantalla un mensaje del estilo "Pijama - Precio: 10€ - IVA: 21% - PVP:1 2,1€" (el PVP es el precio de venta al público, es decir, el precio con IVA). Luego, cambia el precio y vuelve a imprimir el mensaje.

SOLUCIÓN:

Articulo.java

```
package propuestos.clasesSencillas.P5;

public class Articulo {
    private String nombre;
    private double precio;
    private int iva;
```

```java
    private int cuantosQuedan;

    public Articulo(String nombre, double precio, int iva, int cuantosQuedan) {
        this.nombre=nombre;
        this.precio=precio;
        this.iva=iva;
        this.cuantosQuedan=cuantosQuedan;
    }

    public String getNombre() {
        return nombre;
    }

    public void setNombre(String nombre) {
        this.nombre=nombre;
    }

    public double getPrecio() {
        return precio;
    }

    public void setPrecio(double precio) {
        this.precio=precio;
    }

    public int getIva() {
        return iva;
    }

    public void setIva(int iva) {
        this.iva=iva;
    }

    public int getCuantosQuedan() {
        return cuantosQuedan;
    }

    public void setCuantosQuedan(int cuantosQuedan) {
        this.cuantosQuedan=cuantosQuedan;
    }
}
```

PruebaArticulo.java

```java
package propuestos.clasesSencillas.P5;

public class PruebaArticulo {
    public static void main(String[] args) {
        //crear artículo
        Articulo a1 = new Articulo("Camisa de cuadros",20,21, 5);
```

```
            System.out.println(a1.getNombre() + " - Precio: " + a1.getPrecio() + "€ - IVA: "
    + a1.getIva() + "% - PVP: " + (a1.getPrecio() + (a1.getPrecio() * a1.getIva() / 100)) +
    "€");

            //cambiar precio
            a1.setPrecio(10);
            //visualizar cambios
            System.out.println(a1.getNombre() + " - Precio: " + a1.getPrecio()+ "€ - IVA: "
    + a1.getIva() + "% - PVP: " + (a1.getPrecio() + (a1.getPrecio() * a1.getIva() / 100)) +
    "€");
        }
}
```

AVANZADOS

P6. Crear un proyecto en IntelliJ llamado *Juego* que contiene dos clases llamadas: *Dado* y *JuegodeDados*.
La clase *Dado* tendrá un atributo que será el valor del dado y 3 métodos, el primero obtendrá el valor
de una tirada del dado, el segundo imprimirá el valor de esa tirada y el tercero retorna el valor de la
tirada.

La clase ***JuegodeDados*** tendrá tres métodos, el primero definirá tres dados para hacer una partida, el
segundo hará la tirada de los tres dados y dirá si el usuario ha ganado o ha perdido (se considera que ha
ganado si el valor de la tirada de los tres dados es el mismo, ejemplo: 3 - 3 - 3). El tercer método será main
que llamará a los otros dos métodos para realizar una partida de dados.

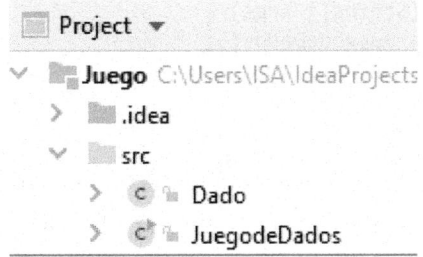

Cada clase se debe poner en un archivo diferente dentro del mismo proyecto

SOLUCIÓN:

Dado.java

```
public class Dado {
    private int valor;
    public void tirar() {
        valor = 1 + (int) (Math.random()*6);
    }
    public void imprimir() {
        System.out.println( "El valor del dado es: "+ valor );
    }
    public int getvalor() {
        return valor;
    }
```

```
}

JuegodeDados.java
public class JuegodeDados {
    private Dado dado1, dado2, dado3;
    public JuegodeDados() {
        dado1 = new Dado();
        dado2 = new Dado();
        dado3 = new Dado();
    }
    public void jugar() {
        dado1.tirar();
        dado1.imprimir();
        dado2.tirar();
        dado2.imprimir();
        dado3.tirar();
        dado3.imprimir();
        if (dado1.getvalor() == dado2.getvalor() &&
                dado1.getvalor() == dado3.getvalor())
            System.out.println( "Ganó: "+ dado1.getvalor() +" " +
                    dado2.getvalor() + " " + dado3.getvalor());
        else
            System.out.println( "Perdió: "+ dado1.getvalor() +" " +
                    dado2.getvalor() + " " + dado3.getvalor());
    }
    public static void main(String[] args) {
        JuegodeDados j = new JuegodeDados();
        j.jugar();
    }
}
```

P7. Haz una clase llamada Persona que siga las siguientes condiciones:

Sus atributos son: **nombre, edad, DNI, sexo** (H hombre, M mujer)**, peso y altura.** No queremos que se accedan directamente a ellos. Piensa qué modificador de acceso es el más adecuado, también su tipo. Si quieres añadir algún atributo puedes hacerlo.

Por defecto, todos los atributos menos el DNI serán valores por defecto según su tipo (0 números, cadena vacía para String, etc.). Sexo será hombre por defecto, usa una constante para ello.

Se realizarán varios constructores:

⬤ Un constructor por defecto.

⬤ Un constructor con el nombre, edad y sexo, el resto por defecto.

⬤ Un constructor con todos los atributos como parámetro.

Los métodos que se implementarán son:

⬤ **calcularIMC()**: calculará si la persona está en su peso ideal (peso en kg/(altura^2 en m)), si esta fórmula devuelve un valor menor que 20, la función devuelve un -1, si devuelve un número entre 20 y 25 (incluidos), significa que está por debajo de su peso ideal, la función devuelve un 0 y si devuelve un valor mayor que 25 significa que tiene sobrepeso, la función devuelve un 1. Te recomiendo que uses constantes para devolver estos valores.

▶ **esMayorDeEdad()**: indica si es mayor de edad, devuelve un booleano.

▶ **comprobarSexo(char sexo)**: comprueba que el sexo introducido es correcto. Si no es correcto, será H. No será visible al exterior.

▶ **toString()**: devuelve toda la información del objeto.

▶ **generaDNI()**: genera un número aleatorio de 8 cifras, genera a partir de este su número su letra correspondiente. Este método será invocado cuando se construya el objeto. Puedes dividir el método para que te sea más fácil. No será visible al exterior.

▶ Métodos set de cada parámetro, excepto de DNI.

Ahora, crea una clase ejecutable que haga lo siguiente:

▶ Pide por teclado el nombre, la edad, sexo, peso y altura.

▶ Crea 3 objetos de la clase anterior, el primer objeto obtendrá las anteriores variables pedidas por teclado, el segundo objeto obtendrá todos los anteriores menos el peso y la altura y el último por defecto, para este último utiliza los métodos set para darle a los atributos un valor.

▶ Para cada objeto, deberá comprobar si está en su peso ideal, tiene sobrepeso o por debajo de su peso ideal con un mensaje.

▶ Indicar para cada objeto si es mayor de edad.

▶ Por último, mostrar la información de cada objeto.

Puedes usar métodos en la clase ejecutable, para que os sea más fácil.

SOLUCIÓN:

Persona.java

```java
package propuestos;

/**
 * Clase Persona
 * Contiene información de una persona
 * @author Isabel
 */
public class Persona {

    //Constantes
    /**
     * Sexo por defecto
     */
    private final static char SEXO_DEF = 'H';

    /**
     * El peso de la persona está por debajo del peso ideal
     */
    public static final int INFRAPESO = -1;
```

```java
/**
 * El peso de la persona está en su peso ideal
 */
public static final int PESO_IDEAL = 0;

/**
 * El peso de la persona está por encima del peso ideal
 */
public static final int SOBREPESO = 1;

//Atributos
/**
 * Nombre de la persona
 */
private String nombre;

/**
 * Edad de la persona
 */
private int edad;

/**
 * DNI de la persona, se genera al construir el objeto
 */
private String DNI;

/**
 * Sexo de la persona, H hombre M mujer
 */
private char sexo;

/**
 * Peso de la persona
 */
private double peso;

/**
 * Altura de la persona
 */
private double altura;

//Contructores
/**
 * Constructor por defecto
 */
public Persona() {
    this("", 0, SEXO_DEF, 0, 0);
}

/**
```

```java
     * Constructor con 3 parametros4
     *
     * @param nombre de la persona
     * @param edad de la persona
     * @param sexo de la persona
     */
    public Persona(String nombre, int edad, char sexo) {
        this(nombre, edad, sexo, 0, 0);
    }

    /**
     * Constructor con 5 parametros
     *
     * @param nombre de la persona
     * @param edad de la persona
     * @param sexo de la persona
     * @param peso de la persona
     * @param altura de la persona
     */
    public Persona(String nombre, int edad, char sexo, double peso, double altura) {
        this.nombre = nombre;
        this.edad = edad;
        this.peso = peso;
        this.altura = altura;
        generarDni();
        this.sexo = sexo;
        comprobarSexo();
    }

    //Métodos privados
    private void comprobarSexo() {

        //Si el sexo no es una H o una M, por defecto es H
        if (sexo != 'H' && sexo != 'M') {
            this.sexo = SEXO_DEF;
        }
    }

    private void generarDni() {
        final int divisor = 23;

        //Generamos un número de 8 digitos
        int numDNI = ((int) Math.floor(Math.random() * (100000000 - 10000000) +
10000000));
        int res = numDNI - (numDNI / divisor * divisor);

        //Calculamos la letra del DNI
        char letraDNI = generaLetraDNI(res);

        //Pasamos el DNI a String
```

```java
        DNI = Integer.toString(numDNI) + letraDNI;
    }

    private char generaLetraDNI(int res) {
        char letras[] = {'T', 'R', 'W', 'A', 'G', 'M', 'Y',
                'F', 'P', 'D', 'X', 'B', 'N', 'J', 'Z',
                'S', 'Q', 'V', 'H', 'L', 'C', 'K', 'E'};

        return letras[res];
    }

    //Métodos públicos
    /**
     * Modifica el nombre de la persona
     *
     * @param nombre a cambiar
     */
    public void setNombre(String nombre) {
        this.nombre = nombre;
    }

    /**
     * Modifica la edad de la persona
     *
     * @param edad a cambiar
     */
    public void setEdad(int edad) {
        this.edad = edad;
    }

    /**
     * Modifica el sexo de la persona, comprueba que es correcto
     *
     * @param sexo a cambiar
     */
    public void setSexo(char sexo) {
        this.sexo = sexo;
    }

    /**
     * Modifica el peso de la persona
     *
     * @param peso a cambiar
     */
    public void setPeso(double peso) {
        this.peso = peso;
    }

    /**
     * Modifica la altura de la persona
```

```java
     *
     * @param altura a cambiar
     */
    public void setAltura(double altura) {
        this.altura = altura;
    }

    /**
     * Calcula el indice de masa corporal
     *
     * @return codigo numerico
     * la persona esta por debajo de su peso ideal
     * la persona esta en su peso ideal
     * la persona esta por encima de su peso ideal
     */
    public int calcularIMC() {
        //Calculamos el peso de la persona
        double pesoActual = peso / (Math.pow(altura, 2));
        //Segun el peso, devuelve un codigo
        if (pesoActual >= 20 && pesoActual <= 25) {
            return PESO_IDEAL;
        } else if (pesoActual < 20) {
            return INFRAPESO;
        } else {
            return SOBREPESO;
        }
    }

    /**
     * Indica si la persona es mayor de edad
     *
     * @return true si es mayor de edad y false es menor de edad
     */
    public boolean esMayorDeEdad() {
        boolean mayor = false;
        if (edad >= 18) {
            mayor = true;
        }
        return mayor;
    }

    /**
     * Devuelve informacion del objeto
     *
     * @return cadena con toda la informacion
     */
    @Override
    public String toString() {
        String sexo;
        if (this.sexo == 'H') {
```

```java
            sexo = "hombre";
        } else {
            sexo = "mujer";
        }
        return "Informacion de la persona:\n"
                + "Nombre: " + nombre + "\n"
                + "Sexo: " + sexo + "\n"
                + "Edad: " + edad + " años\n"
                + "DNI: " + DNI + "\n"
                + "Peso: " + peso + " kg\n"
                + "Altura: " + altura + " metros\n";
    }

}
```

Programa principal: **Ud5P1Persona.java**

```java
package propuestos;

import java.util.Scanner;
/* P1. Programa que prueba la clase persona*/
public class Ud5P1Persona {
    public static void main(String[] args) {
        Scanner sc = new Scanner(System.in);

        //Introducimos los datos
        System.out.println("Introduce el nombre");
        String nombre = sc.next();

        System.out.println("Introduce la edad");
        int edad = sc.nextInt();

        System.out.println("Introduce el sexo");
        char sexo = sc.next().charAt(0);

        System.out.println("Introduce el peso");
        double peso = sc.nextDouble();

        System.out.println("Introduce la altura");
        double altura = sc.nextDouble();

        //Creamos objetos con cada constructor
        Persona persona1 = new Persona();
        Persona persona2 = new Persona(nombre, edad, sexo);
        Persona persona3 = new Persona(nombre, edad, sexo, peso, altura);

        //Los datos que no esten completos los insertamos con los metodos set
        persona1.setNombre("Laura");
        persona1.setEdad(30);
        persona1.setSexo('M');
        persona1.setPeso(60);
```

```java
        persona1.setAltura(1.60);

        persona2.setPeso(90.5);
        persona2.setAltura(1.80);

        //Usamos metodos para realizar la misma accion para cada objeto
        System.out.println("\n\nPersona1");
        MuestraMensajePeso(persona1);
        MuestraMayorDeEdad(persona1);
        System.out.println(persona1.toString());

        System.out.println("Persona2");
        MuestraMensajePeso(persona2);
        MuestraMayorDeEdad(persona2);
        System.out.println(persona2.toString());

        System.out.println("Persona3");
        MuestraMensajePeso(persona3);
        MuestraMayorDeEdad(persona3);
        System.out.println(persona3.toString());
    }

    public static void MuestraMensajePeso(Persona p) {
        int IMC = p.calcularIMC();
        switch (IMC) {
            case Persona.PESO_IDEAL:
                System.out.println("La persona esta en su peso ideal");
                break;
            case Persona.INFRAPESO:
                System.out.println("La persona esta por debajo de su peso ideal");
                break;
            case Persona.SOBREPESO:
                System.out.println("La persona esta por encima de su peso ideal");
                break;
        }
    }

    public static void MuestraMayorDeEdad(Persona p) {

        if (p.esMayorDeEdad()) {
            System.out.println("La persona es mayor de edad");
        } else {
            System.out.println("La persona no es mayor de edad");
        }
    }

}
```

P8. Realiza una función que dada una fecha de nacimiento de una persona indique cuántos años tiene.

SOLUCIÓN:

```java
package propuestos;

import java.io.*;
import java.util.*;
/* P2. Realiza una función que dada una fecha de nacimiento de una persona indique
cuántos años tiene.*/
class Ud5P2 {
    public static int edad (String fecha_nac) {
    // formato fecha_nac dd/mm/yyyy
        Date hoy = new Date( );      //fecha actual
        String[ ] tokens = fecha_nac.split("/");
        GregorianCalendar cal = new GregorianCalendar (Integer.parseInt
                (tokens[2]), Integer.parseInt(tokens[1])-1, Integer.parseInt(tokens[0]));
// se resta 1 a los meses porque empiezan en 0
        Date fecha = new Date(cal.getTimeInMillis());
        long diferencia = (hoy.getTime( )- fecha.getTime ()) /(24*60*60*1000);
//dividimos + los miliseg. De un dia, obtenemos la diferencia en días.

        return (int) diferencia/365;
    }

    public static void main (String[] args) throws IOException{ String fecha;
        System.out.println ("Introduce la fecha nacimiento dd/mm/yyyy: "); BufferedReader
entrada = new BufferedReader(new InputStreamReader
                (System.in));
        fecha = (entrada.readLine()); System.out.println ("La fecha es: "+fecha);
        System.out.println ("Tienes " + edad(fecha) +" años");
    }
}
```

R6. Respuestas al test

SOLUCIÓN:

a) Falsa	d) Falsa	g) Verdadera	j) Falsa
b) Verdadera	e) Verdadera	h) Falsa	k) Verdadera
c) Verdadera	f) Verdadera	i) Falsa	

SOLUCIÓN AL CUESTIONARIO

Cuestión 1

¿Cuál es el resultado de este programa?

```java
public class Test {
    Test(int x, int y){
        System.out.println("x = "+ x + " y = " +y);
    }
    Test(int x, float y){
        System.out.println("x = "+ x + " y = " +y);
    }

    public static void main(String[] args) {
        byte x = 30;
        byte y = 65;
        Test test = new Test(x,y);
    }

}
```

☒ a = 65, b = 30

Cuestión 2

¿Cuál es la salida de este programa?

```java
int a=10,b=8;
if(a>b) System.out.println("El mayor es "+b);
else System.out.println("El mayor es "+a);
```

☒ El mayor es 8

Cuestión 3

¿Qué es una clase?

☒ Es una fábrica de objetos.

Cuestión 4

La clase sirve para obtener las características de una clase.

☒ Verdadero.

Cuestión 5

Las interfaces en Java sirven para dar una mejor vista a sus programas.

☒ Falso.

Cuestión 6

¿Cuál es la función de un constructor?

☒ Para asignar valores a los datos del objeto.

Cuestión 7

¿Qué elementos definen a un objeto?

☒ Sus atributos y sus métodos.

Cuestión 8

¿Cuáles son los modificadores de acceso en Java?

☒ Público, privado, protegido y por defecto.

Cuestión 9

Para mostrar mensajes en pantalla se usa:

☒ System.out.println();

Cuestión 10

¿Qué es una excepción?

☒ Un error que lanza un método cuando algo va mal.

Cuestión 11

Las variables son datos que:

☒ Dato que puede cambiar.

Cuestión 12

¿Qué es el bytecode en Java?

☒ El formato que obtenemos al compilar un fuente .java

Cuestión 13

Para mostrar sólo dos decimales se usa:

☒ %2.f

Cuestión 14

¿Cuál es la estructura que permite inicializar el programa?

☒ void main.

Cuestión 15

¿Qué código asociarías a una Interfaz en Java?

☒ public class Componente implements Printable.

Cuestión 16

Un String es para definir variables o constantes de tipo:

☒ Carácter.

Cuestión 17

El llamado de una librería se hace usando el:

☒ import.

Cuestión 18

¿Qué significa sobrecargar (overload) un método?

☒ Crear un método con el mismo nombre pero diferentes argumentos.

Cuestión 19

El nombre de la clase debe ser diferente al paquete.

☒ No.

Cuestión 20

Las librerías se llaman dentro de:

☒ package.

SOLUCIONES UNIDAD 06

EJERCICIO P1: escribir un programa en Java que calcule la longitud (número de elementos) de una lista simplemente enlazada de enteros.

SOLUCIÓN:

```java
package propuestos;
import java.util.*;
class Nodo {
    int dato;
    Nodo sig;
    public Nodo(int x) {
        dato = x;
        sig = null;
    }
}
public class Ejer1 {
    protected Nodo primero;
    public Ejer1(){
        primero = null;
    }
    public int cantidad() {
        int cont=0;
        Nodo n = primero;
```

```java
        while (n!=null) {
            cont++;
            n=n.sig;
        }
        System.out.println("La lista tiene "+cont+" elementos");
        return cont;
    }
    public Nodo getUltimo(){
        Nodo n = primero; //primer nodo de la lista
        if (primero!= null){ //si la lista no vacia
            Nodo aux = primero.sig; //segundo nodo de la lista
            //recorres mientras el nodo aux no sea null
            while (aux!=null){ //avanzo n y aux una posición en lista
                n=n.sig;
                aux=aux.sig;
            }
        }
        return n;
    }
    public Ejer1 insertarUltimoLista(int entrada){
        //creamos el nodo nuevo
        Nodo nuevo = new Nodo(entrada);

        //llegar al último nodo de la lista
        Nodo ultimo = getUltimo();
        if(ultimo==null){
            insertarCabezaLista(entrada);
        }else
            ultimo.sig = nuevo;
        ultimo = nuevo; // ultimo.sig
        return this;
    }
    public Ejer1 insertarCabezaLista(int entrada) {
        //crear nodo
        Nodo nuevo = new Nodo(entrada);
        nuevo.sig = primero;
        primero = nuevo;
        return this;
    }
    public void visualizar(){
        //ejercicio propuesto: mostrar filas de 10 en 10 elementos
        Nodo n = primero;

        while (n!=null){
            System.out.print(n.dato+" ");
            n = n.sig;
        }
        System.out.println("");
    }
    public static void main(String[] args) {
```

```java
        Scanner teclado = new Scanner(System.in);
        Ejer1 lista = new Ejer1();
        int n=1;
        while(true){
            System.out.println("Introduce elementos a la lista, cuando quieras parar
introduce 0");
            n=teclado.nextInt();
            if (n==0) break;
            lista.insertarUltimoLista(n);
        }
        lista.visualizar();
        lista.cantidad();
    }
}
```

EJERCICIO P3: calcular la altura media de los alumnos de una clase.

SOLUCIÓN:

```java
    package tema6.Colecciones;

    import java.util.ArrayList;
    import java.util.Scanner;

    public class MediaArrayList {
        //Método para pedir por teclado el número de alumnos de la clase
        public static int numeroAlumnos() {
            Scanner sc = new Scanner(System.in);
            int n;
            do {
                System.out.print("Introduce número de alumnos: ");
                n = sc.nextInt();
            } while (n < 1);
            return n;
        }

        //Este método recibe el ArrayList y el número de alumnos de la clase
        //Pide por teclado la altura de todos los alumnos y las guarda en el ArrayList
        public static void leerAlturas(ArrayList<Double> a, int n) {
            Scanner sc = new Scanner(System.in);
            int i;
            double alto;
            for (i = 1; i <= n; i++) {
                do {
                    System.out.print("Alumno " + i + " altura: ");
                    alto = sc.nextDouble();
                } while (alto <= 0);
                a.add(alto); //añade la altura al final del ArrayList
            }
        }
```

```java
//Este método recibe el ArrayList con todas las alturas
//calcula y devuelve la media
public static double calcularMedia(ArrayList<Double> a) {
    double media = 0;
    for (Double d : a) {
        media = media + d;
    }
    return media / a.size();
}

//Muestra la altura de todos los alumnos, la media y calcula y muestra
//cuantos alumnos hay con altura superior a la media
//y cuántos con altura inferior
public static void mostrarResultados(ArrayList<Double> a, double media) {
    int superior = 0, inferior = 0;
    System.out.println("alturas introducidas: ");
    System.out.println(a);
    for (Double d : a) {
        if (d > media)
            superior++;
        else if (d < media)
            inferior++;
    }
    System.out.printf("Media: %.2f %n", media);
    System.out.println("Hay " + superior + " alumnos más altos que la media");
    System.out.println("Hay " + inferior + " alumnos más bajos que la media");
}


public static void main(String[] args) {
    //creamos el ArrayList que contendrá la altura de los alumnos
    ArrayList<Double> altura = new ArrayList();
    int N;
    double media;
    //obtenemos el número de alumnos de la clase
    N = numeroAlumnos();
    //leemos la altura de los N alumnos
    leerAlturas(altura, N);
    //calculamos la media
    media = calcularMedia(altura);
    //mostramos los resultados
    mostrarResultados(altura, media);
}
}
```

EJERCICIO P4: un cine de un pueblo pequeño nos propone hacer una aplicación para controlar las personas de una cola de un cine en los grandes estrenos de películas.

Un conjunto de personas esperará la **cola** para sacar una entrada, tendremos que calcular la entrada según la edad de la persona (mínimo 5 años). **Utiliza la ColaLista implementada en esta unidad para realizar las operaciones de la cola.**

La edad de las personas se genera aleatoriamente entre 5 y 60 años. Os recomiendo realizar un método en el main para generar Personas en la cola.

Al final, deberemos mostrar la **cantidad total recaudada**. El número de personas de la cola se elige al azar entre 0 y 50.

Os dejo la clase **Persona**. Solo tenéis que hacer el main.

```java
public class Persona {

    private int edad;

    /**
     * Constructor por defecto
     * @param edad
     */
    public Persona(int edad){
        this.edad=edad;
    }

    /**
     * Devuelve la edad
     * @return Edad actual
     */
    public int getEdad() {
        return edad;
    }

    /**
     * Modifica la edad
     * @param edad Valor edad
     */
    public void setEdad(int edad) {
        this.edad = edad;
    }

}
```

Te recomiendo usar un mensaje de traza para saber si la recaudación es correcta según la edad (opcional).

Recuerda que al final la lista debe quedar vacía, una vez que una persona paga su entrada ya no está en la cola.

Aquí os dejo la lista de precios:

EDAD	PRECIO
Entre 5 y 10 años	1 €
Entre 11 y 17 años	2.5 €
Mayor de 18 años	3.5 €

SOLUCIÓN:

```java
import tema6.Colas.ColaLista;
```

```java
public class CineApp {
    public static void main(String[] args) throws Exception {

        //Creamos la cola, al crearla ya creamos el numero de personas
        ColaLista<Persona> cola=new ColaLista<>();
        //Generamos la cola
        generarCola(cola);

        //Creamos variables que nos seran útiles
        double recaudacion;
        double recaudacionTotal=0;
        Persona espectadorActual;
        int edadActual;

        //Recorremos la cola
        while(!cola.colaVacia()){

            //"Atendemos" al espectador para que pague
            espectadorActual=(Persona) cola.frenteCola();
            edadActual=espectadorActual.getEdad();

            //Comprobamosla edad
            if(edadActual>=5 && edadActual<=10){ recaudacion=1; }else if(edadActual>=11
&& edadActual<=17){
                recaudacion=2.5;
            }else{
                recaudacion=3.5;
            }
            recaudacionTotal+=recaudacion;


            System.out.println("Una persona de "+edadActual+" años se le ha cobrado "
+recaudacion+ " euros");

            //Quitamos al espectador de la cola
            //Tambien hemos podido usar al principio el método devolverYBorrarPrimero();
            cola.quitar();

        }

        //Mostramos el resultado
        System.out.println("La recaudación es de "+recaudacionTotal+" euros");

    }

    /**
     * Genera una cola de personas
     * @param cola
     */
```

```java
public static void generarCola(ColaLista<Persona> cola){

    int numeroPersonas=generaNumeroAleatorio(1,50);

    for(int i=0;i<numeroPersonas;i++){
        cola.insertar(new Persona(generaNumeroAleatorio(5, 60)));
    }

}

/**
 * Genera un numero aleatorio entre dos numeros.
 * Entre el minimo y el maximo incluidos
 * @param minimo Número mínimo
 * @param maximo Número máximo
 * @return Número entre minimo y maximo
 */
public static int generaNumeroAleatorio(int minimo, int maximo){

    int num=(int)Math.floor(Math.random()*(minimo-(maximo+1))+(maximo+1));
    return num;
}


}
```

EJERCICIO P5: resolver ejercicio anterior Utilizando ArrayList y la misma clase Persona del ejercicio anterior.

SOLUCIÓN:

```java
import java.util.ArrayList;
import java.util.Iterator;

/**
 * @author Isabel
 */
public class CineApp2 {

    public static void main(String[] args) {

        //Creamos la cola, al crearla ya creamos el numero de personas
        ArrayList<Persona> cola=new ArrayList<>();

        generarCola(cola);

        //Creamos variables que nos seran útiles
        double recaudacion;
        double recaudacionTotal=0;
        Persona espectadorActual;
        int edadActual;
```

```java
        //Creamos el iterator
        Iterator<Persona> it=cola.iterator();

        //Recorremos la cola
        while (it.hasNext()) {

            espectadorActual=it.next();

            //"Atendemos" al espectador para que pague
            edadActual=espectadorActual.getEdad();

            //Comprobamosla edad
            if (edadActual >= 5 && edadActual <= 10) {
                recaudacion=1;
            } else if (edadActual >= 11 && edadActual <= 17) {
                recaudacion=2.5;
            } else {
                recaudacion=3.5;
            }

            recaudacionTotal+=recaudacion;

            System.out.println("Una persona de " + edadActual + " años se le ha cobrado
" + recaudacion + " euros");

        }

        //Mostramos el resultado
        System.out.println("La recaudación es de " + recaudacionTotal + " euros");

    }

    public static void generarCola(ArrayList<Persona> cola) {

        int numeroPersonas=generaNumeroAleatorio(1, 50);

        for (int i=0; i < numeroPersonas; i++) {
            cola.add(new Persona(generaNumeroAleatorio(5, 60)));
        }
    }

    /**
     * Genera un numero aleatorio entre dos numeros.
     * Entre el minimo y el maximo incluidos
     *
     * @param minimo Número mínimo
     * @param maximo Número máximo
     * @return Número entre minimo y maximo
     */
```

```java
    public static int generaNumeroAleatorio(int minimo, int maximo) {

        int num=(int) Math.floor(Math.random() * (minimo - (maximo + 1)) + (maximo + 1));
        return num;
    }

}
```

EJERCICIO P6: la aplicación debe almacenar Productos (clase), cada producto al crearse contiene una cantidad, un precio (estos dos generados aleatoriamente). El nombre del producto será básico (producto1, producto2, producto3, etc.).

Te dejo la clase Producto, solo agrégala a tu proyecto

```java
public class Producto {

    private int cantidad;
    private double precio;

    /**
     * Constructor por defecto
     * @param cantidad
     * @param precio
     */
    public Producto(int cantidad, double precio){
        this.cantidad=cantidad;
        this.precio=precio;
    }

    /**
     * Devuelve la cantidad de productos
     * @return Cantidad de producto
     */
    public int getCantidad() {
        return cantidad;
    }

    /**
     * Devuelve el precio
     * @return Precio del producto
     */
    public double getPrecio() {
        return precio;
    }

    /**
     * Devuelve el precio final que tiene un producto
     * @return precio final
     */
    public double precioFinal(){
```

```
        //Formateamos el precio final por problemas de precision
        DecimalFormat df=new DecimalFormat("#,##");
        return Double.parseDouble(df.format(this.precio * this.cantidad));
    }

}
```

El precio ya viene con los impuestos incluidos.

Calcular el precio total de una lista de entre 1 y 8 productos (aleatorio). Mostrar un ticket con todo lo vendido y el precio final como se hacen en los supermercados. Más o menos con este formato, lo importante son los datos, no el estilo:

```
***********Cantidad****Precio*****Total
Producto1        5         3.5        17.5
Producto2        7         2.5        17.5
Precio final                         35
```

SOLUCIÓN:

```java
import java.text.DecimalFormat;

/**
 * @author Isabel
 */
public class Producto {

    private int cantidad;
    private double precio;

    /**
     * Constructor por defecto
     * @param cantidad
     * @param precio
     */
    public Producto(int cantidad, double precio){
        this.cantidad=cantidad;
        this.precio=precio;
    }

    /**
     * Devuelve la cantidad de productos
     * @return Cantidad de producto
     */
    public int getCantidad() {
        return cantidad;
    }

    /**
     * Devuelve el precio
```

```
    * @return Precio del producto
    */
public double getPrecio() {
    return precio;
}

/**
 * Devuelve el precio final que tiene un producto
 * @return precio final
 */
public double precioFinal(){

    //Formateamos el precio final por problemas de precision
    DecimalFormat df=new DecimalFormat("#,##");
    return Double.parseDouble(df.format(this.precio * this.cantidad));
}

}
```

Implementación de la lista enlazada:

El nodo que enlaza la lista

```
package tema6.Lista;

public class Nodo {
    Object elemento;
    Nodo siguiente;

    Nodo(Object x){
        elemento = x;
        siguiente = null;
    }

    public Object getElemento() {
        return elemento;
    }

    public void setElemento(Object elemento) {
        this.elemento=elemento;
    }

    public Object getSiguiente() {
        return siguiente;
    }

    public void setSiguiente(Nodo siguiente) {
        this.siguiente=siguiente;
    }
}
```

La lista:

```java
package tema6.Lista;
public class ListaEnlazada {
    Object primero;

    //crear la lista vacía
    public ListaEnlazada() {
        primero=null;
    }

    //ver si lista vacía
    public boolean estaVacia() {
        return primero == null;
    }

    public Object getPrimero() {
        return primero;
    }

    //devuelve el último nodo de la lista
    public Object getUltimo() {
        Nodo n =(Nodo) primero; // primer nodo de la lista

        if (primero != null) { //si lista no vacía
            Nodo aux=((Nodo) primero).siguiente; //segundo nodo de la lista

            //recorres mientras el nodo aux no sea null
            while (aux != null) { //avanzo n y aux una posición en lista
                n=n.siguiente;
                aux=aux.siguiente;
            }
        }
        return n;
    }

    //añadir un nodo al final de la lista
    public ListaEnlazada insertarUltimoLista(Object entrada) {
        //creamos el nodo nuevo
        Nodo nuevo=new Nodo(entrada);

        //llegar al último nodo de la lista
        Nodo ultimo=(Nodo) getUltimo();

        ultimo.siguiente=nuevo;
        ultimo=nuevo;
        return this;
    }

    //buscar un elemento en la lista
    public Object buscarLista(Object destino) {
```

```java
    Nodo indice; //para recorrer la lista

    for (indice=(Nodo) primero; indice != null; indice=indice.siguiente) {
        if (destino.equals(indice.elemento))
            return indice;
    }
    return null; //no se encuentra el nodo con elemento= destino
}

//insertar al principio o cabeza de la lista
public ListaEnlazada insertarCabezaLista(Object entrada) {
    //crear nodo
    Nodo nuevo=new Nodo(entrada);
    nuevo.siguiente=(Nodo) primero;
    primero=nuevo;
    return this;
}

//buscar un nodo en una lista
//busca un nodo en una lista
public Nodo buscarLista(Nodo destino) {
    Nodo indice;
    for (indice=(Nodo)primero; indice != null; indice=indice.siguiente)
        if (destino.equals(indice.elemento))
            return indice;

    return null;
}

/* public Nodo buscarNodo(Object n){
    Nodo indice;

    if (n==null ) return null;
    indice = primero;

    while ((!indice.equals(n)) && indice!= null)
        indice = indice.siguiente;

    return indice;
 }*/
//insertar en el medio detrás de una posiciòn
public ListaEnlazada insertarCentro(Object posicion, Object entrada) {
    Nodo nuevo=new Nodo(entrada);

    if (posicion == null)
        insertarCabezaLista(entrada);
    else {
        //Nodo anterior = buscarNodo(posicion);
        Nodo anterior=(Nodo)buscarLista(posicion);
```

```java
            nuevo.siguiente=anterior.siguiente;
            anterior.siguiente=nuevo;
        }
        return this;

    }
    /**
     * Inserta un objeto al principio de la lista
     * @param t Dato insertado
     */
    public void insertarPrimero(Object t){
        Nodo nuevo = new Nodo(t);

        if (!estaVacia()){
            //Sino esta vacia, el primero actual pasa a ser
            // el siguiente de nuestro nuevo nodo
            nuevo.setSiguiente((Nodo) primero);
        }

        //el primero apunta al nodo nuevo
        primero=nuevo;

    }
    /**
     * Inserta al final de la lista un objeto
     *
     * @param t Dato insertado
     */
    public void insertarUltimo(Object t) {

        Nodo aux=new Nodo(t);
        Nodo rec_aux;

        if (estaVacia()) {
            insertarPrimero(t);
        } else {
            rec_aux=(Nodo)primero;

            //Buscamos el ultimo nodo
            while (rec_aux.getSiguiente() != null) {
                rec_aux =(Nodo) rec_aux.getSiguiente();
            }

            //Actualizamos el siguiente del ultimo
            rec_aux.setSiguiente(aux);
        }
    }
    /**
     * Devuelve el primer elemento de la lista
     * @return Primer elemento, null si esta vacia
```

```java
    */
    public Object devolverPrimero(){
        Nodo elemen = null;
        if (!estaVacia()){
            elemen = (Nodo) primero;
        }
        return  elemen;
    }

    /**
     * Quita el primer elemento de la lista
     */
    public void quitarPrimero(){
        Nodo aux;
        if (!estaVacia()){
            aux=(Nodo) primero;
            primero = (Nodo) ((Nodo) primero).getSiguiente();
            aux=null; //Lo marcamos para el recolector de basura
        }
    }

    /**
     * Quita el ultimo elemento de la lista
     */
    public void quitarUltimo(){
        Nodo aux=(Nodo)primero;
        if(aux.getSiguiente()==null)
            //Aqui entra, si la lista tiene un elemento
            primero = null;
        if(!estaVacia()) {
            aux= (Nodo)primero;

            //Buscamos el penultimo, por eso hay dos getSiguiente()
            while(((Nodo)aux.getSiguiente()).getSiguiente() != null){
                aux=(Nodo)aux.getSiguiente();
            }

            //Marcamos el siguiente del antepenultimo como nulo, eliminando el ultimo
            aux.setSiguiente(null);
        }

    }
    /**
     * Devuelve el primer elemento y lo borra de la lista
     * @return Primer elemento
     */
    public Object devolverYBorrarPrimero(){

        Nodo dato=(Nodo)devolverPrimero();
        quitarPrimero();
```

```java
        return dato;
    }
    public void visualizar() {
        Object n=primero;

    //  while (n != null) {
            System.out.print(n + " ");
        //   n = n.siguiente;
        //}
    }
}
```

El programa principal:

```java
package tema6.Ejercicios;
import tema6.Lista.*;

public class SupermercadoApp {
    public static void main(String[] args) {

        //Creamos la lista de productos
        ListaEnlazada productos=new ListaEnlazada();

        //Generamos los productos
        generarProductos(productos);

        //Declaramos variables que necesitaremos
        String ticket="***********Cantidad***Precio***Total \n";
        double precioTotal=0;
        Producto productoActual;
        int i = 0;

        //Recorremos la lista
        while(!productos.estaVacia()){
            Nodo aux =  (Nodo) productos.devolverYBorrarPrimero();

            productoActual =(Producto) aux.getElemento();
            precioTotal+=productoActual.precioFinal();
            ticket+="Producto"+(i+1)+"\t\t" + productoActual.getCantidad()+
                    "\t\t"+productoActual.getPrecio()+
                    "\t\t"+productoActual.precioFinal()+"\n";
            i++;

        }

        ticket+="Precio final\t\t\t"+ precioTotal;

        System.out.println(ticket);

    }
```

```java
/**
 * Genera productos que se almacenan en la lista
 * @param lista
 */
public static void generarProductos(ListaEnlazada lista){

    int numeroPersonas=generaNumeroAleatorio(1,8);

    int cantidad;
    double precio;

    for(int i=0;i<numeroPersonas;i++){
        cantidad=generaNumeroAleatorio(1,10);;
        precio=generaNumeroRealAleatorio(0.05, 50);
        lista.insertarUltimo(new Producto(cantidad, precio));
    }


}


/**
 * Genera un numero aleatorio entre dos numeros.
 * Entre el minimo y el maximo incluidos
 * @param minimo Número mínimo
 * @param maximo Número máximo
 * @return Número entre minimo y maximo
 */
public static int generaNumeroAleatorio(int minimo, int maximo){

    int num=(int)Math.floor(Math.random()*(minimo-(maximo+1))+(maximo+1));
    return num;
}


/**
 * Genera un numero aleatorio entre dos numeros reales.
 * Entre el minimo y el maximo incluidos
 * Devuelve un numero con dos decimales.
 * @param minimo Número mínimo
 * @param maximo Número máximo
 * @return Número entre minimo y maximo
 */
public static double generaNumeroRealAleatorio(double minimo, double maximo){

    double num=Math.rint(Math.floor(Math.random()*(minimo-((maximo*100)+1))+((maxi
mo*100)+1)))/100;
    return num;

}


}
```

Ejemplo de ejecución:

```
un:     SupermercadoApp ×
        "C:\Program Files\Java\jdk-11.0.5\bin\java.exe" "-javaagent:C:\Progr
        ************Cantidad***Precio***Total
        Producto1       6       35.41       2.12
        Producto2       9       28.58       2.57
        Producto3       5       31.94       1.6
        Producto4       5       31.51       1.58
        Producto5       5       11.59       58.0
        Precio final            65.87

        Process finished with exit code 0
```

EJERCICIO P7: ejercicio del supermercado, pero con ArrayList.

SOLUCIÓN:

```java
import java.util.ArrayList;
import java.util.Iterator;

/**
 * @author Isabel
 */
public class SupermercadoApp2 {

    /**
     * @param args the command line arguments
     */
    public static void main(String[] args) {

        //Creamos la lista de productos
        ArrayList<Producto> productos=new ArrayList<>();

        //Generamos la cola
        generarProductos(productos);

        //Declaramos variables que necesitaremos
        String ticket="************Cantidad***Precio***Total\\n";
        double precioTotal=0;
        Producto productoActual;

        Iterator<Producto> it=productos.iterator();

        //Recorremos la lista
        for(int i=0;it.hasNext();i++){

            productoActual= it.next();
            precioTotal+=productoActual.precioFinal();
            ticket+="Producto"+(i+1)+"\t"+productoActual.getCantidad()
```

```java
                    +"\t"+productoActual.getPrecio()
                    +"\t"+productoActual.precioFinal()+"\n";

        }

        ticket+="Precio final\t \t \t"+precioTotal;

        System.out.println(ticket);

    }

/**
 * Genera productos que se almacenan en la lista
 * @param lista
 */
public static void generarProductos(ArrayList<Producto> lista){

    int numeroPersonas=generaNumeroAleatorio(1,8);

    int cantidad;
    double precio;

    for(int i=0;i<numeroPersonas;i++){
        cantidad=generaNumeroAleatorio(1,10);
        precio=generaNumeroRealAleatorio(0.05, 50);
        lista.add(new Producto(cantidad, precio));
    }

}

/**
 * Genera un numero aleatorio entre dos numeros.
 * Entre el minimo y el maximo incluidos
 * @param minimo Número mínimo
 * @param maximo Número máximo
 * @return Número entre minimo y maximo
 */
public static int generaNumeroAleatorio(int minimo, int maximo){

    int num=(int)Math.floor(Math.random()*(minimo-(maximo+1))+(maximo+1));
    return num;
}

/**
 * Genera un numero aleatorio entre dos numeros reales.
 * Entre el minimo y el maximo incluidos
 * Devuelve un numero con dos decimales.
 * @param minimo Número mínimo
 * @param maximo Número máximo
 * @return Número entre minimo y maximo
```

```java
    */
    public static double generaNumeroRealAleatorio(double minimo, double maximo){

        double num=Math.rint(Math.floor(Math.random()*(minimo-((maximo*100)+1))+((maxi
mo*100)+1)))/100;
        return num;

    }

}
```

SOLUCIONES UNIDAD 07

SOLUCIÓN EJERCICIO 1:

Libro.java

```java
package tema7.ejercicios.propuestos.E1;

public class Libro {

    /*Atributos*/
    private int ISBN;
    private String titulo;
    private String autor;
    private int numPaginas;

    /*Constructores*/

    public Libro(int pISBN, String pTitulo, String pAutor, int pNumPaginas){

        ISBN=pISBN;
        titulo=pTitulo;
        autor=pAutor;
        numPaginas=pNumPaginas;

    }

    /*Metodos*/

    public int getISBN() {
        return ISBN;
    }

    public void setISBN(int ISBN) {
        this.ISBN = ISBN;
    }

    public String getTitulo() {
```

```java
        return titulo;
    }

    public void setTitulo(String titulo) {
        this.titulo = titulo;
    }

    public String getAutor() {
        return autor;
    }

    public void setAutor(String autor) {
        this.autor = autor;
    }

    public int getNumPaginas() {
        return numPaginas;
    }

    public void setNumPaginas(int numPaginas) {
        this.numPaginas = numPaginas;
    }

    @Override
    public String toString(){
        return "El libro "+titulo+" con ISBN "+ISBN+""
                + " creado por el autor "+autor
                + " tiene "+numPaginas+" páginas";
    }
}
```

Ej1.java

```java
package tema7.ejercicios.propuestos.E1;

public class Ej1 {
    public static void main(String[] args) {

        //Creamos lo objetos
        Libro libro1=new Libro(1234567891, "titulo1", "autor1", 30);
        Libro libro2=new Libro(1234567892, "titulo2", "autor2", 60);

        //Mostramos su estado
        System.out.println(libro1.toString());
        System.out.println(libro2.toString());

        //Modificamos el atributo numPaginas del libro1
        libro1.setNumPaginas(70);

        //Comparamos quien tiene mas paginas
        if(libro1.getNumPaginas()>libro2.getNumPaginas()){
```

```
                System.out.println(libro1.getTitulo()+" tiene más páginas");
            }else{
                System.out.println(libro2.getTitulo()+" tiene más páginas");
            }


        }
    }
```

SOLUCIÓN EJERCICIO 2:

INTERFACES

PuedeCaminar.java

```
package propuestos.animales;
//Ejercicio 2. IBG
// Interfaz
public interface PuedeCaminar
{
public void caminar();
}
```

PuedeNadar.java

```
package propuestos.animales;

//Ejercicio 2. IBG
// Interfaz
public interface PuedeNadar
{
    public void nadar();
}
```

PuedeVolar.java

```
package propuestos.animales;

//Ejercicio 2. IBG
// Interfaz
public interface PuedeVolar
{
    public void volar();
}
```

SUPERCLASES

Mamifero.java

```
package propuestos.animales;

//superclase Mamifero
public class Mamifero implements PuedeCaminar
{
```

```java
    String especie;
    String color;

    // getters
    public String getEspecie() {
        return especie;
    }

    public String getColor() {
        return color;
    }

    //setters
    public void setEspecie(String especie) {
        this.especie = especie;
    }
    public void setColor(String color) {
        this.color = color;
    }

    // constructor
    Mamifero()
    {
        System.out.println("Contructor Mamifero");
    }

    public void caminar()
    {
        System.out.println("Mamifero: Puedo caminar");
    }
}
```

Aves.java

```java
package propuestos.animales;

//superclase
public class Aves implements PuedeCaminar
{
    String especie;
    String color;

    //getters
    public String getEspecie(){
        return especie;
    }

    public String getColor(){
        return color;
    }
```

```java
    //setters
    public void setEspecie(String especie){
        this.especie = especie;
    }

    public void setColor(String color){
        this.color = color;
    }

    //Constructor
    Aves()
    {
        System.out.println("Contructor ave");
    }

    public void caminar()
    {
        System.out.println("Aves: Puedo caminar");
    }
}
```

DERIVADAS

Felinos.java

```java
package propuestos.animales;
// Mamifero --> Felinos
public class Felinos extends Mamifero implements PuedeNadar
{
    //constructor
    Felinos()
    {
        System.out.println("Contructor Felinos");
    }

    public void caminar ()
    {
        System.out.println("El felino CAMINA");
    }

    public void nadar ()
    {
        System.out.println("El felino NADA, aunque si puede huye del agua");
    }
}
```

Gato.java

```java
package propuestos.animales;
// MAMIFERO --> FELINOS --> GATO
public class Gato extends Felinos
{
```

```java
    int patas;
    boolean salvaje;

    //getters
    public int getPatas() {
        return patas;
    }
    public boolean isSalvaje()      {
        return salvaje;
    }

    //setters
    public void setPatas(int patas) {
        this.patas = patas;
    }

    public void setSalvaje(boolean salvaje) {
        this.salvaje = salvaje;
    }

    //constructor
        Gato(){
            System.out.println("Contructor Gato");
        }

        public void caminar () {
            System.out.println("El Gato CAMINA");
        }

        public void nadar() {
            System.out.println("El Gato NADA");
        }
}
```

Tigre.java

```java
package propuestos.animales;

// MAMIFERO --> FELINOS --> TIGRE
public class Tigre extends Felinos {
    int patas;
    boolean salvaje;

    //getters
    public int getPatas() {
        return patas;
    }

    public boolean isSalvaje() {
        return salvaje;
    }
```

```java
    //setters
    public void setPatas(int patas) {
        this.patas=patas;
    }

    public void setSalvaje(boolean salvaje) {
        this.salvaje=salvaje;
    }

    //constructor
    Tigre() {
        System.out.println("Contructor Tigre");
    }

    public void caminar() {
        System.out.println("El Tigre CAMINA");
    }

    public void nadar() {
        System.out.println("El Tigre NADA");
    }
}
```

Murcielago.java

```java
package propuestos.animales;
// MAMIFERO --> FELINOS --> MURCIELAGO
public class Murcielago extends Mamifero implements PuedeVolar {
    int patas;
    boolean salvaje;

    //getters
    public int getPatas() {
        return patas;
    }

    public boolean isSalvaje() {
        return salvaje;
    }

    //setters
    public void setPatas(int patas) {
        this.patas=patas;
    }

    public void setSalvaje(boolean salvaje) {
        this.salvaje=salvaje;
    }

    //constructor
```

```java
    Murcielago() {
        System.out.println("Contructor Murciélago");
    }

    public void caminar() {
        System.out.println("El Murciélago CAMINA");
    }

    public void volar() {

        System.out.println("El Murciélago VUELA");
    }
}
```

Loro.java

```java
package propuestos.animales;

//AVES --> LORO
public class Loro extends Aves {
    boolean salvaje;

    //getter y setter
    public boolean isSalvaje() {
        return salvaje;
    }

    public void setSalvaje(boolean salvaje) {
        this.salvaje=salvaje;
    }

    //constructor
    Loro() {
        System.out.println("Contructor Loro");
    }

    public void caminar() {
        System.out.println("El Loro CAMINA");
    }

    public void volar() {
        System.out.println("El Loro VUELA");
    }
}
```

Avestruz.java

```java
package propuestos.animales;

//AVES --> AVESTRUZ
public class Avestruz extends Aves {
    boolean salvaje;
```

```java
    // getter y setter
    public boolean isSalvaje() {
        return salvaje;
    }

    public void setSalvaje(boolean salvaje) {
        this.salvaje=salvaje;
    }

    //constructor
    Avestruz() {
        System.out.println("Contructor avestruz");
    }

    public void caminar() {
        System.out.println("El avestruz CAMINA");
    }
}
```

SOLUCIÓN EJERCICIO 3:

En la clase Polideportivo hay una relación semejante a la herencia múltiple, pues implementa las dos interfaces Edificio e InstalacionDeportiva. La clase EdificioDeOficinas, por otro lado, sólo implementa la interface Edificio, por lo que su "herencia" es simple.

Interface InstalacionDeportiva.java

```java
public interface InstalacionDeportiva {
    int getTipoInstalacion ();
}
```

Interface Edificio.java

```java
public interface Edificio {
    double getSuperficieEdificio();

    String toString();
}
```

Clase Polideportivo.java

```java
public class Polideportivo implements InstalacionDeportiva, Edificio {
    private double largo;
    private double ancho;
    private String nombre;
    private String tipoInstalacion;

    public Polideportivo () {
        largo = 0;
        ancho = 0;
        nombre = "";
        tipoInstalacion = "";
```

```java
    }

    public Polideportivo (double largo, double ancho, String nombre, String
tipoInstalacion) {
        this.largo = largo;
        this.ancho = ancho;
        this.nombre = nombre;
        this.tipoInstalacion = tipoInstalacion;
    }

    public void setLargo (double largo) {
        this.largo = largo;
    }

    public void setAncho (double ancho) {
        this.ancho = ancho;
    }

    public void setNombre (String nombre) {
        this.nombre = nombre;
    }

    public void setTipoInstalacion (String tipoInstalacion) {
        this.tipoInstalacion = tipoInstalacion;
    }

    public double getLargo () {
        return largo;
    }

    public double getAncho () {
        return ancho;
    }

    public String getNombre () {
        return nombre;
    }

    public double getSuperficieEdificio () {
        return ancho * largo;
    }

    public int getTipoInstalacion () {
        if (tipoInstalacion.equals("Techado")) {
            return 1;
        } else if (tipoInstalacion.equals("Abierto")) {
            return 2;
        } else {
            return 3;
        }
```

```java
    }

    public String toString () {
        return "\"Polideportivo " + getNombre() + "\": Posee una superficie de " +
getSuperficieEdificio() + " metros, y es de tipo " + tipoInstalacion;
    }
}
```

Clase EdificioDeOficinas.java

```java
public class EdificioDeOficinas implements Edificio {
    private int numeroDeOficinas;
    private double ancho;
    private double largo;
    private int numeroDePisos;

    public EdificioDeOficinas () {
        numeroDeOficinas = 0;
        ancho = 0;
        largo = 0;
        numeroDePisos = 0;
    }

    public EdificioDeOficinas (int numeroDeOficinas, double ancho, double largo, int
numeroDePisos) {
        this.numeroDeOficinas = numeroDeOficinas;
        this.ancho = ancho;
        this.largo = largo;
        this.numeroDePisos = numeroDePisos;
    }

    public void setNumeroDeOficinas (int numeroDeOficinas) {
        this.numeroDeOficinas = numeroDeOficinas;
    }

    public void setAncho (double ancho) {
        this.ancho = ancho;
    }

    public void setLargo (double largo) {
        this.largo = largo;
    }

    public void setNumeroDePisos (int numeroDePisos) {
        this.numeroDePisos = numeroDePisos;
    }

    public int getNumeroDeOficinas () {
        return numeroDeOficinas;
    }
```

```java
    public double getLargo () {
        return largo;
    }

    public double getAncho () {
        return ancho;
    }

    public int getNumeroDePisos () {
        return numeroDePisos;
    }

    public double getSuperficieEdificio () {
        return ancho * largo * numeroDePisos;
    }

    public String toString () {
        return "Edificio de " + getSuperficieEdificio() + " metros de superficie, con " +
getNumeroDePisos() + " pisos, que alojan a " + getNumeroDeOficinas() + " oficinas";
    }
}
```

Clase TestConstrucciones.java

```java
import java.util.List;
import java.util.ArrayList;
import java.util.Iterator;

public class TestConstrucciones {
    public static void main (String [] args) {
        List <Edificio> listaEdificios = new ArrayList <Edificio> ();

        Edificio poli1 = new Polideportivo (180.6, 25.7, "Municipal", "Techado");
        Edificio poli2 = new Polideportivo (205.8, 52, "Central", "Abierto");
        Edificio poli3 = new Polideportivo (190, 32, "Recrearte", "Techado");
        Edificio edi1 = new EdificioDeOficinas (52, 17.2, 55, 10);
        Edificio edi2 = new EdificioDeOficinas (109, 153.2, 290, 5);

        listaEdificios.add(poli1);
        listaEdificios.add(poli2);
        listaEdificios.add(poli3);
        listaEdificios.add(edi1);
        listaEdificios.add(edi2);

        Iterator <Edificio> it = listaEdificios.iterator ();
        while (it.hasNext()) {
            Edificio tmp = it.next();
            System.out.println (tmp.toString());
        }
    }
}
```

SOLUCIÓN EJERCICIO 4:

Primero escribimos el código de la clase Empleado que es la Clase Base:

```
//Clase Empleado. Clase Base de la jerarquía
public class Empleado {
    private String nombre;

    //constructor por defecto
    public Empleado() {
    }

    //constructor con un parámetro
    public Empleado(String nombre) {
        this.nombre = nombre;
        System.out.println("Constructor de Empleado " + nombre);
    }

    //métodos get y set
    public String getNombre() {
        return nombre;
    }
    public void setNombre(String nombre) {
        this.nombre = nombre;
    }

    //método toString()
    //devuelve un String formado por la palabra "Empleado" y el nombre de empleado
    @Override
    public String toString() {
        return "Empleado " + nombre;
    }
}
```

A continuación, escribimos el código de las Clases Derivadas.

La primera que vamos a crear es la clase Operario que hereda de forma directa de la clase Empleado. Recuerda que en Java la herencia se expresa mediante la palabra *extends*: Operario extends Empleado indica que la clase Operario deriva o hereda de la clase Empleado.

La clase Operario hereda de Empleado el atributo nombre, los métodos get/set y el método toString(). El constructor de la clase recibe el nombre del empleado y lo pasa al constructor de la clase Base mediante la instrucción super(nombre).

En esta clase se modifica (override) el método toString() heredado de la clase base para que muestre un mensaje como pide el ejercicio.

```
//Clase Operario. Clase derivada de la clase Empleado
public class Operario extends Empleado{

    //constructor con un parámetro
    public Operario(String nombre) {
        super(nombre);
```

```java
        System.out.println("Constructor de Operario");
    }

    //constructor por defecto
    public Operario() {
    }

    //modificación del método toString() para mostrar el mensaje adecuado
    @Override
    public String toString() {
        return super.toString() + " -> Operario";
    }

}
```

Ahora escribimos el código de la clase Oficial que hereda de la clase Operario.

La clase Oficial hereda de Operario el atributo nombre, los métodos get/set y el método toString().

El constructor de la clase recibe el nombre del empleado y lo pasa al constructor de su clase Base, en este clase la clase Operario, mediante la instrucción super(nombre).

En esta clase también se modifica el método toString() heredado de su clase base para que muestre un mensaje como pide el ejercicio.

```java
//Clase Oficial. Clase derivada de la clase Operario
public class Oficial extends Operario{

    public Oficial() {
    }

    public Oficial(String nombre) {
        super(nombre);
        System.out.println("Constructor de Oficial");
    }

    @Override
    public String toString() {
        return super.toString() + " -> Oficial";
    }
}
```

El código Java del resto de las clases es similar a estos.

```java
//Clase Directivo. Clase derivada de la clase Empleado
public class Directivo extends Empleado{

    public Directivo() {
    }

    public Directivo(String nombre) {
        super(nombre);
        System.out.println("Constructor de Directivo");
    }
```

```java
    @Override
    public String toString() {
        return super.toString() + " -> Directivo";
    }
}

//Clase Tecnico. Clase derivada de la clase Operario
public class Tecnico extends Operario{

    public Tecnico() {
    }

    public Tecnico(String nombre) {
        super(nombre);
        System.out.println("Constructor de Tecnico");
    }

    @Override
    public String toString() {
        return super.toString() + " -> Tecnico";
    }
}
```

SOLUCIÓN EJERCICIO P5:

Entregable.java

```java
package propuestos.videojuegos;

public interface Entregable {

    public void entregar();

    public void devolver();

    public boolean isEntregado();

    public int compareTo(Object a);
}
```

Serie.java

```java
/**
 * Clase Serie
 *
 * Contiene informacion sobre una serie (en general)
 *
 */
public class Serie implements Entregable{

    //Constantes
```

```java
/**
 * Numero de temporadas por defecto
 */
private final static int NUM_TEMPORADAS_DEF=3;

/**
 * Constante que indica que un objeto es mayor que otro
 */
public final static int MAYOR=1;

/**
 * Constante que indica que un objeto es menor que otro
 */
public final static int MENOR=-1;

/**
 * Constante que indica que un objeto es igual que otro
 */
public final static int IGUAL=0;

//Atributos

/**
 * Titulo de la serie
 */
private String titulo;

/**
 * Numero de temporadas de la serie
 */
private int numeroTemporadas;

/**
 * Indica si esta entregado la serie
 */
private boolean entregado;

/**
 * Genero de la serie
 */
private String genero;

/**
 * Creador de la serie
 */
private String creador;

//Métodos publicos
```

```java
/**
 * Devuelve el titulo de la serie
 * @return titulo de la serie
 */
public String getTitulo() {
    return titulo;
}

/**
 * Modifica el titulo de la serie
 * @param titulo a cambiar
 */
public void setTitulo(String titulo) {
    this.titulo = titulo;
}

/**
 * Devuelve la numeroTemporadas de la serie
 * @return numeroTemporadas de la serie
 */
public int getnumeroTemporadas() {
    return numeroTemporadas;
}

/**
 * Modifica la numeroTemporadas de la serie
 * @param numeroTemporadas a cambiar
 */
public void setnumeroTemporadas(int numeroTemporadas) {
    this.numeroTemporadas = numeroTemporadas;
}

/**
 * Devuelve el genero de la serie
 * @return genero de la serie
 */
public String getGenero() {
    return genero;
}

/**
 * Modifica el genero de la serie
 * @param genero a cambiar
 */
public void setGenero(String genero) {
    this.genero = genero;
}

/**
 * Devuelve el creador de la serie
```

```java
     * @return creador de la serie
     */
    public String getcreador() {
        return creador;
    }

    /**
     * Modifica el creador de la serie
     * @param creador a cambiar
     */
    public void setcreador(String creador) {
        this.creador = creador;
    }

    /**
     * Cambia el estado de entregado a true
     */
    public void entregar() {
        entregado=true;
    }

    /**
     * Cambia el estado de entregado a false
     */
    public void devolver() {
        entregado=false;
    }

    /**
     * Indica el estado de entregado
     */
    public boolean isEntregado() {
        if(entregado){
            return true;
        }
        return false;
    }

    /**
     * Compara dos series segun su numero de temporadas
     * @param objeto a comparar
     * @return codigo numerico
     * <ul>
     * <li>1: La Serie 1 es mayor que la Serie 2</li>
     * <li>0: Las Series son iguales</li>
     * <li>-1: La Serie 1 es menor que la Serie 2</li></ul>
     */
    public int compareTo(Object a) {
        int estado=MENOR;
```

```java
        //Hacemos un casting de objetos para usar el metodo get
        Serie ref=(Serie)a;
        if (numeroTemporadas>ref.getnumeroTemporadas()){
            estado=MAYOR;
        }else if(numeroTemporadas==ref.getnumeroTemporadas()){
            estado=IGUAL;
        }

        return estado;
    }

    /**
     * Muestra informacion de la Serie
     * @return cadena con toda la informacion de la Serie
     */
    public String toString(){
        return "Informacion de la Serie: \n" +
                "\tTitulo: "+titulo+"\n" +
                "\tNumero de temporadas: "+numeroTemporadas+"\n" +
                "\tGenero: "+genero+"\n" +
                "\tCreador: "+creador;
    }

    /**
     * Indica si dos Series son iguales, siendo el titulo y creador iguales
     * @param a Serie a comparar
     * @return true si son iguales y false si son distintos
     */
    public boolean equals(Serie a){
        if (titulo.equalsIgnoreCase(a.getTitulo()) && creador.equalsIgnoreCase(a.
getcreador())){
            return true;
        }
        return false;
    }

    //Constructor

    /**
     * Constructor por defecto
     */
    public Serie(){
        this("",NUM_TEMPORADAS_DEF, "", "");
    }

    /**
     * Contructor con 2 parametros
     * @param titulo de la Serie
     * @param creador de la Serie
     */
```

```java
    public Serie(String titulo, String creador){
        this(titulo,NUM_TEMPORADAS_DEF, "", creador);
    }

    /**
     * Constructor con 4 parametros
     * @param titulo de la Serie
     * @param numeroTemporadas de la Serie
     * @param genero de la Serie
     * @param creador de la Serie
     */
    public Serie(String titulo, int numeroTemporadas, String genero, String creador){
        this.titulo=titulo;
        this.numeroTemporadas=numeroTemporadas;
        this.genero=genero;
        this.creador=creador;
        this.entregado=false;
    }

}
```

Videojuego.java

```java
package propuestos.videojuegos;

/**
 *
 * Clase videojuego
 *
 * Contiene la informacion sobre un videojuego
 */
public class Videojuego implements Entregable{

    //Constantes

    /**
     * Horas estimadas por defecto
     */
    private final static int HORAS_ESTIMADAS_DEF=100;

    /**
     * Constante que indica que un objeto es mayor que otro
     */
    public final static int MAYOR=1;

    /**
     * Constante que indica que un objeto es menor que otro
     */
    public final static int MENOR=-1;

    /**
```

```java
 * Constante que indica que un objeto es igual que otro
 */
public final static int IGUAL=0;

//Atributos

/**
 * Titulo del videojuego
 */
private String titulo;

/**
 * Horas estimadas del videojuego
 */
private int horasEstimadas;

/**
 * Indica si esta o no entregado el videojuego
 */
private boolean entregado;

/**
 * Genero del videojuego
 */
private String genero;

/**
 * Compañia del videojuego
 */
private String compañia;

//Métodos publicos

/**
 * Devuelve el titulo del videojuego
 * @return titulo del videojuego
 */
public String getTitulo() {
    return titulo;
}

/**
 * Modifica el titulo del videojuego
 * @param titulo a cambiar
 */
public void setTitulo(String titulo) {
    this.titulo = titulo;
}

/**
```

```java
 * Devuelve el numero de paginas del videojuego
 * @return numero de paginas del videojuego
 */
public int getHorasEstimadas() {
    return horasEstimadas;
}

/**
 * Modifica el numero de paginas del videojuego
 * @param horasEstimadas
 */
public void setHorasEstimadas(int horasEstimadas) {
    this.horasEstimadas = horasEstimadas;
}

/**
 * Devuelve el genero del videojuego
 * @return genero del videojuego
 */
public String getGenero() {
    return genero;
}

/**
 * Modifica el genero del videojuego
 * @param genero a cambiar
 */
public void setGenero(String genero) {
    this.genero = genero;
}

/**
 * Devuelve compañia del videojuego
 * @return compañia del videojuego
 */
public String getcompañia() {
    return compañia;
}

/**
 * Modifica compañia del videojuego
 * @param compañia a cambiar
 */
public void setcompañia(String compañia) {
    this.compañia = compañia;
}

/**
 * Cambia el estado de entregado a true
 */
```

```java
@Override
public void entregar() {
    entregado=true;
}

/**
 * Cambia el estado de entregado a false
 */
@Override
public void devolver() {
    entregado=false;
}

/**
 * Indica el estado de entregado
 * @return
 */
@Override
public boolean isEntregado() {
    if(entregado){
        return true;
    }
    return false;
}

/**
 * Compara dos videojuegos segun el numero de paginas
 * @return codigo numerico
 * <ul>
 * <li>1: El videojuego 1 es mayor que el videojuego 2</li>
 * <li>0: Los videojuegos son iguales</li>
 * <li>-1: El videojuego 1 es menor que el videojuego 2</li></ul>
 */
@Override
public int compareTo(Object a) {
    int estado=MENOR;

    //Hacemos un casting de objetos para usar el metodo get
    Videojuego ref=(Videojuego)a;
    if (horasEstimadas>ref.getHorasEstimadas()){
        estado=MAYOR;
    }else if(horasEstimadas==ref.getHorasEstimadas()){
        estado=IGUAL;
    }

    return estado;
}

/**
 * Muestra informacion del videojuego
```

```java
     * @return cadena con toda la informacion del videojuego
     */
    @Override
    public String toString(){
        return "Informacion del videojuego: \n" +
                "\tTitulo: "+titulo+"\n" +
                "\tHoras estimadas: "+horasEstimadas+"\n" +
                "\tGenero: "+genero+"\n" +
                "\tcompañia: "+compañia;
    }

    /**
     * Indica si dos videojuegos son iguales, siendo el titulo y compañia iguales
     * @param a videojuego a comparar
     * @return true si son iguales y false si son distintos
     */
    public boolean equals(Videojuego a){
        if (titulo.equalsIgnoreCase(a.getTitulo()) && compañia.equalsIgnoreCase(a.
getcompañia())){
            return true;
        }
        return false;
    }

    //Constructor

    /**
     * Constructor por defecto
     */
    public Videojuego(){
        this("",HORAS_ESTIMADAS_DEF, "", "");
    }

    /**
     * Constructor con 2 parametros
     * @param titulo del videojuego
     * @param compañia del videojuego
     */
    public Videojuego(String titulo, String compañia){
        this(titulo,HORAS_ESTIMADAS_DEF, "", compañia);
    }

    /**
     * Constructor con 4 parametros
     * @param titulo del videojuego
     * @param horasEstimadas
     * @param genero del videojuego
     * @param compañia del videojuego
     */
    public Videojuego(String titulo, int horasEstimadas, String genero, String compañia)
```

```java
{
        this.titulo=titulo;
        this.horasEstimadas=horasEstimadas;
        this.genero=genero;
        this.compañia=compañia;
        this.entregado=false;
    }
}
```

PruebaSeriesVideojuegos.java

```java
package propuestos.videojuegos;

public class PruebaSeriesVideojuegos {
    public static void main(String[] args) {

        //Creamos dos arrays de cada tipo de objeto
        Serie listaSeries[]=new Serie[5];
        Videojuego listaVideojuegos[]=new Videojuego[5];

        //Creamos un objeto en cada posicion del array
        listaSeries[0]=new Serie();
        listaSeries[1]=new Serie("Juego de tronos", "George R. R. Martin ");
        listaSeries[2]=new Serie("Los Simpsons", 25, "Humor", "Matt Groening");
        listaSeries[3]=new Serie("Padre de familia", 12 ,"Humor", "Seth MacFarlane");
        listaSeries[4]=new Serie("Breaking Bad", 5, "Thriller", "Vince Gilligan");

        listaVideojuegos[0]=new Videojuego();
        listaVideojuegos[1]=new Videojuego("Assasin creed 2", 30, "Aventura", "EA");
        listaVideojuegos[2]=new Videojuego("God of war 3", "Santa Monica");
        listaVideojuegos[3]=new Videojuego("Super Mario 3DS", 30, "Plataforma",
"Nintendo");
        listaVideojuegos[4]=new Videojuego("Final fantasy X", 200, "Rol", "Square
Enix");

        //entregamos algunos videojuegos y series
        listaSeries[1].entregar();
        listaSeries[4].entregar();
        listaVideojuegos[0].entregar();
        listaVideojuegos[3].entregar();

        //Recorremos los arrays para contar cuantos entregados hay, tambien los
devolvemos

        int entregados=0;

        for(int i=0;i<listaSeries.length;i++){
            if(listaSeries[i].isEntregado()){
                entregados+=1;
                listaSeries[i].devolver();
```

```java
            }
            if(listaVideojuegos[i].isEntregado()){
                entregados+=1;
                listaVideojuegos[i].devolver();
            }
        }

        System.out.println("Hay "+entregados+" articulos entregados");

        //Creamos dos objetos con la primera posicion de cada array
        Serie serieMayor=listaSeries[0];
        Videojuego videojuegoMayor=listaVideojuegos[0];

        //Recorremos el array desde la posicion 1 (no 0), comparando el mayor con las
    posiciones del array
        for(int i=1;i<listaSeries.length;i++){
            if(listaSeries[i].compareTo(serieMayor)==Serie.MAYOR){
                serieMayor=listaSeries[i];
            }
            if(listaVideojuegos[i].compareTo(videojuegoMayor)==Videojuego.MAYOR){
                videojuegoMayor=listaVideojuegos[i];
            }

        }

        //Mostramos toda la informacion del videojuego y serie mayor
        System.out.println(videojuegoMayor);
        System.out.println(serieMayor);
    }
}
```

SOLUCIÓN EJERCICIO P6:

Raices.java

```java
    /**
        * Clase Raices
        * Representa una ecuacion de 2º grado
    */
public class Raices {

    /*Atributos*/
    private double a;
    private double b;
    private double c;

    /**
     * Ecuacion de 2º grado
     * @param a
     * @param b
     * @param c
     */
```

```java
    public Raices(double a, double b, double c){
        this.a=a;
        this.b=b;
        this.c=c;
    }

    /**
     * Metodos para obtener las raices cuando hay 2 soluciones posibles
     */
    private void obtenerRaices(){

        double x1=(-b+Math.sqrt(getDiscriminante()))/(2*a);
        double x2=(-b-Math.sqrt(getDiscriminante()))/(2*a);

        System.out.println("Solucion X1");
        System.out.println(x1);
        System.out.println("Solucion X2");
        System.out.println(x2);
    }

    /**
     * Obtiene una unica raiz, cuando solo tiene la posibilidad de ser una solucion
     */
    private void obtenerRaiz(){

        double x=(-b)/(2*a);

        System.out.println("Unica solucion");
        System.out.println(x);

    }

    /**
     * Nos devuelve el valor del discriminante,
     * @return
     */
    private double getDiscriminante(){
        return Math.pow(b, 2)-(4*a*c);
    }

    /**
     * Si el discriminante es mayor que 0 tiene mas de una raiz
     * (No hemos puesto >= ya que puede confundirse con una solucion)
     * @return
     */
    private boolean tieneRaices(){
        return getDiscriminante()>0;
    }

    /**
```

```java
    * Si el discriminante es igual a cero tiene una sola raiz
    * @return
    */
   private boolean tieneRaiz(){
       return getDiscriminante()==0;
   }

   /**
    * Nos permite calcular las raices de una ecuacion de 2º grado
    */
   public void calcular(){

       if(tieneRaices()){
           obtenerRaices();
       }else if(tieneRaiz()){
           obtenerRaiz();
       }else{
           System.out.println("No tiene soluciones");
       }

   }

}
```

Principal.java

```java
public class Principal {

   public static void main(String[] args) {
       Raices ecuacion=new Raices(1,4,4); //creamos el objeto
       ecuacion.calcular(); //Calculamos
   }
}
```

SOLUCIÓN EJERCICIO P7:

Revolver.java

```java
public class Revolver {

   //Atributos
   private int posicionBalaActual;
   private int posicionBala;

   //Constructor
   public Revolver() {
       posicionBalaActual = Metodos.generaNumeroAleatorio(1, 6);
       posicionBala = Metodos.generaNumeroAleatorio(1, 6);
   }

   //Metodos

   //Dispara el revolver
```

```java
    public boolean disparar() {

        boolean exito = false;

        if (posicionBalaActual == posicionBala) {
            exito = true; //Alguien va a morir...
        }

        siguienteBala();

        return exito;

    }

    //Cambia a la siguiente posicion
    public void siguienteBala() {

        if (posicionBalaActual == 6) {
            posicionBalaActual = 1; //posicion inicial
        } else {
            posicionBalaActual++;
        }

    }

    public String toString() {
        return "Posicion Bala Actual: " + posicionBalaActual + ", Posicion bala: " +
posicionBala;
    }

}
```

Jugador.java

```java
public class Jugador {

    //Atributos
    private int id;
    private String nombre;
    private boolean vivo;

    //Contructor
    public Jugador(int id) {
        this.id = id;
        this.nombre = "Jugador " + id;
        this.vivo = true;
    }

    //Propiedades

    /**
```

```java
     * El jugador dispara el revolver
     * @param r
     */
    public void disparar(Revolver r) {

        System.out.println("El " + nombre + " se apunta con la pistola");

        //El jugador se pone el revolver y...
        if (r.disparar()) {
            this.vivo = false; //muere
            System.out.println("El " + nombre + " ha muerto...");
        } else {
            System.out.println("El " + nombre + " se ha librado..."); //No muere
        }

    }

    public boolean isVivo() {
        return vivo;
    }

}
```

Metodos.java

```java
public class Metodos {

    /**
     * Genera un numero aleatorio entre dos numeros
     * @param minimo
     * @param maximo
     * @return
     */
    public static int generaNumeroAleatorio(int minimo, int maximo) {
        int num = (int) Math.floor(Math.random() * (maximo - minimo + 1) + (minimo));
        return num;
    }

}
```

Juego.java

```java
public class Juego {

    //atributos
    private Jugador[] jugadores;
    private Revolver revolver;

    //Constructor
    public Juego(int numJugadores) {

        jugadores = new Jugador[comprobarJugadores(numJugadores)];
```

```java
        crearJugadores();

        revolver = new Revolver();

    }

    //Comprueba que el numero de jugadores esta en el rango correcto
    private int comprobarJugadores(int numJugadores) {

        //Sino esta en el rango correcto se pone a 6
        if (!(numJugadores >= 1 && numJugadores <= 6)) {
            numJugadores = 6;
        }

        return numJugadores;
    }

    //Crea los jugadores
    private void crearJugadores() {
        for (int i = 0; i < jugadores.length; i++) {
            jugadores[i] = new Jugador(i + 1);
        }
    }

    //indica si el juego acaba o no
    public boolean finJuego() {

        for (int i = 0; i < jugadores.length; i++) {
            if (!jugadores[i].isVivo()) {
                //Acabo el juego
                return true;
            }
        }
        return false; //No termina el juego
    }

    //Realiza una ronda (si muere algun jugador todos participan igualmente)
    public void ronda() {

        for (int i = 0; i < jugadores.length; i++) {
            //El jugador se dispara
            jugadores[i].disparar(revolver);
        }

    }

    //Realiza una ronda (si muere algun jugador, los siguientes no participan)
    public void rondaV2() {
```

```java
        for (int i = 0; i < jugadores.length; i++) {
            jugadores[i].disparar(revolver);

            //Si muere, terminamos
            if(!jugadores[i].isVivo()){
                return;
            }
        }

    }

}
```

PrincipalRuleta.java

```java
public class PrincipalRuleta {

    public static void main(String[] args) {

        Juego juego = new Juego(2);

        while( !juego.finJuego() ){
            juego.ronda();
            //juego.rondaV2();
        }

        System.out.println("El juego ha terminado");

    }

}
```

Soluciones al cuestionario

Cuestión 1

Selecciona la opción que no se corresponde con una colección en Java.

☒ Properties.

Cuestión 2

Queremos añadir la letra C en la colección ArrayList letras, que tiene los elementos A, B, D, E. Como queremos que salga en la posición que le corresponde (entre el 2 y el 4), ¿cómo debemos realizarlo?

☒ letras.add(2, 'C');

Cuestión 3

Los constructores.

☒ Todas las respuestas son verdaderas.

Cuestión 4

¿Qué significa tener la palabra reservada static delante de un método?

☒ Podemos utilizar el método sin instanciar la clase.

Cuestión 5

En base de datos OO se permitirá aplicar solamente herencia y encapsulación , típicas de la programación orientada a objetos.

☒ Falso.

Cuestión 6

¿Qué hace este código?

```
Iterator <String> iterador = nombre. iterator ();
While (iterador. hasNext ()) {

    String nombre = iterador. next ();

    ...

}
```

☒ Recorre una colección cualquiera denominada nombre e imprime cada uno de los valores.

Cuestión 7

Error. Representa un error interno irrecuperable o agotamiento de recursos en el sistema de runtime de Java.

☒ Verdadero.

Cuestión 8

Las interfaces permiten que otras clases hereden de una superclase mediante extends.

☒ Falso.

Cuestión 9

¿Qué efecto tiene la palabra reservada final si lo encontramos delante de un método?

☒ Es un método que no puede ser sobrescrito.

Cuestión 10

Las operaciones que se encuentran en el bloque finally.

☒ Se ejecutan tanto si se produce la excepción como si no se produce.

SOLUCIONES UNIDAD 08

SOLUCIÓN P1. Convertidor euros a dólares con swing.

```java
package ud8.propuestos;
//grapa
import javax.swing.*;
import javax.swing.event.*;
import java.awt.*;
import java.awt.event.*;

public class SwingConversor
{
    static final int MIN = 0;
    static final int MAX = 1000;

    static final int INIT = 0;
    private static JLabel label = new JLabel("1 Euro son en dólares:");
    private static JLabel lbleuros = new JLabel("Euros:");
    private static JLabel lbldolares = new JLabel("Dólares:");
    private static JFrame frame = new JFrame("Conversor Euros - Dólares");
    private static JPanel panel1 = new JPanel();
    private static JPanel panel2 = new JPanel();
    private static JPanel panel3 = new JPanel();
    private static JTextField txteuro = new JTextField("0");
    private static JTextField txtdolar = new JTextField("0");
    private static JTextField txtcambio = new JTextField("1.36");
    private static JSlider sliderdolar = new JSlider (JSlider.HORIZONTAL , MIN,
MAX,INIT);
    private static JSlider slidereuro = new JSlider(JSlider.HORIZONTAL,MIN,
MAX,INIT);

    public static void cambiotexto(ActionEvent e) {
        if (e.getSource()==txteuro) {
            float icambio = Float.parseFloat(txteuro.getText());
            icambio=100*icambio*Float.parseFloat(txtcambio.getText());
            icambio=Math.round(icambio);
            icambio=icambio/100;
            txtdolar.setText(String.valueOf(icambio));
            // cambiar los slider
            sliderdolar.setValue(Math.round(Float.parseFloat(txtdolar.getText())));
            slidereuro.setValue(Math.round(Float.parseFloat(txteuro.getText())));
        }

        if (e.getSource()==txtdolar) {
            System.out.println("dentro");
            float icambio = Float.parseFloat(txtdolar.getText());
            icambio=100*icambio/Float.parseFloat(txtcambio.getText());
            icambio=Math.round(icambio);
            icambio=icambio/100;
```

```java
        txteuro.setText(String.valueOf(icambio));
    }



}
public static void mueveSlider(ChangeEvent e) {
    int valor;
    JSlider obj=(JSlider)e.getSource();
    System.out.println(obj.getValueIsAdjusting());
    System.out.println(obj.getValue());

    if (!obj.getValueIsAdjusting()) {
        System.out.println(obj.getValue());
        valor=(int)obj.getValue();

        if (obj == sliderdolar) {
            txtdolar.setText(String.valueOf(valor));
            float icambio = 100*valor/Float.parseFloat
                    (txtcambio.getText());
            icambio=Math.round(icambio);
            icambio=icambio/100;
            //cambiar el txteuro
            txteuro.setText(String.valueOf(icambio));
            //cambiar el slidereuro
            int i = Math.round(icambio);
            slidereuro.setValue(i);
        }

        if (obj == slidereuro) {
            txteuro.setText(String.valueOf(valor));
            float icambio = 100*valor/ Float.parseFloat
                    (txtcambio.getText());
            icambio=Math.round(icambio);
            icambio=icambio/100;
            //cambiar el txtdolar
            txteuro.setText(String.valueOf(icambio));
            //cambiar el sliderdolar
            int i = Math.round(icambio);
            slidereuro.setValue(i);
        }
    }
}

public static void colocaelementos( ) {
    frame.getContentPane().add(panel1);
    frame.getContentPane().add(panel2);
    frame.getContentPane().add(panel3);

    slidereuro.setBorder(BorderFactory.createTitledBorder("Euros"));
```

```java
slidereuro.setMajorTickSpacing(200);
slidereuro.setPaintTicks(true);
slidereuro.setPaintLabels(true);
//slidereuro.disable();

sliderdolar.setBorder(BorderFactory.createTitledBorder("Dólares"));
sliderdolar.setMajorTickSpacing(200);
sliderdolar.setPaintTicks(true);
sliderdolar.setPaintLabels(true);
//sliderdolar.disable();

panel1.add(lbleuros);
panel1.add(txteuro);
panel1.add(slidereuro);

panel2.add(label);
panel2.add(txtcambio);

panel3.add(lbldolares);
panel3.add(txtdolar);
panel3.add(sliderdolar);

frame.addWindowListener(new WindowAdapter() {
    public void windowClosing (WindowEvent e){
        System.exit(0);
    }
});

txteuro.addActionListener(new ActionListener() {
    public void actionPerformed (ActionEvent e){
        cambiotexto(e);
    }
});

txtdolar.addActionListener(new ActionListener() {
    public void actionPerformed (ActionEvent e){
        cambiotexto(e);
    }
});


// SI CAMBIAMOS EL SLIDER DE EURO
slidereuro.addChangeListener(new ChangeListener()
{
    @Override
    public void stateChanged(ChangeEvent e)
    {
        txteuro.setText(String.valueOf(slidereuro.getValue()));    // cojo valor
del slider euro
```

```java
                    //calcular el cambio a dólares
                    float icambio = Float.parseFloat(txteuro.getText());
                    icambio=100*icambio*Float.parseFloat(txtcambio.getText());
                    icambio=Math.round(icambio);
                    icambio=icambio/100;

                    //actualizar etiqueta de dólares
                    txtdolar.setText(String.valueOf(icambio));

                    // cambiar los slider
                    sliderdolar.setValue(Math.round(Float.parseFloat(txtdolar.getText())));
                    slidereuro.setValue(Math.round(Float.parseFloat(txteuro.getText())));
                }
            });

        // SI CAMBIAMOS EL SLIDER DE DÓLAR
        sliderdolar.addChangeListener(new ChangeListener()
        {
            @Override
            public void stateChanged(ChangeEvent e)
            {
                txtdolar.setText(String.valueOf(sliderdolar.getValue()));   // cojo valor
    del slider dolar

                    //calcular el cambio a euros
                    float icambio = Float.parseFloat(txtdolar.getText());
                    icambio=100*icambio/Float.parseFloat(txtcambio.getText());
                    icambio=Math.round(icambio);
                    icambio=icambio/100;

                    //actualizar etiqueta de dólares
                    txteuro.setText(String.valueOf(icambio));

                    // cambiar los slider
                    sliderdolar.setValue(Math.round(Float.parseFloat(txtdolar.getText())));
                    slidereuro.setValue(Math.round(Float.parseFloat(txteuro.getText())));
                }
            });


        frame.setLayout(new GridLayout());
        panel1.setLayout(new GridLayout(0,1));
        panel2.setLayout(new GridLayout(0,1));
        panel3.setLayout(new GridLayout(0,1));
        frame.pack( );
        frame.setVisible(true);
    }
    public static void main(String[ ] args) {
        try {
            UIManager.setLookAndFeel(UIManager.getCrossPlatformLookAndFeelClassName());
```

```java
        } catch (Exception e) { }
        colocaelementos();
    }
}
```

SOLUCIÓN P2. Generador de primitivas.

```java
package ud8.propuestos;

// Generador primitivas
import javax.swing.*;
import javax.swing.border.EmptyBorder;
import java.awt.*;
import java.awt.event.ActionEvent;
import java.awt.event.ActionListener;

public class GeneraPrimitivas extends JFrame {
    private static final long serialVersionUID = 1L;
    private JPanel contentPane;
    private JTextField textField;
    private JTextField textField_1;
    private JTextField textField_2;
    private JTextField textField_3;
    private JTextField textField_4;
    private JTextField textField_5;


    /**
     * Launch the application.
     */
    public static void main(String[] args) {
        EventQueue.invokeLater(new Runnable() {
            public void run() {
                try {
                    GeneraPrimitivas frame = new GeneraPrimitivas();
                    frame.setVisible(true);
                } catch (Exception e) {
                    e.printStackTrace();
                }
            }
        });
    }

    /**
     * Create the frame.
     */
    public GeneraPrimitivas() {
        setTitle("Generador de primitivas");
        setDefaultCloseOperation(JFrame.EXIT_ON_CLOSE);
        setBounds(100, 100, 450, 300);
        contentPane = new JPanel();
```

```java
contentPane.setBorder(new EmptyBorder(5, 5, 5, 5));
setContentPane(contentPane);
contentPane.setLayout(null);
//esto lo he buscado en internet
//contentPane.setBorder(javax.swing.BorderFactory.createTitledBorder("Generador de
Primitivas"));

textField = new JTextField();
textField.setBounds(55, 84, 35, 35);
contentPane.add(textField);
textField.setColumns(10);

textField_1 = new JTextField();
textField_1.setColumns(10);
textField_1.setBounds(145, 84, 35, 35);
contentPane.add(textField_1);

textField_2 = new JTextField();
textField_2.setColumns(10);
textField_2.setBounds(100, 84, 35, 35);
contentPane.add(textField_2);

textField_3 = new JTextField();
textField_3.setColumns(10);
textField_3.setBounds(190, 84, 35, 35);
contentPane.add(textField_3);

textField_4 = new JTextField();
textField_4.setColumns(10);
textField_4.setBounds(245, 84, 35, 35);
contentPane.add(textField_4);

textField_5 = new JTextField();
textField_5.setColumns(10);
textField_5.setBounds(329, 84, 35, 35);
contentPane.add(textField_5);

JLabel lblComplementario = new JLabel("Complementario");
lblComplementario.setBounds(310, 51, 125, 14);
contentPane.add(lblComplementario);

JButton btnGenerar = new JButton("Generar");
btnGenerar.addActionListener(new ActionListener() {
    public void actionPerformed(ActionEvent arg0) {
        int vector[] = new int[6];

        for (int i=0; i<6; i++)
        {
            vector[i]=getAleatorio();
            for (int j=0; j<i; j++)
```

```
                { // comparo el num con anteriores
                    if (vector[i] == vector[j]) // si repe, volver a pedirlo
                        i--;
                }
            }
                textField.setText(String.valueOf(vector[0]));
                textField_1.setText(String.valueOf(vector[1]));
                textField_2.setText(String.valueOf(vector[2]));
                textField_3.setText(String.valueOf(vector[3]));
                textField_4.setText(String.valueOf(vector[4]));
                textField_5.setText(String.valueOf(vector[5]));

            }
        });
        btnGenerar.setBounds(173, 146, 89, 23);
        contentPane.add(btnGenerar);
    }

    // funcion que calcula numeros aleatoriamente de 1 a 49
    final static int LIMITE=49;        // numeros entre 1 y LIMITE
    public static int getAleatorio()
    {
        return (int)(Math.random()*LIMITE+1);
    }
}
```

SOLUCIÓN P3. Chef desde 1971.

```
    package ud8.resueltos;


    import javax.swing.*;
    import javax.swing.border.EmptyBorder;
    import java.awt.*;
    import java.awt.event.ActionEvent;
    import java.awt.event.ActionListener;

    public class VentanaCocina extends JFrame {
        private static final long serialVersionUID = 1L;
        private JPanel contentPane;

        /**
         * Launch the application.
         */
        public static void main(String[] args) {
            EventQueue.invokeLater(new Runnable() {
                public void run() {
                    try {
                        VentanaCocina frame = new VentanaCocina();
                        frame.setVisible(true);
                    } catch (Exception e) {
```

```java
                    e.printStackTrace();
                }
            }
        });
    }

    /**
     * Create the frame.
     */
    public VentanaCocina() {
        setDefaultCloseOperation(JFrame.EXIT_ON_CLOSE);
        setTitle("Chef Isabel desde 1971");
        setBounds(100, 100, 450, 300);
        contentPane = new JPanel();
        contentPane.setBorder(new EmptyBorder(5, 5, 5, 5));
        setContentPane(contentPane);
        contentPane.setLayout(null);

        // creo los botones de opcion
        final JRadioButton rbotonCocido = new JRadioButton("Cocido", true);

        //rbotonCocido.setSelected(true);
        rbotonCocido.setMnemonic('C');
        rbotonCocido.setBounds(23, 30, 109, 23);
        contentPane.add(rbotonCocido);

        final JRadioButton rbotonLentejas = new JRadioButton("Lentejas",false);
        rbotonLentejas.setMnemonic('L');
        rbotonLentejas.setBounds(150, 30, 109, 23);
        contentPane.add(rbotonLentejas);

        final JRadioButton rbotonJudias = new JRadioButton("Judias",false);
        rbotonJudias.setMnemonic('J');
        rbotonJudias.setBounds(261, 30, 109, 23);
        contentPane.add(rbotonJudias);

        // creo la relacion logica entre los objetos JRadioButton
        ButtonGroup grupoBotones = new ButtonGroup();
        grupoBotones.add(rbotonCocido);
        grupoBotones.add(rbotonLentejas);
        grupoBotones.add(rbotonJudias);

        final JCheckBox chkLentejas = new JCheckBox("Lentejas");

        chkLentejas.setBounds(6, 74, 97, 23);
        contentPane.add(chkLentejas);

        final JCheckBox chkChorizo = new JCheckBox("Chorizo");
        chkChorizo.setBounds(6, 100, 97, 23);
        contentPane.add(chkChorizo);
```

```java
final JCheckBox chkCebolla = new JCheckBox("Cebolla");
chkCebolla.setBounds(6, 126, 97, 23);
contentPane.add(chkCebolla);

final JCheckBox chkGarbanzos = new JCheckBox("Garbanzos");
chkGarbanzos.setBounds(119, 74, 97, 23);
contentPane.add(chkGarbanzos);

final JCheckBox chkMorcilla = new JCheckBox("Morcilla");
chkMorcilla.setBounds(119, 100, 97, 23);
contentPane.add(chkMorcilla);

final JCheckBox chkZanahoria = new JCheckBox("Zanahoria");
chkZanahoria.setBounds(119, 126, 97, 23);
contentPane.add(chkZanahoria);

final JCheckBox chkJudias = new JCheckBox("Judias");
chkJudias.setBounds(237, 74, 97, 23);
contentPane.add(chkJudias);

final JCheckBox chkColorante = new JCheckBox("Colorante");
chkColorante.setBounds(237, 100, 97, 23);
contentPane.add(chkColorante);

final JCheckBox chkPescado = new JCheckBox("Pescado");
chkPescado.setBounds(237, 126, 97, 23);
contentPane.add(chkPescado);

final JCheckBox chkNuezMoscada = new JCheckBox("Nuez Moscada");
chkNuezMoscada.setBounds(331, 74, 103, 23);
contentPane.add(chkNuezMoscada);

final JCheckBox chkLaurel = new JCheckBox("Laurel");
chkLaurel.setBounds(331, 100, 97, 23);
contentPane.add(chkLaurel);

final JCheckBox chkPimenton = new JCheckBox("Pimenton");
chkPimenton.setBounds(331, 126, 97, 23);
contentPane.add(chkPimenton);

final JButton btnComprobar = new JButton("Comprobar");
btnComprobar.setBounds(127, 178, 132, 23);
contentPane.add(btnComprobar);

final JLabel lblResultado = new JLabel("Resultado");
lblResultado.setBounds(84, 222, 298, 14);
contentPane.add(lblResultado);

// al pulsar el boton
```

```java
btnComprobar.addActionListener(new ActionListener() {
    public void actionPerformed(ActionEvent e) {
        if (rbotonCocido.isSelected())
        {    // Chorizo, Morcilla, Garbanzos, Zanahoria
            if (!chkLentejas.isSelected() && chkChorizo.isSelected() && !chkCebolla.
isSelected()  && chkGarbanzos.isSelected()
                    && chkMorcilla.isSelected() && chkZanahoria.isSelected() &&
!chkJudias.isSelected() && !chkColorante.isSelected()
                    && !chkPescado.isSelected() && !chkNuezMoscada.isSelected() &&
!chkLaurel.isSelected() && !chkPimenton.isSelected())
                {
                    lblResultado.setText("Correcto");
                }

            else // no son ingredientes para el cocido
                {
                    lblResultado.setText("No te sabes la receta del Cocido!!");
                }
        }
        else // no eligen radiobutton cocido
        {
            if (rbotonLentejas.isSelected())
            {    // Lentejas, Chorizo, Cebolla, Zanahoria, Pimenton
                if (chkLentejas.isSelected() && chkChorizo.isSelected() &&
chkCebolla.isSelected()  && !chkGarbanzos.isSelected()
                    && !chkMorcilla.isSelected() && chkZanahoria.isSelected() &&
!chkJudias.isSelected() && !chkColorante.isSelected()
                    && !chkPescado.isSelected() && !chkNuezMoscada.isSelected() &&
!chkLaurel.isSelected() && chkPimenton.isSelected())
                    {
                        lblResultado.setText("Correcto");
                    }
                else // no son ingredientes para las lentejas
                    {
                        lblResultado.setText("No te sabes la receta de las Lentejas!!");
                    }
            }
            else // (ni cocido) ni lentejas
                if (rbotonJudias.isSelected())
                {    // Judias, Nuez Moscada, Laurel, Colorante, Chorizo, Cebolla
                    if (!chkLentejas.isSelected() && chkChorizo.isSelected() &&
chkCebolla.isSelected()  && !chkGarbanzos.isSelected()
                        && !chkMorcilla.isSelected() && !chkZanahoria.isSelected() &&
chkJudias.isSelected() && chkColorante.isSelected()
                        && !chkPescado.isSelected() && chkNuezMoscada.isSelected() &&
chkLaurel.isSelected() && !chkPimenton.isSelected())
                        {
                            lblResultado.setText("Correcto");
                        }
                    else    // no son ingredientes para las judias
```

```
                    {
                        lblResultado.setText("No te sabes la receta de las
        Judías!!");
                    }
                } // fin else rboton judias
            } // fin else rboton cocido
        }
    }); // fin actionListener del boton comprobar
}
}
```

SOLUCIÓN P4.

```
┌─────────────────────────────────────┐
│  🖼 MegaTraductor  ×                 │
├─────────────────────────────────────┤
│  ↑    hola:hello                     │
│       adiós:bye                      │
│  ↓    manzana:apple                  │
│  ⇥    serpiente:snake                │
│  ⇟    león:lion                      │
│       ◆◆◆◆◆◆◆◆FIN DE FICHERO         │
│  🖶                                   │
└─────────────────────────────────────┘
```

```java
package ud8.propuestos;

import javax.swing.*;
import javax.swing.border.EmptyBorder;
import java.awt.*;
import java.awt.event.ActionEvent;
import java.awt.event.ActionListener;
import java.io.*;


public class MegaTraductor extends JFrame{
    private static final long serialVersionUID = 1L;
    private    JPanel contentPane;
    private    JTextField textFieldIngles;
    private    JTextField textFieldEspanol;


    /**
     * Launch the application.
     */
    public static void main(String[] args) {
        // establecemos el aspecto general de la aplicacion de tipo multiplataforma
        try {
            UIManager.setLookAndFeel(UIManager.getCrossPlatformLookAndFeelClassName());
        } catch (Exception e) { }
```

```java
        // esto lo ha generado el Builder
        EventQueue.invokeLater(new Runnable() {
            public void run() {
                try {
                    MegaTraductor frame = new MegaTraductor();
                    frame.setVisible(true);
                } catch (Exception e) {
                    e.printStackTrace();
                }
            }
        });

        crearDiccionario();
        //verDiccionario();


    } // fin main

    public static void crearDiccionario()
    {
        // ***************
        // la traduccion se encuentra en la misma posicion
        String[] palabras = {"hola", "adiós","manzana", "serpiente","león"};
        String[] words = {"hello","bye","apple", "snake","lion"};


        // voy a guardar los pares (objetos) del diccionario en un archivo llamado
diccionario.txt
        try {
            // Creamos un ObjectOutputStream asociado a un FileOutputStream para escribir
            // objetos en un flujo de salida y al conectarlos al fichero se escriben en el.
            FileOutputStream fs = new FileOutputStream("diccionario.txt");
            ObjectOutputStream oos = new ObjectOutputStream(fs);

            for (int i=0; i<palabras.length; i++)
            {
                // construimos un objeto con los datos deseados y lo escribimos
                // en el flujo de salida ObjectOutputStream con el método writeObject
                DiccionarioEspIng a=new DiccionarioEspIng(palabras[i],words[i]);
                oos.writeObject(a); //escribe el objeto en el flujo salida
            }

            // Cerramos los flujos abiertos una vez utilizados
            if (oos != null)
             {
               oos.close( );
               fs.close( );
             }
        } catch (IOException e) { e.printStackTrace(); }
    }
```

```java
// método para fisgar el diccionario que tenemos
public static void verDiccionario()
{
    // voy a usar el diccionario.txt para leer las palabras
    // creo un ObjectInpusStream asociado a un FileinputStream para leer
    // objetos en un flujo de entrada y al conectarlo al fichero se lee de el
        try {
            File f = null;
            FileInputStream fe = null;
            ObjectInputStream ois = null;

            try {
                f = new File("diccionario.txt");
                if (f.exists( )) {
                    // Asociamos el FileInputStream con el ObjectInputStream
                    fe = new FileInputStream (f);
                    ois = new ObjectInputStream (fe);

                    while (true) {
                        // Lectura de datos hasta encontrar el fin del fichero
                        DiccionarioEspIng a = null;
                        a = (DiccionarioEspIng) ois.readObject( );
                        a.print( );                          // muestro objeto (el par
palabra:word) por pantalla
                    }
                }
            } catch (EOFException eof) {
                // Excepcion de fin de fichero atrapada por el bloque catch
                System.out.println("***********FIN DE FICHERO");
            } catch (FileNotFoundException fnf) {
                System.err.println("Fichero no encontrado " + fnf);
            } catch (IOException e) {
                System.err.println("Se ha producido una IOException");
                e.printStackTrace();
            } catch (Throwable e) {
                System.err.println("Error de programa" + e);
                e.printStackTrace();
            } finally {
                    if (ois != null) {
                        ois.close( );
                        fe.close( );
                    }
            }
        } catch(IOException e) {
            e.printStackTrace();
        }

    }
```

```java
// metodo que devuelve el par (objeto) buscado
public  DiccionarioEspIng getParDiccionario(String s, char idioma)
{
    // voy a usar el diccionario.txt para leer las palabras
    // creo un ObjectInpusStream asociado a un FileinputStream para leer
    // objetos en un flujo de entrada y al conectarlo al fichero se lee de el
    File f = null;
    FileInputStream fe = null;
    ObjectInputStream ois = null;

    boolean encontrado=false;
    DiccionarioEspIng a=null;
        try {
            try {
                f = new File("diccionario.txt");
                a=new DiccionarioEspIng (null, null);

                if (f.exists( )) {
                    // Asociamos el FileInputStream con el ObjectInputStream
                    fe = new FileInputStream (f);
                    ois = new ObjectInputStream (fe);

                    while (true && !encontrado)
                    {
                        // Lectura de datos hasta encontrar palabra o el fin del fichero
                        a = (DiccionarioEspIng) ois.readObject( );

                        if (idioma=='E')
                         {
                            if (s.equals(a.palabra))
                                    encontrado=true;
                        }
                        else   // idioma =='I'
                            if (s.equals(a.word) )
                                    encontrado = true;
                    }
                }
            } catch (EOFException eof) {
                // Excepcion de fin de fichero atrapada por el bloque catch
                System.out.println("**********FIN DE FICHERO*************");
            } catch (FileNotFoundException fnf) {
                System.err.println("Fichero no encontrado " + fnf);
            } catch (IOException e) {
                System.err.println("Se ha producido una IOException");
                e.printStackTrace();
            } catch (Throwable e) {
                System.err.println("Error de programa" + e);
                e.printStackTrace();
            } finally {
                    if (ois != null) {
```

```java
                        ois.close( );
                        fe.close( );
                    }
                }
        } catch(IOException e) {
            e.printStackTrace();
        }

        if (!encontrado)
        {
            a.word="not found";
            a.palabra="no encontrado";
        }
        return a;          // retorno el par (objeto)

    }

    /**
     * Create the frame.
     */
    public MegaTraductor() {
        setDefaultCloseOperation(JFrame.EXIT_ON_CLOSE);
        setTitle("Megatraductor");
        setBounds(100, 100, 450, 300);
        contentPane = new JPanel();
        contentPane.setBorder(new EmptyBorder(5, 5, 5, 5));
        setContentPane(contentPane);
        contentPane.setLayout(null);

        JLabel lblIngles = new JLabel("Ingl\u00E9s");
        lblIngles.setBounds(51, 57, 73, 14);
        contentPane.add(lblIngles);

        JLabel lblEspanol = new JLabel("Espa\u00F1ol");
        lblEspanol.setBounds(299, 57, 73, 14);
        contentPane.add(lblEspanol);

        textFieldIngles = new JTextField();
//      textFieldIngles.addFocusListener(new FocusAdapter() {
//          @Override
//          public void focusGained(FocusEvent arg0) {
//              buttonEI.setEnabled="false";
//              buttonIE.setEInabled="true";
//          }
//      });
        textFieldIngles.setBounds(10, 82, 146, 23);
        contentPane.add(textFieldIngles);
        textFieldIngles.setColumns(10);

        textFieldEspanol = new JTextField();
```

```java
        textFieldEspanol.setColumns(10);
        textFieldEspanol.setBounds(258, 82, 146, 23);
        contentPane.add(textFieldEspanol);

        JButton buttonIE = new JButton("->");
        buttonIE.addActionListener(new ActionListener() {
            public void actionPerformed(ActionEvent arg0) {
                // pulsado boton Ingles -> Español
                DiccionarioEspIng par=null;
                par=getParDiccionario(textFieldIngles.getText(),'I');
                textFieldEspanol.setText(par.palabra);
            }
        });
        buttonIE.setBounds(183, 50, 60, 29);
        contentPane.add(buttonIE);

        JButton buttonEI = new JButton("<-");
        buttonEI.addActionListener(new ActionListener() {
            public void actionPerformed(ActionEvent arg0) {
                // pulsado boton Ingles <- Español
                DiccionarioEspIng par=null;
                par=getParDiccionario(textFieldEspanol.getText(),'E');
                textFieldIngles.setText(par.word);
            }
        });
        buttonEI.setBounds(183, 105, 60, 29);
        contentPane.add(buttonEI);

        JButton btnVerDiccionario = new JButton("Ver diccionario");
        btnVerDiccionario.addActionListener(new ActionListener() {
            public void actionPerformed(ActionEvent e) {
                verDiccionario();
            }
        });
        btnVerDiccionario.setMnemonic('V');
        btnVerDiccionario.setBounds(164, 224, 138, 26);
        contentPane.add(btnVerDiccionario);

    }
} // fin clase MegaTraductor
```

SOLUCIÓN P5.

```java
    package ud8.resueltos;

    import javax.swing.*;
    import javax.swing.border.EmptyBorder;
    import java.awt.*;
    import java.awt.event.ActionEvent;
    import java.awt.event.ActionListener;
    import java.util.StringTokenizer;
```

```java
public class ConvertidorRomanoDecimal extends JFrame {
    private static final long serialVersionUID = 1L;
    private JPanel contentPane;
    private JTextField textFieldDecimal;
    private JTextField textFieldRomano;

    /**
     * Launch the application.
     */
    public static void main(String[] args) {
        // establecemos el aspecto general de la aplicacion de tipo multiplataforma
        try {
                UIManager.setLookAndFeel(UIManager.
getCrossPlatformLookAndFeelClassName());
        } catch (Exception e) { }

            // esto lo ha generado el Builder
        EventQueue.invokeLater(new Runnable() {
        public void run() {
            try {
                ConvertidorRomanoDecimal frame = new ConvertidorRomanoDecimal();
                frame.setVisible(true);
            } catch (Exception e) {
                e.printStackTrace();
            }
        }
    });
    }

    // metodo Decimal a  Romano
    public static String DecimalRomano (int numero)
    {
        //int numero;
        int unos , dieces, cientos, miles;
        String cadenaR="";

        // miro  la cantidad a representar
        unos= numero % 10;                       //System.out.println ("unos: " + unos);
        dieces= numero % 100 - (unos);            //System.out.println ("dieces: "
+dieces);
        cientos= numero % 1000 - (dieces + unos);  //System.out.println ("cientos: "
+cientos);
        miles= numero -(cientos + dieces +unos);   //System.out.println ("miles: " +
miles);

        // represento cada cantidad decimal en su tabla romana
        // y voy concatenando el valor romano

        // por ejemplo 3000/1000 = 3. MMM
```

```
switch(miles/1000)
 {
   case 0: break;
   case 1: cadenaR = "M"; break;
   case 2: cadenaR = "MM"; break;
   case 3: cadenaR = "MMM"; break;
 }

// ejemplo 400/100 4. CD
switch(cientos/100)
 {
   case 0: break;
   case 1: cadenaR = cadenaR + "C";    break;
   case 2: cadenaR = cadenaR + "CC";   break;
   case 3: cadenaR = cadenaR + "CCC"; break;
   case 4: cadenaR = cadenaR + "CD";   break;
   case 5: cadenaR = cadenaR + "D";    break;
   case 6: cadenaR = cadenaR + "DC";   break;
   case 7: cadenaR = cadenaR + "DCC"; break;
   case 8: cadenaR = cadenaR + "DCCC";     break;
   case 9: cadenaR = cadenaR + "CM";   break;
 }

// ejemplo 90/10 9. CM
switch (dieces/10)
 {
   case 0: break;
   case 1: cadenaR = cadenaR + "X";    break;
   case 2: cadenaR = cadenaR + "XX";   break;
   case 3: cadenaR = cadenaR + "XXX"; break;
   case 4: cadenaR = cadenaR + "XL";   break;
   case 5: cadenaR = cadenaR + "L";    break;
   case 6: cadenaR = cadenaR + "LX";   break;
   case 7: cadenaR = cadenaR + "LXX"; break;
   case 8: cadenaR = cadenaR + "LXXX";     break;
   case 9: cadenaR = cadenaR + "XC";   break;
 }

// ejemplo es directo
switch (unos)
 {
   case 0: break;
   case 1: cadenaR = cadenaR + "I";    break;
   case 2: cadenaR = cadenaR + "II";   break;
   case 3: cadenaR = cadenaR + "III"; break;
   case 4: cadenaR = cadenaR + "IV";   break;
   case 5: cadenaR = cadenaR + "V";    break;
   case 6: cadenaR = cadenaR + "VI";   break;
   case 7: cadenaR = cadenaR + "VII"; break;
   case 8: cadenaR = cadenaR + "VIII";     break;
```

```java
        case 9: cadenaR = cadenaR + "IX";   break;
    }

    return cadenaR;
}

public static int RomanoDecimal(String a)
{
    //Scanner leer = new Scanner(System.in);
        int valor = 0, total = 0, valor1 = 0;

        //System.out.println("Introduzca valor en romano");
        //String a = leer.next();
        a = a.toUpperCase();

        StringTokenizer tokens = new StringTokenizer(a);
        String val1[] = a.split("");

        for (int i = 1; i < a.length() + 1; i++)
        {
            String aux = val1[i];
            String aux1;

            if (i < a.length())
             {
                aux1 = val1[i + 1];
             } else
                {
                  aux1 = val1[i];
                }

            if (aux.equals("C")) {
                valor = 100;
            }
            if (aux.equals("M")) {
                valor = 1000;
            }
            if (aux.equals("D")) {
                valor = 500;
            }
            if (aux.equals("L")) {
                valor = 50;
            }
            if (aux.equals("X")) {
                valor = 10;
            }
            if (aux.equals("V")) {
                valor = 5;
            }
            if (aux.equals("I")) {
```

```java
            valor = 1;
        }


        if (aux1.equals("C")) {
            valor1 = 100;
        }
        if (aux1.equals("M")) {
            valor1 = 1000;
        }
        if (aux1.equals("D")) {
            valor1 = 500;
        }
        if (aux1.equals("L")) {
            valor1 = 50;
        }
        if (aux1.equals("X")) {
            valor1 = 10;
        }
        if (aux1.equals("V")) {
            valor1 = 5;
        }
        if (aux1.equals("I")) {
            valor1 = 1;
        }

    //veo el valor para que reste o sume segun corresponda
        if (valor1 > valor) {
            total = total - valor;     //resta
        } else {
            total = total + valor; //suma
        }
    }// fin del for
    //System.out.println("el total es " + total);
        return total;

}// fin metodo RomanoDecimal

/**
 * Create the frame.
 */
public ConvertidorRomanoDecimal() {
    setDefaultCloseOperation(JFrame.EXIT_ON_CLOSE);
    setTitle("Conversor Romano <> Decimal");
    setBounds(100, 100, 450, 300);
    contentPane = new JPanel();
    contentPane.setBorder(new EmptyBorder(5, 5, 5, 5));
    setContentPane(contentPane);
    contentPane.setLayout(null);
```

```java
        JLabel lblDecimal = new JLabel("Decimal");
        lblDecimal.setBounds(51, 65, 73, 14);
        contentPane.add(lblDecimal);

        textFieldDecimal = new JTextField();
        textFieldDecimal.setColumns(10);
        textFieldDecimal.setBounds(10, 90, 146, 23);
        contentPane.add(textFieldDecimal);

        JButton buttonDR = new JButton("->");
        buttonDR.addActionListener(new ActionListener() {
            public void actionPerformed(ActionEvent e) {
                // pulsado boton Decimal -> Romano
                textFieldRomano.setText(DecimalRomano(Integer.parseInt(textFieldDecimal.
    getText())));
            }
        });
        buttonDR.setBounds(183, 58, 60, 29);
        contentPane.add(buttonDR);

        JButton buttonRD = new JButton("<-");
        buttonRD.addActionListener(new ActionListener() {
            public void actionPerformed(ActionEvent e) {
                // pulsado boton Decimal <- Romano
                String s=String.valueOf(RomanoDecimal(textFieldRomano.getText()));
                textFieldDecimal.setText(s);
            }
        });
        buttonRD.setBounds(183, 113, 60, 29);
        contentPane.add(buttonRD);

        JLabel lblRomano = new JLabel("Romano");
        lblRomano.setBounds(299, 65, 73, 14);
        contentPane.add(lblRomano);

        textFieldRomano = new JTextField();
        textFieldRomano.setColumns(10);
        textFieldRomano.setBounds(258, 90, 146, 23);
        contentPane.add(textFieldRomano);
    }
}
```

SOLUCIÓN P6. ArrayList de personas y ficheros.

```java
public class Ejer6_Isabel{
    public static void leerValores(int NumPer, ArrayList<Persona> personas) {
        Scanner teclado = new Scanner(System.in);
        for(int i = 0; i<NumPer; i++){
            System.out.println("Introduce el nombre de la persona");
            String nombre = teclado.next();
```

```java
            System.out.println("Introduce el apellido");
            String apellido = teclado.next();

            System.out.println("Introduce el teléfono");
            long telef = teclado.nextLong();
            personas.add(new Persona(nombre,apellido,telef));
        }
    }
    public static void main(String[] args) {
        FileOutputStream f = null;
        char c =0;
        ArrayList<Persona> personas = new ArrayList<>();
        Scanner teclado = new Scanner(System.in);

        System.out.println("Introduce el número de personas");
        int NumPer = teclado.nextInt();

        //leo los datos en el arrayList
        leerValores(NumPer,personas);

        //los escribo en el archivo
        try{
            FileWriter fw = new FileWriter("personas.dat");
            for (Persona s: personas){
                fw.write(s.getPersona());
                fw.write("\n");
            }
            fw.close();
        } catch (IOException e) {
            e.printStackTrace();
        }

        //si existe el archivo, lo leo y muestro por pantalla el contenido
        File fe = new File("personas.dat");
        if(fe.exists()){
            try{
                FileReader fr = new FileReader(fe);
                BufferedReader br = new BufferedReader(fr);

                String s ="";
                while ((s = br.readLine())!=null){
                    System.out.println(s);
                }
                fr.close();
            }catch (IOException e){
                e.printStackTrace();
            }
        }
    }
}
```

```
class Persona{
    public String nombre;
    public String apellido;
    public long telef;
    public Persona(String nombre, String apellido, long telef){
        this.nombre = nombre;
        this.apellido = apellido;
        this.telef = telef;
    }
    public String getPersona(){
        String mensaje = "Nombre: "+ nombre + ", Apellido: "+ apellido + ", Teléfono:
"+telef;
        return mensaje;
    }
}
```

Soluciones al cuestionario

Cuestión 1

Señala si es verdadera o falsa la siguiente afirmación: para encontrar una información almacenada en la mitad de un fichero secuencial, podemos acceder directamente a esa posición pasando por los datos anteriores a esa información. ¿Verdadero o Falso?

☒ Verdadero.

Cuestión 2

Empleamos FileWriter para flujos de caracteres, pues para datos binarios se utiliza FileOutputStream. ¿Verdadero o Falso?

☒ Verdadero.

Cuestión 3

Señala la opción correcta:

☒ Con los ficheros de acceso aleatorio se puede acceder a un registro determinado directamente.

Cuestión 4

Un objeto de la clase File representa un fichero en sí mismo. ¿Verdadero o Falso?

☒ Falso.

Cuestión 5

Para decirle el modo lectura y escritura a un objeto RamdomAccessFile debemos pasar como parámetro "rw". ¿Verdadero o Falso?

☒ Verdadero.

Cuestión 6

Un fichero .bmp guarda información de música codificada. ¿Verdadero o Falso?

☒ Falso.

Cuestión 7

Cuando trabajamos con ficheros en Java, no es necesario capturar las excepciones, el sistema se ocupa automáticamente de ellas. ¿Verdadero o Falso?

☒ Falso.

Cuestión 8

Para leer valores numéricos, la idea es tomar el valor de la entrada estándar en forma de cadena y emplear métodos para convertir el texto a números. ¿Verdadero o Falso?

☒ Verdadero.

Cuestión 9

Señala la opción correcta:

☒ Stderr por defecto dirige al monitor pero se puede direccionar a otro dispositivo.

Cuestión 10

La clase File permite manipular archivos y directorios, en las plataformas Linux y Windows. Para Mac OS empleamos MacFile. ¿Verdadero o Falso?

☒ Falso.

SOLUCIONES UNIDAD 09

EJERCICIO P1 CALCULADORA SENCILLA

Modificamos el proyecto hecho en clase y en la carpeta del modelo quitamos la clase suma y ponemos las operaciones. El resto lo dejamos tal cual.

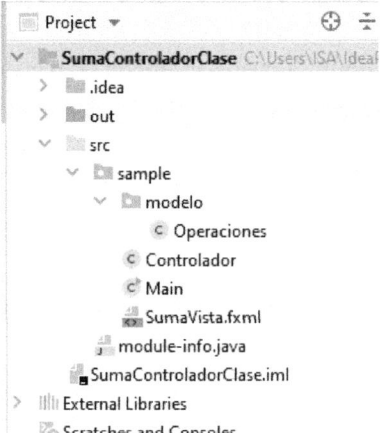

Main.java

```java
package sample;

import javafx.application.Application;
import javafx.fxml.FXMLLoader;
import javafx.scene.Parent;
import javafx.scene.Scene;
import javafx.stage.Stage;

public class Main extends Application {

    @Override
    public void start(Stage primaryStage) throws Exception{
        Parent root =
            FXMLLoader.load(getClass().getResource("SumaVista.fxml"));
            primaryStage.setTitle("Calculadora Simple FX");
            primaryStage.setScene(new Scene(root, 300, 275));
            primaryStage.show();
    }


    public static void main(String[] args) {
        launch(args);
    }
}
```

module_info.java

```java
module SumaControladorClase {
    requires javafx.fxml;
    requires javafx.controls;
    opens sample;
}
```

Controlador.java

```java
package sample;

import javafx.event.ActionEvent;
import javafx.fxml.FXML;
import javafx.fxml.Initializable;
import javafx.scene.control.*;
import sample.modelo.Operaciones;


import java.net.URL;
import java.util.ResourceBundle;

public class Controlador implements Initializable {
    @FXML   private RadioButton rbModulo;
    @FXML   private RadioButton rbDivision;
    @FXML   private RadioButton rbMult;
```

```java
@FXML    private RadioButton rbResta;
@FXML    private RadioButton rbSuma;
@FXML    private Button btnOperacion;
@FXML    private TextField txtResultado;
@FXML    private TextField txtOp2;
@FXML    private TextField txtOp1;

@Override
public void initialize(URL url, ResourceBundle rb) {
    ToggleGroup tg = new ToggleGroup();
    rbSuma.setToggleGroup(tg);
    rbResta.setToggleGroup(tg);
    rbMult.setToggleGroup(tg);
    rbDivision.setToggleGroup(tg);
    rbModulo.setToggleGroup(tg);
}

public void calcular(ActionEvent actionEvent) {
    try {
        // Obtengo los operadores
        int op1 = Integer.parseInt(this.txtOp1.getText());
        int op2 = Integer.parseInt(this.txtOp2.getText());

        // Creo una instancia del modelo
        Operaciones op = new Operaciones(op1, op2);

        // Segun el radio seleccionado, hago una u otra operacion
        if (this.rbSuma.isSelected()) {
            this.txtResultado.setText(op.suma() + "");
        } else if (this.rbResta.isSelected()) {
            this.txtResultado.setText(op.resta() + "");
        } else if (this.rbMult.isSelected()) {
            this.txtResultado.setText(op.mult() + "");
        } else if (this.rbDivision.isSelected()) {
            // Si el segundo operando es 0, lanzo error
            // if (op2 == 0) {
                /*Alert alert = new Alert(Alert.AlertType.ERROR);
                alert.setHeaderText(null);
                alert.setTitle("Error");
                alert.setContentText("División por 0, no puede ser");
                alert.showAndWait();*/
            //} else {
                this.txtResultado.setText(op.division() + "");
            //}  lo hago capturando la excepción en lugar de lo comentado
        } else
            this.txtResultado.setText(op.modulo() + "");
    } catch (NumberFormatException e) {
        Alert alerta = new Alert(Alert.AlertType.ERROR);
        alerta.setHeaderText(null);
        alerta.setTitle("Error");
```

```
            alerta.setContentText("Formato incorrecto");
            alerta.showAndWait();
        } catch (ArithmeticException e){
            Alert alerta = new Alert(Alert.AlertType.ERROR);
            alerta.setHeaderText(null);
            alerta.setTitle("Error");
            alerta.setContentText("no se puede dividir por cero");
            alerta.showAndWait();
        }


    }
}
```

EJERCICIO P2 TABLEVIEW LIBROS

Main.java

```java
package sample;
//Ejercicio2 unidad 9 Tableview Libros
import java.io.IOException;
import javafx.application.Application;
import javafx.scene.Scene;
import javafx.stage.Stage;
import static javafx.fxml.FXMLLoader.load;
import javafx.scene.Parent;

public class Main extends Application {

    @Override
    public void start(Stage primaryStage) throws Exception {

        try {
            Parent root = load(getClass().getResource("Sample.fxml"));
            primaryStage.setTitle("Colección de Libros");
            primaryStage.setScene(new Scene(root));
            primaryStage.show();
        } catch (IOException e) {
            System.out.println(e.getMessage());
        }
    }
    public static void main(String[] args) {
        launch(args);
    }

}
```

Libro.java

```java
package sample;


import java.util.Objects;
```

```java
public class Libro {

    private String titulo;
    private String autor;
    private int isbn;

    public Libro(String titulo, String autor, int isbn) {
        this.isbn = isbn;
        this.titulo = titulo;
        this.autor = autor;
    }

    public String getTitulo() {
        return titulo;
    }
    public void setTitulo(String titulo) {
        this.titulo = titulo;
    }
    public String getAutor() {
        return autor;
    }
    public void setAutor(String autor) {
        this.autor = autor;
    }
    public int getIsbn() {
        return isbn;
    }
    public void setIsbn(int isbn) {
        this.isbn = isbn;
    }

    @Override
    public int hashCode() {
        int hash = 3;
        return hash;
    }

    @Override
    public boolean equals(Object obj) {
        if (this == obj) { return true; }
        if (obj == null) { return false; }
        if (getClass() != obj.getClass()) { return false; }
        final Libro other = (Libro) obj;
        if (this.isbn != other.isbn) { return false; }
        if (!Objects.equals(this.titulo, other.titulo)) { return false; }
        if (!Objects.equals(this.autor, other.autor)){ return false; }
        return true;
    }
}
```

Controller.java

```java
package sample;

import java.net.URL;
import java.util.ResourceBundle;
import javafx.collections.FXCollections;
import javafx.collections.ObservableList;
import javafx.event.ActionEvent;
import javafx.fxml.FXML;
import javafx.fxml.Initializable;
import javafx.scene.control.*;
import javafx.scene.control.cell.PropertyValueFactory;
import javafx.scene.input.MouseEvent;


public class Controller implements Initializable {

    @FXML   private Button btnAgregar;
    @FXML   private TextField txtTitulo;
    @FXML   private TextField txtAutor;
    @FXML   private TextField txtIsbn;
    @FXML   private TableView<Libro> tblLibros;
    @FXML   private TableColumn colTitulo;
    @FXML   private TableColumn colAutor;
    @FXML   private TableColumn colIsbn;

    private ObservableList<Libro> libros;
    @FXML   private Button btnModificar;
    @FXML   private Button btnEliminar;


    @Override
    public void initialize(URL url, ResourceBundle rb) {
libros = FXCollections.observableArrayList();

        colTitulo.setCellValueFactory(new PropertyValueFactory("titulo"));
        colAutor.setCellValueFactory(new PropertyValueFactory("autor"));
        colIsbn.setCellValueFactory(new PropertyValueFactory("isbn"));
    }

    @FXML
    private void agregarLibro(ActionEvent actionEvent) {

        try {

            // Obtengo los datos del formulario
            String titulo = this.txtTitulo.getText();
            String autor = this.txtAutor.getText();
            int isbn = Integer.parseInt(this.txtIsbn.getText());
```

```java
        // Creo una Libro
    Libro l = new Libro (titulo, autor,isbn);

        // Compruebo si el libro está en la lista
        if (!libros.contains(l)) {
            // Lo añado a la lista
            libros.add(l);
            // Seteo los items
            tblLibros.setItems(libros);

            Alert alert = new Alert(Alert.AlertType.INFORMATION);
            alert.setHeaderText(null);
            alert.setTitle("Info");
            alert.setContentText("El libro se ha añadido correctamente a la colección.");
            alert.showAndWait();

            //pongo en blanco los txt
            txtTitulo.setText("");
            txtAutor.setText("");
            txtIsbn.setText("");
        } else {

            Alert alert = new Alert(Alert.AlertType.ERROR);
            alert.setHeaderText(null);
            alert.setTitle("Error");
            alert.setContentText("El libro ya existe en la colección.");
            alert.showAndWait();
        }
    } catch (NumberFormatException e) {

        Alert alert = new Alert(Alert.AlertType.ERROR);
        alert.setHeaderText(null);
        alert.setTitle("Error");
        alert.setContentText("Formato incorrecto");
        alert.showAndWait();
    }

}


@FXML
private void seleccionar(MouseEvent event) {

    // Obtengo la persona seleccionada
    Libro l = tblLibros.getSelectionModel().getSelectedItem();

    // Sino es nula seteo los campos
    if (l != null) {
        this.txtTitulo.setText(l.getTitulo());
        this.txtAutor.setText(l.getAutor());
```

```java
            this.txtIsbn.setText( l.getIsbn() + "");
        }

    }

    @FXML
    private void modificar(ActionEvent event) {

        // Obtengo la persona seleccionada
        Libro l = tblLibros.getSelectionModel().getSelectedItem();

        // Si la persona es nula, lanzo error
        if (l == null) {
            Alert alert = new Alert(Alert.AlertType.ERROR);
            alert.setHeaderText(null);
            alert.setTitle("Error");
            alert.setContentText("Debe seleccionar el libro que desea modificar.");
            alert.showAndWait();
        } else {

            try {
                // Obtengo los datos del formulario
                String titulo = this.txtTitulo.getText();
                String autor = this.txtAutor.getText();
                int isbn = Integer.parseInt(this.txtIsbn.getText());

                // Creo una persona
                Libro aux = new Libro(titulo, autor, isbn);

                // Compruebo si el libro esta en la lista
                if (!this.libros.contains(aux)) {

                    // Modifico el objeto
                    l.setTitulo(aux.getTitulo());
                    l.setAutor(aux.getAutor());
                    l.setIsbn(aux.getIsbn());

                    // Refresco la tabla
                    tblLibros.refresh();

                    Alert alert = new Alert(Alert.AlertType.INFORMATION);
                    alert.setHeaderText(null);
                    alert.setTitle("Info");
                    alert.setContentText("Libro correctamente modificado.");
                    alert.showAndWait();

                } else {

                    Alert alert = new Alert(Alert.AlertType.ERROR);
                    alert.setHeaderText(null);
                    alert.setTitle("Error");
```

```java
                    alert.setContentText("El libro ya existe en la colección.");
                    alert.showAndWait();
                }
            } catch (NumberFormatException e) {

                Alert alert = new Alert(Alert.AlertType.ERROR);
                alert.setHeaderText(null);
                alert.setTitle("Error");
                alert.setContentText("Formato incorrecto.");
                alert.showAndWait();
            }

        }

    }

    @FXML
    private void eliminar(ActionEvent event) {

        // Obtengo la persona seleccionada
        Libro l = tblLibros.getSelectionModel().getSelectedItem();

        // Si la persona es nula, lanzo error
        if (l == null) {
            Alert alert = new Alert(Alert.AlertType.ERROR);
            alert.setHeaderText(null);
            alert.setTitle("Error");
            alert.setContentText("Debe seleccionar el libro que desea eliminar de la
colección.");
            alert.showAndWait();
        } else {

            // La elimino de la lista
            libros.remove(l);
            // Refresco la lista
            tblLibros.refresh();

            Alert alert = new Alert(Alert.AlertType.INFORMATION);
            alert.setHeaderText(null);
            alert.setTitle("Info");
            alert.setContentText("Libro correctamente eliminado de la colección.");
            alert.showAndWait();

            txtTitulo.setText("");
            txtAutor.setText("");
            txtIsbn.setText("");
        }

    }

}
```

EJERCICIO P3 BLOCK DE NOTAS

Main.java

```
package sample;

import javafx.application.Application;
import javafx.fxml.FXMLLoader;
import javafx.scene.Parent;
import javafx.scene.Scene;
import javafx.stage.Stage;

public class Main extends Application {

    @Override
    public void start(Stage primaryStage) throws Exception{
        Parent root = FXMLLoader.load(getClass().getResource("Bloc_de_Notas.fxml"));
        primaryStage.setTitle("Bloc de Notas");
        primaryStage.setScene(new Scene(root));
        primaryStage.show();
    }


    public static void main(String[] args) {
        launch(args);
    }
}
```

Bloc_de_Notas.fxml

```
<?xml version="1.0" encoding="UTF-8"?>

<?import javafx.scene.control.Menu?>
<?import javafx.scene.control.MenuBar?>
<?import javafx.scene.control.MenuItem?>
<?import javafx.scene.control.SeparatorMenuItem?>
<?import javafx.scene.control.TextArea?>
<?import javafx.scene.layout.BorderPane?>

<BorderPane maxHeight="-Infinity" maxWidth="-Infinity" minHeight="-Infinity"
            minWidth="-Infinity" prefHeight="300.0"
            prefWidth="400.0" xmlns="http://javafx.com/javafx/11.0.1"
            xmlns:fx="http://javafx.com/fxml/1"
            fx:controller="sample.Controller">
    <center>
        <TextArea fx:id="textArea" prefHeight="200.0" prefWidth="200.0" BorderPane.
alignment="CENTER"/>
    </center>
    <top>
        <MenuBar BorderPane.alignment="CENTER">
            <menus>
                <Menu mnemonicParsing="false" text="File">
```

```xml
                    <items>
                        <MenuItem fx:id="Abrir" mnemonicParsing="false"
                                  onAction="#ActAbrir" text="Open"/>
                        <MenuItem fx:id="Guardar" mnemonicParsing="false"
                                  onAction="#ActGuardar" text="Save"/>
                        <SeparatorMenuItem mnemonicParsing="false"/>
                        <MenuItem fx:id="Salir" mnemonicParsing="false"
                                  onAction="#ActSalir" text="Exit"/>
                    </items>
                </Menu>
            </menus>
        </MenuBar>
    </top>
</BorderPane>
```

Controller.java

```java
import javafx.scene.control.ButtonType;
import javafx.scene.control.MenuItem;
import javafx.scene.control.TextArea;
import javafx.stage.FileChooser;
import javafx.stage.Stage;

public class Controller {


    public MenuItem Abrir;
    public MenuItem Guardar;
    public MenuItem Salir;
    @FXML
    public TextArea textArea;
    public Stage stage;


    public void ActAbrir(ActionEvent actionEvent) {
        FileChooser fileChooser=new FileChooser();
        File file=fileChooser.showOpenDialog(stage);
        if (file != null) {
            FileReader fr=null;
            BufferedReader br=null;
            String texto="";
            try {
                fr=new FileReader(file);
                br=new BufferedReader(fr);
                String st=br.readLine();
                while (st != null) {
                    texto=texto + st + "\n";
                    st=br.readLine();
                }
            } catch (Exception e) {
                textArea.appendText(e.toString());
```

```java
        } finally {
            try {
                fr.close();
            } catch (Exception e2) {
                textArea.appendText(e2.toString());
            }
        }
        textArea.appendText(texto);
    }
}

public void ActGuardar(ActionEvent actionEvent) {
    FileChooser fileChooser=new FileChooser();
    File file=fileChooser.showSaveDialog(stage);
    if (file != null) {
        FileWriter fw=null;
        BufferedWriter bw=null;
        try {
            // EL segundo parametro es un boolean
            // En true escribe al final
            // En false escribe al inicio
            fw=new FileWriter(file, false);
            bw=new BufferedWriter(fw);

            String texto=textArea.getText();
            bw.write(texto, 0, texto.length());
        } catch (Exception e) {
            textArea.appendText(e.toString());
        } finally {
            try {
                bw.close();
            } catch (Exception e2) {
                textArea.appendText(e2.toString());
            }
        }
    }
}

public void ActSalir(ActionEvent actionEvent) {
    Alert alert=new Alert(Alert.AlertType.CONFIRMATION);
    alert.setHeaderText(null);
    alert.setTitle("SALIR");
    alert.setContentText("¿Estás seguro que deseas salir?");
    alert.showAndWait().ifPresent(response -> {
        if (response == ButtonType.OK) {
            System.exit(0);
        }
    });
}
}
```

EJERCICIO P4. Calculadora de botones con css.

Pistas: hojas de estilo css.

https://javiergarciaescobedo.es/programacion-en-java/96-javafx/481-hojas-de-estilo-css-con-javafx
https://code.makery.ch/es/library/javafx-tutorial/part4/

Main.java

```java
package sample;

import javafx.application.Application;
import javafx.fxml.FXMLLoader;
import javafx.scene.Parent;
import javafx.scene.Scene;
import javafx.stage.Stage;

public class Main extends Application {

    @Override
    public void start(Stage primaryStage) throws Exception{
        Parent root = FXMLLoader.load(getClass().getResource("sample.fxml"));
        //primaryStage.setTitle("Calculadora");
        primaryStage.setScene(new Scene(root, 302, 400));
        primaryStage.show();


    }


    public static void main(String[] args) {
        launch(args);
    }
}
```

sample.xml

```xml
<?xml version="1.0" encoding="UTF-8"?>

<?import javafx.geometry.Insets?>
<?import javafx.scene.control.Button?>
<?import javafx.scene.control.Label?>
<?import javafx.scene.layout.ColumnConstraints?>
<?import javafx.scene.layout.GridPane?>
<?import javafx.scene.layout.Pane?>
<?import javafx.scene.layout.RowConstraints?>
<?import javafx.scene.text.Font?>

<Pane maxHeight="-Infinity" maxWidth="-Infinity" minHeight="-Infinity" minWidth="-Infinity"
    prefHeight="400.0" prefWidth="302.0" style="-fx-background-color: #616161#616161;"
    xmlns="http://javafx.com/javafx/11.0.1" xmlns:fx="http://javafx.com/fxml/1"
fx:controller="sample.Controller"
    stylesheets="sample.css" >
```

```
<children>
    <GridPane gridLinesVisible="true" layoutY="115.0" prefHeight="285.0"
prefWidth="302.0">
        <columnConstraints>
            <ColumnConstraints hgrow="SOMETIMES" minWidth="10.0" prefWidth="100.0" />
            <ColumnConstraints hgrow="SOMETIMES" minWidth="10.0" prefWidth="100.0" />
            <ColumnConstraints hgrow="SOMETIMES" minWidth="10.0" prefWidth="100.0" />
            <ColumnConstraints hgrow="SOMETIMES" minWidth="10.0" prefWidth="100.0" />
        </columnConstraints>
        <rowConstraints>
            <RowConstraints minHeight="10.0" prefHeight="30.0" vgrow="SOMETIMES" />
            <RowConstraints minHeight="10.0" prefHeight="30.0" vgrow="SOMETIMES" />
            <RowConstraints minHeight="10.0" prefHeight="30.0" vgrow="SOMETIMES" />
            <RowConstraints minHeight="10.0" prefHeight="30.0" vgrow="SOMETIMES" />
            <RowConstraints minHeight="10.0" prefHeight="30.0" vgrow="SOMETIMES" />
        </rowConstraints>
        <children>
            <Button id="amarillos" fx:id="buttonDel" mnemonicParsing="false"
onAction="#buttonDel" prefHeight="70.0" prefWidth="76.0" stylesheets="@sample.css"
text="DEL" textFill="WHITE" GridPane.columnIndex="1" GridPane.valignment="BOTTOM">
                <font>
                    <Font name="Verdana" size="16.0" />
                </font>
            </Button>
            <Button id="amarillos" fx:id="buttonX100" mnemonicParsing="false"
onAction="#buttonPercent" prefHeight="70.0" prefWidth="76.0" stylesheets="@sample.css"
text="\%" textFill="WHITE" GridPane.columnIndex="2" GridPane.valignment="BOTTOM">
                <font>
                    <Font name="Verdana" size="16.0" />
                </font>
            </Button>
            <Button id="azules" fx:id="buttonMult" mnemonicParsing="false"
onAction="#buttonMult" prefHeight="70.0" prefWidth="76.0" stylesheets="@sample.css"
text="x" textFill="WHITE" GridPane.columnIndex="3" GridPane.rowIndex="1" GridPane.
valignment="BOTTOM">
                <font>
                    <Font name="Verdana" size="18.0" />
                </font>
            </Button>
            <Button id="azules" fx:id="buttonResta" mnemonicParsing="false"
onAction="#buttonResta" prefHeight="70.0" prefWidth="76.0" stylesheets="@sample.css"
text="-" textFill="WHITE" GridPane.columnIndex="3" GridPane.rowIndex="2" GridPane.
valignment="BOTTOM">
                <font>
                    <Font name="Verdana" size="30.0" />
                </font>
            </Button>
            <Button id="amarillos" fx:id="buttonC" mnemonicParsing="false"
onAction="#buttonC" prefHeight="70.0" prefWidth="76.0" stylesheets="@sample.css"
text="C" textFill="WHITE">
```

```xml
                <font>
                    <Font name="Verdana" size="18.0" />
                </font>
            </Button>
            <Button id="negros" fx:id="buttonComa" mnemonicParsing="false"
onAction="#buttonComa" prefHeight="70.0" prefWidth="76.0" stylesheets="@sample.css"
text="," textFill="WHITE" GridPane.columnIndex="1" GridPane.rowIndex="4" GridPane.
valignment="BOTTOM">
                <font>
                    <Font name="Verdana" size="18.0" />
                </font>
            </Button>
            <Button id="azules" fx:id="buttonResultado" mnemonicParsing="false"
onAction="#buttonIgual" prefHeight="70.0" prefWidth="76.0" stylesheets="@sample.css"
text="=" textFill="WHITE" GridPane.columnIndex="3" GridPane.rowIndex="4" GridPane.
valignment="BOTTOM">
                <font>
                    <Font name="Verdana" size="22.0" />
                </font>
            </Button>
            <Button id="azules" fx:id="buttonSuma" mnemonicParsing="false"
onAction="#buttonSuma" prefHeight="70.0" prefWidth="76.0" stylesheets="@sample.css"
text="+" textFill="WHITE" GridPane.columnIndex="3" GridPane.rowIndex="3" GridPane.
valignment="BOTTOM">
                <font>
                    <Font name="Verdana" size="18.0" />
                </font>
            </Button>
            <Button id="negros" fx:id="button1" mnemonicParsing="false"
onAction="#button1" prefHeight="70.0" prefWidth="76.0" stylesheets="@sample.css"
text="1" textFill="WHITE" GridPane.rowIndex="3" GridPane.valignment="BOTTOM">
                <font>
                    <Font name="Verdana" size="30.0" />
                </font>
            </Button>
            <Button id="negros" fx:id="button8" mnemonicParsing="false"
onAction="#button8" prefHeight="70.0" prefWidth="76.0" stylesheets="@sample.css"
text="8" textFill="WHITE" GridPane.columnIndex="1" GridPane.rowIndex="1" GridPane.
valignment="BOTTOM">
                <font>
                    <Font name="Verdana" size="30.0" />
                </font>
            </Button>
            <Button id="negros" fx:id="button5" mnemonicParsing="false"
onAction="#button5" prefHeight="70.0" prefWidth="76.0" stylesheets="@sample.css"
text="5" textFill="WHITE" GridPane.columnIndex="1" GridPane.rowIndex="2" GridPane.
valignment="BOTTOM">
                <font>
                    <Font name="Verdana" size="30.0" />
                </font>
```

```xml
            </Button>
            <Button id="negros" fx:id="button9" mnemonicParsing="false"
onAction="#button9" prefHeight="70.0" prefWidth="76.0" stylesheets="@sample.css"
text="9" textFill="WHITE" GridPane.columnIndex="2" GridPane.rowIndex="1" GridPane.
valignment="BOTTOM">
               <font>
                  <Font name="Verdana" size="30.0" />
               </font>
            </Button>
            <Button id="negros" fx:id="button6" mnemonicParsing="false"
onAction="#button6" prefHeight="70.0" prefWidth="76.0" stylesheets="@sample.css"
text="6" textFill="WHITE" GridPane.columnIndex="2" GridPane.rowIndex="2" GridPane.
valignment="BOTTOM">
               <font>
                  <Font name="Verdana" size="30.0" />
               </font>
            </Button>
            <Button id="negros" fx:id="button3" mnemonicParsing="false"
onAction="#button3" prefHeight="70.0" prefWidth="76.0" stylesheets="@sample.css"
text="3" textFill="WHITE" GridPane.columnIndex="2" GridPane.rowIndex="3" GridPane.
valignment="BOTTOM">
               <font>
                  <Font name="Verdana" size="30.0" />
               </font>
            </Button>
            <Button id="negros" fx:id="button4" mnemonicParsing="false"
onAction="#button4" prefHeight="70.0" prefWidth="76.0" stylesheets="@sample.css"
text="4" textFill="WHITE" GridPane.rowIndex="2" GridPane.valignment="BOTTOM">
               <font>
                  <Font name="Verdana" size="30.0" />
               </font>
            </Button>
            <Button id="negros" fx:id="button2" mnemonicParsing="false"
onAction="#button2" prefHeight="70.0" prefWidth="76.0" stylesheets="@sample.css"
text="2" textFill="WHITE" GridPane.columnIndex="1" GridPane.rowIndex="3" GridPane.
valignment="BOTTOM">
               <font>
                  <Font name="Verdana" size="30.0" />
               </font>
            </Button>
            <Button id="azules" fx:id="buttonDivision" mnemonicParsing="false"
onAction="#buttonDiv" prefHeight="70.0" prefWidth="76.0" stylesheets="@sample.css"
text="÷" textFill="WHITE" GridPane.columnIndex="3" GridPane.valignment="BOTTOM">
               <font>
                  <Font name="Verdana" size="18.0" />
               </font>
            </Button>
            <Button id="negros" fx:id="button0" mnemonicParsing="false"
onAction="#button0" prefHeight="70.0" prefWidth="76.0" stylesheets="@sample.css"
text="0" textFill="WHITE" GridPane.rowIndex="4" GridPane.valignment="BOTTOM">
```

```xml
            <font>
                <Font name="Verdana" size="30.0" />
            </font>
        </Button>
        <Button id="negros" fx:id="button7" mnemonicParsing="false"
onAction="#button7" prefHeight="70.0" prefWidth="76.0" stylesheets="@sample.css"
text="7" textFill="WHITE" GridPane.rowIndex="1">
            <font>
                <Font name="Verdana" size="30.0" />
            </font>
        </Button>
        <Button id="negros" fx:id="buttonMasMenos" alignment="CENTER"
mnemonicParsing="false" onAction="#buttonNegativo" prefHeight="70.0" prefWidth="76.0"
stylesheets="@sample.css" text="±" textFill="WHITE" GridPane.columnIndex="2" GridPane.
rowIndex="4">
            <font>
                <Font name="Verdana" size="23.0" />
            </font>
        </Button>
    </children>
  </GridPane>
  <Label fx:id="display2" alignment="CENTER_RIGHT" layoutX="2.0" prefHeight="35.0"
prefWidth="298.0" textFill="WHITE">
      <font>
          <Font name="Monospaced Regular" size="15.0" />
      </font>
      <padding>
          <Insets right="5.0" />
      </padding>
  </Label>
  <Label fx:id="display1" alignment="CENTER_RIGHT" layoutX="2.0" layoutY="34.0"
prefHeight="82.0" prefWidth="298.0" text="0" textFill="WHITE" wrapText="true">
      <font>
          <Font name="Verdana" size="50.0" />
      </font>
      <opaqueInsets>
          <Insets />
      </opaqueInsets>
      <padding>
          <Insets right="5.0" />
      </padding>
  </Label>
  </children>
</Pane>
```

sample.css

```css
#amarillos{
    -fx-background-color:#ffaa00;
}
#amarillos:hover{
```

```
        -fx-background-color: #ffee00;
}
#amarillos:pressed{
    -fx-background-color: #FFFFFF; //blanco
}


#negros{
    -fx-background-color: #424242; //gris muy muy oscuro, negro
}
#negros:hover{
    -fx-background-color: #616161; //gris oscuro
}
#negros:pressed{
    -fx-background-color: #FFFFFF; ////blanco
}



#azules{
    -fx-background-color: #0091EA; //azul eléctrico
}
#azules:hover{
    -fx-background-color: #00B0FF; //azul claro
}
#azules:pressed{
    -fx-background-color: #FFFFFF; //blanco
}
```

EJERCICIO P5. Calculadora Pro.

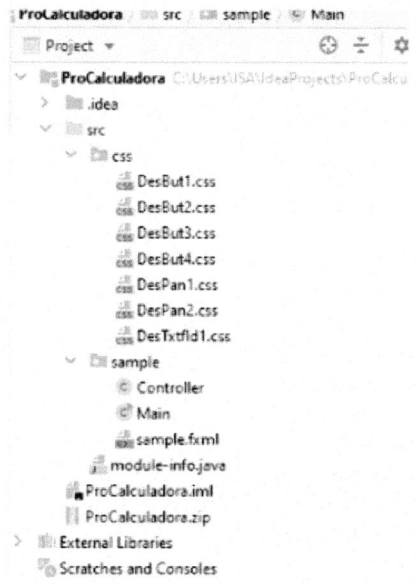

module-info.java

```java
module Plantilla {
    requires javafx.fxml;

    requires javafx.controls;
    requires java.scripting;
    opens sample;
}
```

Main.java

```java
package sample;

import javafx.application.Application;
import javafx.fxml.FXMLLoader;
import javafx.scene.Parent;
import javafx.scene.Scene;
import javafx.stage.Stage;

public class Main extends Application {

    @Override
    public void start(Stage primaryStage) throws Exception{
        Parent root = FXMLLoader.load(getClass().getResource("sample.fxml"));
        primaryStage.setTitle("SuperCalculadora");
        primaryStage.setScene(new Scene(root));
        primaryStage.show();
    }


    public static void main(String[] args) {
        launch(args);
    }
}
```

sample.fxml

```xml
<?xml version="1.0" encoding="UTF-8"?>

<?import javafx.scene.control.Button?>
<?import javafx.scene.control.ColorPicker?>
<?import javafx.scene.control.Label?>
<?import javafx.scene.control.Tab?>
<?import javafx.scene.control.TabPane?>
<?import javafx.scene.control.TextArea?>
<?import javafx.scene.control.TextField?>
<?import javafx.scene.layout.AnchorPane?>
<?import javafx.scene.layout.ColumnConstraints?>
<?import javafx.scene.layout.GridPane?>
<?import javafx.scene.layout.Pane?>
```

```
<?import javafx.scene.layout.RowConstraints?>
<?import javafx.scene.text.Font?>

<AnchorPane maxHeight="-Infinity" maxWidth="-Infinity" minHeight="-Infinity" minWidth="-
Infinity" prefHeight="400.0" prefWidth="300.0" xmlns="http://javafx.com/javafx/11.0.1"
xmlns:fx="http://javafx.com/fxml/1" fx:controller="sample.Controller">
    <children>
        <TabPane prefHeight="400.0" prefWidth="300.0" tabClosingPolicy="UNAVAILABLE">
            <tabs>
                <Tab text="Operaciones">
                    <content>
                        <AnchorPane minHeight="0.0" minWidth="0.0" prefHeight="180.0"
prefWidth="200.0">
                        <children>
                            <Pane fx:id="Pan2" prefHeight="369.0" prefWidth="300.0" />

                            <TextField fx:id="TxtFld1" layoutX="14.0" layoutY="14.0"
prefHeight="79.0" prefWidth="266.0" stylesheets="@../css/DesTxtfld1.css" />
                            <GridPane layoutX="14.0" layoutY="106.0" prefHeight="252.0"
prefWidth="272.0">
                            <columnConstraints>
                                <ColumnConstraints hgrow="SOMETIMES" minWidth="10.0"
prefWidth="100.0" />
                                <ColumnConstraints hgrow="SOMETIMES" minWidth="10.0"
prefWidth="100.0" />
                              <ColumnConstraints hgrow="SOMETIMES" minWidth="10.0"
prefWidth="100.0" />
                                <ColumnConstraints hgrow="SOMETIMES" minWidth="10.0"
prefWidth="100.0" />
                            </columnConstraints>
                            <rowConstraints>
                                <RowConstraints minHeight="10.0" prefHeight="30.0"
vgrow="SOMETIMES" />
                                <RowConstraints minHeight="10.0" prefHeight="30.0"
vgrow="SOMETIMES" />
                              <RowConstraints minHeight="10.0" prefHeight="30.0"
vgrow="SOMETIMES" />
                                <RowConstraints minHeight="10.0" prefHeight="30.0"
vgrow="SOMETIMES" />
                                <RowConstraints minHeight="10.0" prefHeight="30.0"
vgrow="SOMETIMES" />
                            </rowConstraints>
                             <children>
                                <Button fx:id="BtClean" mnemonicParsing="false"
onAction="#LimpPantalla" prefHeight="65.0" prefWidth="85.0" stylesheets="@../css/
DesBut3.css" text="C" />
                                <Button fx:id="BtDelete" mnemonicParsing="false"
onAction="#BorrarDato" prefHeight="78.0" prefWidth="91.0" stylesheets="@../css/DesBut3.
css" text="Del" GridPane.columnIndex="1" />
                                <Button fx:id="Bt7" mnemonicParsing="false"
```

```
onAction="#AñadirValor" prefHeight="82.0" prefWidth="82.0" stylesheets="@../css/DesBut1.
css" text="7" GridPane.rowIndex="1" />
                              <Button fx:id="Bt8" mnemonicParsing="false"
onAction="#AñadirValor" prefHeight="68.0" prefWidth="87.0" stylesheets="@../css/DesBut1.
css" text="8" GridPane.columnIndex="1" GridPane.rowIndex="1" />
                              <Button fx:id="BtPerc" mnemonicParsing="false"
onAction="#AñadirOperacion" prefHeight="65.0" prefWidth="92.0" stylesheets="@../css/
DesBut4.css" text="\%" GridPane.columnIndex="2" />
                              <Button fx:id="BtDiv" mnemonicParsing="false"
onAction="#AñadirOperacion" prefHeight="74.0" prefWidth="83.0" stylesheets="@../css/
DesBut4.css" text="/" GridPane.columnIndex="3" />
                              <Button fx:id="Bt9" mnemonicParsing="false"
onAction="#AñadirValor" prefHeight="79.0" prefWidth="92.0" stylesheets="@../css/DesBut1.
css" text="9" GridPane.columnIndex="2" GridPane.rowIndex="1" />
                              <Button fx:id="BtMult" mnemonicParsing="false"
onAction="#AñadirOperacion" prefHeight="82.0" prefWidth="82.0" stylesheets="@../css/
DesBut4.css" text="x" GridPane.columnIndex="3" GridPane.rowIndex="1" />
                              <Button fx:id="Bt4" mnemonicParsing="false"
onAction="#AñadirValor" prefHeight="62.0" prefWidth="80.0" stylesheets="@../css/DesBut1.
css" text="4" GridPane.rowIndex="2" />
                              <Button fx:id="Bt5" mnemonicParsing="false"
onAction="#AñadirValor" prefHeight="78.0" prefWidth="80.0" stylesheets="@../css/DesBut1.
css" text="5" GridPane.columnIndex="1" GridPane.rowIndex="2" />
                              <Button fx:id="Bt6" mnemonicParsing="false"
onAction="#AñadirValor" prefHeight="95.0" prefWidth="107.0" stylesheets="@../css/
DesBut1.css" text="6" GridPane.columnIndex="2" GridPane.rowIndex="2" />
                              <Button fx:id="BtRest" mnemonicParsing="false"
onAction="#AñadirOperacion" prefHeight="77.0" prefWidth="89.0" stylesheets="@../css/
DesBut4.css" text="-" GridPane.columnIndex="3" GridPane.rowIndex="2" />
                              <Button fx:id="Bt1" mnemonicParsing="false"
onAction="#AñadirValor" prefHeight="68.0" prefWidth="78.0" stylesheets="@../css/DesBut1.
css" text="1" GridPane.rowIndex="3" />
                              <Button fx:id="Bt2" mnemonicParsing="false"
onAction="#AñadirValor" prefHeight="76.0" prefWidth="85.0" stylesheets="@../css/DesBut1.
css" text="2" GridPane.columnIndex="1" GridPane.rowIndex="3" />
                              <Button fx:id="Bt3" mnemonicParsing="false"
onAction="#AñadirValor" prefHeight="76.0" prefWidth="103.0" stylesheets="@../css/
DesBut1.css" text="3" GridPane.columnIndex="2" GridPane.rowIndex="3" />
                              <Button fx:id="BtSum" mnemonicParsing="false"
onAction="#AñadirOperacion" prefHeight="87.0" prefWidth="117.0" stylesheets="@../css/
DesBut4.css" text="+" GridPane.columnIndex="3" GridPane.rowIndex="3" />
                              <Button fx:id="Bt0" mnemonicParsing="false"
onAction="#AñadirValor" prefHeight="70.0" prefWidth="83.0" stylesheets="@../css/DesBut1.
css" text="0" GridPane.rowIndex="4" />
                              <Button fx:id="BtPoint" mnemonicParsing="false"
onAction="#AñadirValor" prefHeight="64.0" prefWidth="90.0" stylesheets="@../css/DesBut1.
css" text="." GridPane.columnIndex="1" GridPane.rowIndex="4" />
                              <Button fx:id="BtAns" mnemonicParsing="false"
onAction="#getUltResultado" prefHeight="68.0" prefWidth="73.0" stylesheets="@../css/
DesBut2.css" text="Ans" GridPane.columnIndex="2" GridPane.rowIndex="4" />
```

```
                        <Button fx:id="BtRes" mnemonicParsing="false"
onAction="#HacerOperación" prefHeight="77.0" prefWidth="92.0" stylesheets="@../css/
DesBut3.css" text="=" GridPane.columnIndex="3" GridPane.rowIndex="4" />
                    </children>
                  </GridPane>
              </children></AnchorPane>
            </content>
          </Tab>
          <Tab text="Historial">
            <content>
                <AnchorPane minHeight="0.0" minWidth="0.0" prefHeight="180.0"
prefWidth="200.0">
                  <children>
                    <Pane fx:id="Pan3" layoutY="6.0" prefHeight="369.0"
prefWidth="300.0" />

                    <TextArea fx:id="TxtArea1" layoutX="23.0" layoutY="23.0"
prefHeight="328.0" prefWidth="255.0" />
                  </children></AnchorPane>
              </content>
          </Tab>
          <Tab text="Configuración">
            <content>
                <AnchorPane minHeight="0.0" minWidth="0.0" prefHeight="180.0"
prefWidth="200.0">
                  <children>
                    <Pane fx:id="Pan4" prefHeight="377.0" prefWidth="306.0" />

                    <Label layoutX="22.0" layoutY="28.0" prefHeight="38.0"
prefWidth="155.0" text="Seleccionar Color:">
                        <font>
                          <Font size="18.0" />
                        </font>
                    </Label>
                    <ColorPicker fx:id="PickerCol" layoutX="125.0" layoutY="72.0"
onAction="#PruebaCol" />
                    <Pane id="Pan1" fx:id="Pan1" layoutX="50.0" layoutY="122.0"
prefHeight="145.0" prefWidth="200.0" />
                    <Button fx:id="BtCol" layoutX="92.0" layoutY="293.0"
mnemonicParsing="false" onAction="#ModCol" stylesheets="@../css/DesBut1.css"
text="Modificar Color" />

                  </children></AnchorPane>
                </content>
          </Tab>
        </tabs>
      </TabPane>
    </children>
</AnchorPane>
```

Controller.java

```java
package sample;

import javafx.event.ActionEvent;
import javafx.fxml.FXML;
import javafx.geometry.Insets;
import javafx.scene.control.Button;
import javafx.scene.control.ColorPicker;
import javafx.scene.control.TextArea;
import javafx.scene.control.TextField;
import javafx.scene.layout.Background;
import javafx.scene.layout.BackgroundFill;
import javafx.scene.layout.CornerRadii;
import javafx.scene.layout.Pane;
import javafx.scene.paint.Color;


import javax.script.ScriptEngine;
import javax.script.ScriptEngineManager;
import javax.script.ScriptException;


public class Controller{
    public Button BtClean;
    public Button BtDelete;
    public Button Bt7;
    public Button Bt8;
    public Button BtPerc;
    public Button BtDiv;
    public Button Bt9;
    public Button BtMult;
    public Button Bt4;
    public Button Bt5;
    public Button Bt6;
    public Button BtRest;
    public Button Bt1;
    public Button Bt2;
    public Button Bt3;
    public Button BtSum;
    public Button Bt0;
    public Button BtPoint;
    public Button BtAns;
    public Button BtRes;
    public TextField TxtFld1;
    public TextArea TxtArea1;
    public ColorPicker PickerCol;
    public Pane Pan1;
    public Button BtCol;
    public Pane Pan4;
    public Pane Pan3;
```

```java
    public Pane Pan2;

    private Boolean operationOn = true;
    private double UltOperacion =0;

    public void LimpPantalla(){
        TxtFld1.setText("");
        operationOn=true;
    }

    public void BorrarDato(){
        if (!(TxtFld1.getText().length() ==0))
            TxtFld1.setText(TxtFld1.getText().substring(0,TxtFld1.getText().
length()-1));
    }

    public void HacerOperación(){
        String operationS=TxtFld1.getText();
        ScriptEngineManager manager = new ScriptEngineManager();
        ScriptEngine engine = manager.getEngineByName("js");
        try{
            Object operation = engine.eval(TxtFld1.getText().replaceAll("x","*"));
            TxtFld1.setText(""+ operation);
            TxtArea1.setText(operationS +" = "+TxtFld1.getText()+"\n"+TxtArea1.
getText());
            UltOperacion = Double.parseDouble(TxtFld1.getText());
        }catch(ScriptException e){
            TxtFld1.setText("");
        }
    }


    public void getUltResultado(){
        if(!(UltOperacion==0))

            TxtFld1.setText(TxtFld1.getText()+UltOperacion);
    }

    @FXML
    void AñadirValor(ActionEvent event) {
        TxtFld1.setText(TxtFld1.getText()+((Button)event.getSource()).getText());
    }

    @FXML
    void AñadirOperacion(ActionEvent event) {
        if(operationOn){
            TxtFld1.setText(TxtFld1.getText()+((Button)event.getSource()).getText());
        }
    }
    public void PruebaCol(ActionEvent actionEvent) {
```

```
        Pan1.setBackground(new Background(new BackgroundFill(Color.web(String.
valueOf(PickerCol.getValue())), CornerRadii.EMPTY, Insets.EMPTY)));
    }

    public void ModCol(ActionEvent actionEvent) {
        Pan2.setBackground(new Background(new BackgroundFill(Color.web(String.
valueOf(PickerCol.getValue())), CornerRadii.EMPTY, Insets.EMPTY)));
        Pan3.setBackground(new Background(new BackgroundFill(Color.web(String.
valueOf(PickerCol.getValue())), CornerRadii.EMPTY, Insets.EMPTY)));
        Pan4.setBackground(new Background(new BackgroundFill(Color.web(String.
valueOf(PickerCol.getValue())), CornerRadii.EMPTY, Insets.EMPTY)));
    }
}
```

Soluciones al cuestionario

Cuestión 1: ¿Que es MVC?

MVC es un patrón de programación que está dividido en tres capas, El Modelo, La Vista, y El Controlador. A continuación, la función principal de cada uno.

- ▶ La "Vista" es responsable del aspecto visual.
- ▶ El "Modelo" representa el mundo real a partir de objetos que son pasados a la vista.
- ▶ El "Controlador" es responsable de tomar la petición del usuario y cargar la correspondiente Vista y Modelo.

Cuestión 2: La clase Stage...

- ☐ Es una referencia al contenedor principal de nuestra aplicación.
- ☐ Es un título para nuestra aplicación.
- ☐ Contiene los controles secundarios de la aplicación.
- ☐ Contiene el control nodo raíz.

Cuestión 3: getWidth y getHeight..

- ☐ Todas son falsas.
- ☐ Coge la anchura y la altura del AnchorPane.
- ☐ Coge la anchura y la altura del Stage.
- ☐ Coge la anchura y la altura de la Scene principal.

Cuestión 5: un radioButton..

- ☐ Suele ir solo.
- ☒ Suele formar parte de un Toggle Grup.
- ☐ No tiene la propiedad Selected.
- ☐ Funciona exactamente igual que un checkbox.

Cuestión 6: en un menu..

☐ Necesitamos tres elementos: MenuBar, Menu, Menuitem.

☐ MenuBar define la barra donde se colocarán todos los menus.

☐ Menu define las categorías de los ítems de los menus.

☒ Todas son correctas.

Cuestión 7:un HBox..

☐ Divide el panel en cinco regiones: top, bottom, left, right y center.

☐ Coloca los controles uno al lado del otro, hasta que no hay más espacio (vertical u horizontalmente).

☒ Coloca los controles horizontalmente, uno al lado del otro.

☐ Coloca los controles verticalmente, uno encima/debajo del otro.

Cuestión 8: Un FlowPane.

☐ Divide el panel en cinco regiones: top, bottom, left, right y center.

☒ Coloca los controles uno al lado del otro, hasta que no hay más espacio (vertical u horizontalmente).

☐ Coloca los controles horizontalmente, uno al lado del otro HBOX.

☐ Coloca los controles verticalmente, uno encima/debajo del otro VBOX.

Cuestión 9: Un VBox.

☐ Divide el panel en cinco regiones: top, bottom, left, right y center. Borderpane.

☒ Coloca los controles uno al lado del otro, hasta que no hay más espacio (vertical u horiontalmente).

☐ Coloca los controles horizontalmente, uno al lado del otro.

☐ Coloca los controles verticalmente, uno encima/debajo del otro.

Cuestión 10: Un BorderPane.

☒ Divide el panel en cinco regiones: top, bottom, left, right y center.

☐ Coloca los controles uno al lado del otro, hasta que no hay más espacio (vertical u horiontalmente).

☐ Coloca los controles horizontalmente, uno al lado del otro.

☐ Coloca los controles verticalmente, uno encima/debajo del otro.

SOLUCIONES UNIDAD 10

EJERCICIO P1

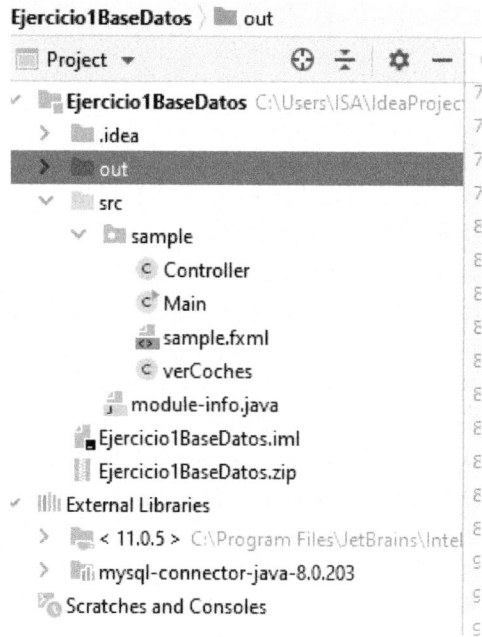

SOLUCIÓN 1 EJER P1 Consulta de los coches de la base de datos. Nota: al inicializar se utiliza un arrayList para coger todos los datos y luego los va mostrando uno detrás de otro; si llega al final, lo indica con un mensaje y vuelve a empezar.

module-info.java

```
module Ejercicio1BaseDatos {
    requires javafx.controls;
    requires javafx.fxml;
    requires java.sql;
    requires java.desktop;
    requires mysql.connector.java;
    opens sample;
}
```

sample.fxml

```
<?xml version="1.0" encoding="UTF-8"?>

<?import javafx.scene.control.Button?>
<?import javafx.scene.control.Label?>
<?import javafx.scene.control.TextField?>
<?import javafx.scene.layout.AnchorPane?>
```

```xml
<AnchorPane maxHeight="-Infinity" maxWidth="-Infinity" minHeight="-Infinity" minWidth="-
Infinity" prefHeight="400.0" prefWidth="247.0" xmlns="http://javafx.com/javafx/11.0.1"
xmlns:fx="http://javafx.com/fxml/1" fx:controller="sample.Controller">
    <children>
        <Label alignment="CENTER_RIGHT" layoutX="3.0" layoutY="46.0" prefHeight="17.0"
prefWidth="60.0" text="Matrícula" />
        <Label alignment="CENTER_RIGHT" layoutX="3.0" layoutY="86.0" prefHeight="17.0"
prefWidth="60.0" text="Marca" />
        <Label alignment="CENTER_RIGHT" layoutX="3.0" layoutY="127.0" prefHeight="17.0"
prefWidth="60.0" text="Modelo" />
        <Label alignment="CENTER_RIGHT" layoutX="3.0" layoutY="169.0" prefHeight="17.0"
prefWidth="60.0" text="Color" />
        <Label alignment="CENTER_RIGHT" layoutX="3.0" layoutY="214.0" prefHeight="17.0"
prefWidth="60.0" text="Año" />
        <Label alignment="CENTER_RIGHT" layoutX="3.0" layoutY="258.0" prefHeight="17.0"
prefWidth="60.0" text="Precio" />
        <TextField fx:id="tx_matricula" layoutX="77.0" layoutY="42.0" />
        <TextField fx:id="tx_marca" layoutX="77.0" layoutY="82.0" />
        <TextField fx:id="tx_modelo" layoutX="77.0" layoutY="123.0" />
        <TextField fx:id="tx_color" layoutX="77.0" layoutY="165.0" />
        <TextField fx:id="tx_anio" layoutX="77.0" layoutY="210.0" />
        <TextField fx:id="tx_precio" layoutX="77.0" layoutY="254.0" />
        <Button fx:id="bt_siguiente" layoutX="79.0" layoutY="322.0" mnemonicParsing="false"
onAction="#push_sig" prefHeight="25.0" prefWidth="149.0" text="Siguiente" />
    </children>
</AnchorPane>
```

Main.java

```java
package sample;

import javafx.application.Application;
import javafx.fxml.FXMLLoader;
import javafx.scene.Parent;
import javafx.scene.Scene;
import javafx.stage.Stage;

import java.sql.*;

public class Main extends Application {

    @Override
    public void start(Stage primaryStage) throws Exception{
        Parent root = FXMLLoader.load(getClass().getResource("sample.fxml"));
        primaryStage.setTitle("Ejercicio1 Concesionario con ArrayList ");
        primaryStage.setScene(new Scene(root, 275, 350));
        primaryStage.show();
    }
}
```

Controller.java

```java
package sample;

import javafx.application.Application;
import javafx.collections.FXCollections;
import javafx.collections.ObservableArray;
import javafx.collections.ObservableList;
import javafx.event.ActionEvent;
import javafx.fxml.FXML;
import javafx.fxml.Initializable;
import javafx.scene.Parent;
import javafx.scene.control.Button;
import javafx.scene.control.TextField;
import javafx.stage.Stage;

import javax.swing.*;
import javax.swing.plaf.nimbus.State;
import java.awt.*;
import java.net.URL;
import java.sql.*;
import java.util.Iterator;
import java.util.ResourceBundle;

public class Controller implements Initializable {

    @FXML
    private Button bt_siguiente;
    @FXML
    private TextField tx_matricula;
    @FXML
    private TextField tx_marca;
    @FXML
    private TextField tx_modelo;
    @FXML
    private TextField tx_color;
    @FXML
    private TextField tx_anio;
    @FXML
    private TextField tx_precio;

    private Connection conexion;

    private ResultSet rs;

    private Statement sentencia = null;

    ObservableList<verCoches> coches = FXCollections.observableArrayList();

    private int contador = 0;
    private int fila=0;

    public void push_sig(ActionEvent event) throws SQLException {
```

```java
        if(contador < coches.size()){

            tx_matricula.setText(coches.get(contador).getMatricula());
            tx_marca.setText(coches.get(contador).getMarca());
            tx_modelo.setText(coches.get(contador).getModelo());
            tx_color.setText(coches.get(contador).getColor());
            tx_anio.setText(String.valueOf(coches.get(contador).getAnio()));
            tx_precio.setText(String.valueOf(coches.get(contador).getPrecio()));
            contador++;
        }else{

            JFrame f = new JFrame();
            JOptionPane.showMessageDialog(f,"Ya no hay más coches para mostrar, se
volverá al primero de la lista.");
            tx_matricula.setText("");
            tx_marca.setText("");
            tx_modelo.setText("");
            tx_color.setText("");
            tx_anio.setText("");
            tx_precio.setText("");
            contador=0;
        }
    }

    public void start(Stage stage) throws Exception {

    }

    @Override
    public void initialize(URL url, ResourceBundle resourceBundle) {

        try {

            // Cargar el driver
            Class.forName("com.mysql.cj.jdbc.Driver");
            // Establecemos la conexion con la BD

            String URL="jdbc:mysql://localhost:3306/concesionario?useTimeZone=true&serve
rTimezone=UTC";
            Connection con = DriverManager.getConnection( URL, "root", "root" );


            // Preparamos la consulta
            //sentencia = conexion.createStatement();
            Statement sentencia=con.createStatement(ResultSet.TYPE_SCROLL_SENSITIVE,
                            ResultSet.CONCUR_UPDATABLE);
            String sql = "select MATRICULA, MARCA, MODELO, COLOR, ANIO, PRECIO  from
coches";

            rs = sentencia.executeQuery(sql);

            while(rs.next()){
```

```java
                coches.add(

                            new verCoches(rs.getString("MATRICULA"),rs.getString("MARCA"),
        rs.getString("MODELO"), rs.getString("COLOR"),rs.getInt("ANIO"), rs.getInt("precio"))
                );
            }

        } catch (ClassNotFoundException | SQLException e) {
            e.printStackTrace();
        }
    }
}
```

verCoches.java

```java
package sample;

import java.sql.Connection;
import java.sql.ResultSet;
import java.sql.SQLException;
import java.sql.Statement;

public class verCoches {


    private String matricula;
    private String marca;
    private String modelo;
    private String color;
    private int anio;
    private int precio;

    public verCoches(String matricula, String marca, String modelo, String color, int
anio, int precio){
        this.matricula=matricula;
        this.marca=marca;
        this.modelo=modelo;
        this.color=color;
        this.anio=anio;
        this.precio=precio;
    }

    public verCoches(){

    }

    public String getMatricula() {
        return matricula;
    }

    public String getMarca() {
        return marca;
    }
```

```java
    public String getModelo() {
        return modelo;
    }

    public String getColor() {
        return color;
    }

    public int getAnio() {
        return anio;
    }

    public int getPrecio() {
        return precio;
    }

    public void setMatricula(String matricula) {
        this.matricula = matricula;
    }

    public void setMarca(String marca) {
        this.marca = marca;
    }

    public void setModelo(String modelo) {
        this.modelo = modelo;
    }

    public void setColor(String color) {
        this.color = color;
    }

    public void setAnio(int anio) {
        this.anio = anio;
    }

    public void setPrecio(int precio) {
        this.precio = precio;
    }

    @Override
    public String toString() {
        return "verCoches{" +
                "matricula='" + matricula + '\'' +
                ", marca='" + marca + '\'' +
                ", modelo='" + modelo + '\'' +
                ", color='" + color + '\'' +
                ", anio=" + anio +
                ", precio=" + precio +
                '}';
    }

}
```

SOLUCIÓN EJER P2 Consulta de los coches de la base de datos. Aquí utilizo la librería jfoenix-9.0.8.jar y la interfaz tendrá el aspecto siguiente:

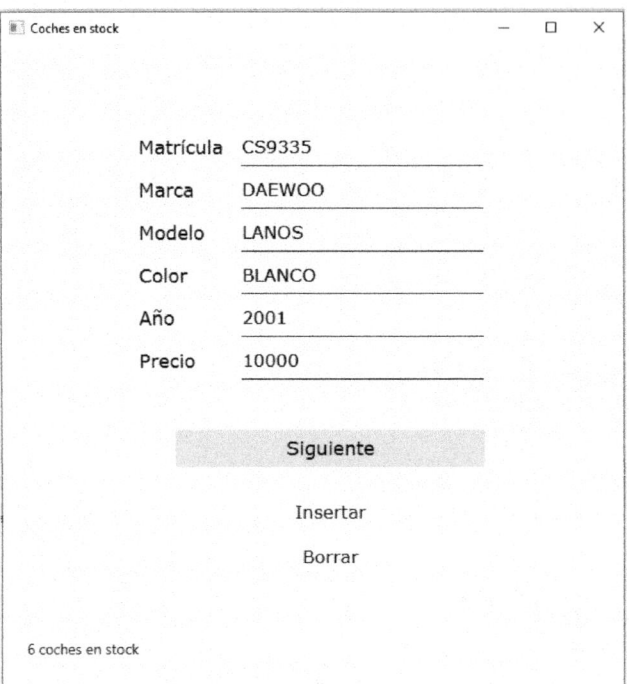

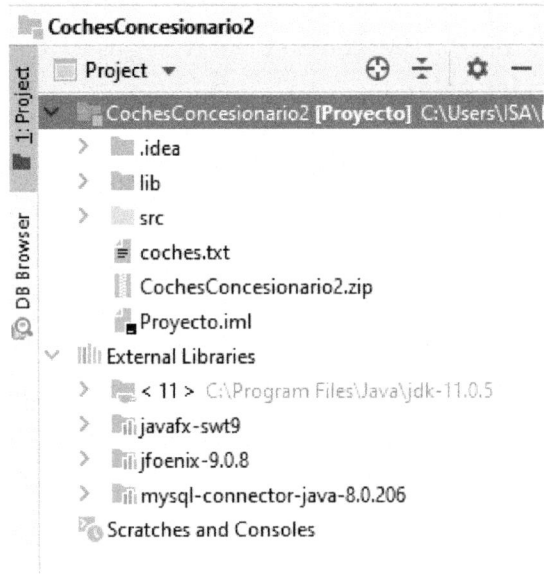

SOLUCIÓN EJER P3

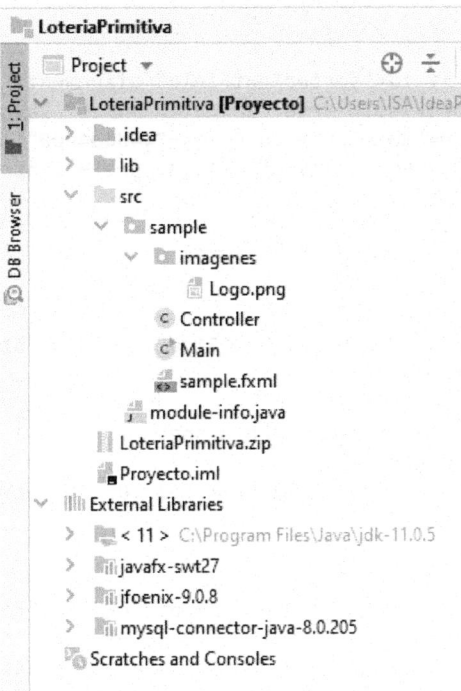

sample.fxml

```
<?xml version="1.0" encoding="UTF-8"?>

<?import com.jfoenix.controls.JFXButton?>
<?import com.jfoenix.controls.JFXTextField?>
<?import javafx.scene.control.DatePicker?>
<?import javafx.scene.control.Label?>
<?import javafx.scene.image.Image?>
<?import javafx.scene.image.ImageView?>
<?import javafx.scene.layout.AnchorPane?>
<?import javafx.scene.layout.Pane?>
<?import javafx.scene.shape.Rectangle?>
<?import javafx.scene.text.Font?>

<AnchorPane maxHeight="-Infinity" maxWidth="-Infinity" minHeight="-Infinity" minWidth="-
Infinity" prefHeight="300.0" prefWidth="900.0" xmlns="http://javafx.com/javafx/11.0.1"
xmlns:fx="http://javafx.com/fxml/1" fx:controller="sample.Controller">
   <children>
      <Pane fx:id="pane" prefHeight="51.0" prefWidth="900.0">
         <children>

            <Label layoutX="67.0" layoutY="11.0" prefHeight="32.0" prefWidth="177.0"
text="LA PRIMITIVA" textFill="GREEN">
```

```
            <font>
                <Font name="Verdana" size="24.0" />
            </font>
        </Label>
        <JFXTextField fx:id="sorteoTextField" alignment="CENTER"
focusColor="#42a64c00" labelFloat="true" layoutX="341.0" layoutY="13.0"
prefHeight="27.0" prefWidth="30.0" unFocusColor="#4d4d4d00" />
        <Label layoutX="295.0" layoutY="15.0" prefHeight="23.0" prefWidth="47.0"
text="Sorteo" textFill="GREEN">
            <font>
                <Font name="Verdana" size="13.0" />
            </font>
        </Label>
        <ImageView fx:id="iv" fitHeight="51.0" fitWidth="61.0" layoutX="11.0"
pickOnBounds="true" preserveRatio="true">
            <image>
                <Image url="@imagenes/Logo.png" />
            </image></ImageView>
        <DatePicker fx:id="fecha" layoutX="633.0" layoutY="13.0"
nodeOrientation="RIGHT_TO_LEFT"  />
    </children>
  </Pane>
  <JFXTextField fx:id="n1TextField" alignment="CENTER" focusColor="#405aa800"
layoutX="56.0" layoutY="120.0" prefHeight="51.0" prefWidth="52.0" style="-fx-
background-color: green; -fx-background-radius: 100; -fx-text-fill: white;"
unFocusColor="#4d4d4d00">
      <font>
          <Font name="Helvetica" size="22.0" />
      </font>
  </JFXTextField>
  <JFXTextField fx:id="n2TextField" alignment="CENTER" focusColor="#405aa800"
layoutX="122.0" layoutY="120.0" prefHeight="51.0" prefWidth="52.0" style="-fx-
background-color: green; -fx-background-radius: 100;  -fx-text-fill: white;"
unFocusColor="#4d4d4d00">
      <font>
          <Font name="Helvetica" size="22.0" />
      </font>
  </JFXTextField>
  <JFXTextField fx:id="n3TextField" alignment="CENTER" focusColor="#405aa800"
layoutX="185.0" layoutY="120.0" prefHeight="51.0" prefWidth="52.0" style="-fx-
background-color: green; -fx-background-radius: 100;  -fx-text-fill: white;"
unFocusColor="#4d4d4d00">
      <font>
          <Font name="Helvetica" size="22.0" />
      </font>
  </JFXTextField>
  <JFXTextField fx:id="n4TextField" alignment="CENTER" focusColor="#405aa800"
layoutX="248.0" layoutY="120.0" prefHeight="51.0" prefWidth="52.0" style="-fx-
background-color: green; -fx-background-radius: 100;  -fx-text-fill: white;"
unFocusColor="#4d4d4d00">
```

```xml
            <font>
                <Font name="Helvetica" size="22.0" />
            </font>
        </JFXTextField>
        <JFXTextField fx:id="n5TextField" alignment="CENTER" focusColor="#405aa800"
layoutX="314.0" layoutY="120.0" prefHeight="51.0" prefWidth="52.0" style="-fx-
background-color: green; -fx-background-radius: 100;  -fx-text-fill: white;"
unFocusColor="#4d4d4d00">
            <font>
                <Font name="Helvetica" size="22.0" />
            </font>
        </JFXTextField>
        <JFXTextField fx:id="n6TextField" alignment="CENTER" focusColor="#405aa800"
layoutX="381.0" layoutY="120.0" prefHeight="51.0" prefWidth="52.0" style="-fx-
background-color: green; -fx-background-radius: 100;  -fx-text-fill: white;"
unFocusColor="#4d4d4d00">
            <font>
                <Font name="Helvetica" size="22.0" />
            </font>
        </JFXTextField>
        <JFXTextField fx:id="cTextField" alignment="CENTER" focusColor="#405aa800"
layoutX="647.0" layoutY="120.0" prefHeight="51.0" prefWidth="52.0" style="-fx-
background-color: #B3E8A9 #B3E8A9; -fx-background-radius: 100;  -fx-text-fill: green;"
unFocusColor="#74a38500">
            <font>
                <Font name="Helvetica" size="22.0" />
            </font>
        </JFXTextField>
        <JFXTextField fx:id="rTextField" alignment="CENTER" focusColor="#405aa800"
layoutX="757.0" layoutY="120.0" prefHeight="51.0" prefWidth="52.0" style="-fx-
background-color: green; -fx-background-radius: 100;  -fx-text-fill: white;"
unFocusColor="#4d4d4d00">
            <font>
                <Font name="Helvetica" size="22.0" />
            </font>
        </JFXTextField>
        <JFXButton fx:id="buttonGuardar" layoutX="59.0" layoutY="225.0"
onAction="#GuardarAction" prefHeight="32.0" prefWidth="99.0" text="Guardar"
textFill="GREEN">
            <font>
                <Font name="Verdana Bold" size="16.0" />
            </font></JFXButton>
        <Label layoutX="667.0" layoutY="83.0" text="C" textFill="GREEN">
            <font>
                <Font size="18.0" />
            </font>
        </Label>
        <Label layoutX="776.0" layoutY="83.0" text="R" textFill="GREEN">
            <font>
                <Font size="18.0" />
```

```xml
        </font>
      </Label>
      <Rectangle arcHeight="5.0" arcWidth="5.0" fill="GREEN" height="23.0" layoutX="-4.0"
layoutY="286.0" stroke="TRANSPARENT" strokeType="INSIDE" width="910.0" />
      <Rectangle arcHeight="5.0" arcWidth="5.0" fill="GREEN" height="13.0" layoutX="-9.0"
layoutY="51.0" stroke="TRANSPARENT" strokeType="INSIDE" width="910.0" />
   </children>
</AnchorPane>
```

Module-info.java

```java
/*   Clase module-info
 *   @author Isabel
 *   05/05/2020
 */

module Proyecto {
    requires javafx.fxml;
    requires javafx.controls;
    requires com.jfoenix;
    requires java.sql;
    requires javafx.base;
    requires javafx.graphics;
    requires kotlin.stdlib;

    opens sample;
}
```

Controller.java

```java
import com.jfoenix.controls.JFXDatePicker;
import com.jfoenix.controls.JFXTextField;
import javafx.event.ActionEvent;
import javafx.fxml.FXML;
import javafx.fxml.Initializable;
import javafx.scene.control.Alert;
import javafx.scene.control.DatePicker;
import javafx.scene.control.TextField;
import javafx.scene.image.Image;
import javafx.scene.image.ImageView;
import javafx.scene.layout.Pane;

import java.net.URL;

import java.sql.*;
import java.time.LocalDate;
import java.util.ResourceBundle;


public class Controller implements Initializable {
```

```java
@Override
public void initialize (URL location, ResourceBundle resources) {


}

@FXML
private JFXTextField sorteoTextField;

@FXML
private Pane pane;

@FXML
private JFXButton buttonGuardar;

@FXML
private JFXTextField n1TextField;

@FXML
private JFXTextField n2TextField;

@FXML
private JFXTextField n3TextField;

@FXML
private JFXTextField n4TextField;

@FXML
private JFXTextField n5TextField;

@FXML
private JFXTextField n6TextField;

@FXML
private JFXTextField cTextField;

@FXML
private JFXTextField rTextField;

@FXML
private DatePicker fecha;


public boolean compruebaNumeros() {

        //compruebo si hay textFields vacíos

    if (    n1TextField.getText().isEmpty () || n2TextField.getText().isEmpty () ||
            n3TextField.getText().isEmpty () || n4TextField.getText().isEmpty () ||
            n5TextField.getText().isEmpty () || n6TextField.getText().isEmpty () ||
```

```java
            sorteoTextField.getText().isEmpty () || fecha.getValue ()==null||
            cTextField.getText ().isEmpty () || rTextField.getText ().isEmpty ())
    {

        Alert alert = new Alert(Alert.AlertType.ERROR);
        alert.setHeaderText(null);
        alert.setTitle("Error");
        alert.setContentText("Ha de rellenar todos los campos");
        alert.showAndWait();

        return false;

        //compruebo que el reintegro es correcto
    }else if(Integer.valueOf (rTextField.getText ())<0 || Integer.valueOf
(rTextField.getText ())>9){

        Alert alert = new Alert(Alert.AlertType.ERROR);
        alert.setHeaderText(null);
        alert.setTitle("Error");
        alert.setContentText("Reintegro ha de ser un número entre el 0 y el 9");
        alert.showAndWait();

        return false;

    }else{

        int vector[] = new int[7];
        vector[0]= Integer.valueOf(n1TextField.getText());
        vector[1]= Integer.valueOf(n2TextField.getText());
        vector[2]= Integer.valueOf(n3TextField.getText());
        vector[3]= Integer.valueOf(n4TextField.getText());
        vector[4]= Integer.valueOf(n5TextField.getText());
        vector[5]= Integer.valueOf(n6TextField.getText());
        vector[6]= Integer.valueOf (cTextField.getText());


        // compruebo que los valores son números del 1 al 49
        for (int i=0;i<vector.length;i++)
        {
            if(vector[i]<0 || vector[i]>49){

                Alert alert = new Alert(Alert.AlertType.ERROR);
                alert.setHeaderText(null);
                alert.setTitle("Error");
                alert.setContentText("Los números de la apuesta y el complementario
han de estar comprendidos entre el 1 y el 49");
                alert.showAndWait();
                return false;
            }
        }
```

```java
            //miro que no haya números repetidos
            for (int  i = 0; i < vector.length; i++)
            {
                for (int j = 0; j < vector.length; j++)
                    if ( i!=j && vector[i]== vector[j])
                    {
                        Alert alert = new Alert(Alert.AlertType.ERROR);
                        alert.setHeaderText(null);
                        alert.setTitle("Error");
                        alert.setContentText("Los números de la apuesta y el
complementario no pueden repetirse");
                        alert.showAndWait();


                        return false;
                    }
                //aqui es una primitiva correcta
                //return true;
            }
        } // hay valores en todos los textField

        // si llegamos aqui, es que los números están bien introducidos
        Alert alert = new Alert(Alert.AlertType.INFORMATION);
        alert.setHeaderText(null);
        alert.setTitle("Info");
        alert.setContentText("Los números son correctos");
        alert.showAndWait();
        return true;

    } // fin comprueba numeros




    @FXML
    public void GuardarAction(ActionEvent event) {
        if(compruebaNumeros ()==true){
            try {

                Class.forName ("com.mysql.cj.jdbc.Driver");
                String URL="jdbc:mysql://localhost:3306/primitiva?useTimeZone=true&serve
rTimezone=UTC";

                Connection conexion = DriverManager.getConnection( URL, "root", "root"
);

                Statement comando=conexion.createStatement ();

                comando.executeUpdate("INSERT INTO sorteo VALUES ('"
                        +sorteoTextField.getText ()+"','"
                        +fecha.getValue ()+"','"
```

```java
                            +n1TextField.getText ()+"','"
                            +n2TextField.getText()+"','"
                            +n3TextField.getText()+"','"
                            +n4TextField.getText()+"','"
                            +n5TextField.getText()+"','"
                            +n6TextField.getText()+"','"
                            +cTextField.getText()+"','"
                            +rTextField.getText()+"' )");

                conexion.close();
            } catch(SQLException | ClassNotFoundException ex){
                ex.toString();
            }
            sorteoTextField.setText (null);
            fecha.setValue (null);
            n1TextField.setText (null);
            n2TextField.setText (null);
            n3TextField.setText (null);
            n4TextField.setText (null);
            n5TextField.setText (null);
            n6TextField.setText (null);
            cTextField.setText (null);
            rTextField.setText (null);

            Alert alert = new Alert(Alert.AlertType.INFORMATION);
            alert.setHeaderText(null);
            alert.setTitle("Info");
            alert.setContentText("Se ha guardado la apuesta correctamente");
            alert.showAndWait();

        }
    }


}
```

main.java

```java
ackage sample;

import javafx.application.Application;
import javafx.fxml.FXML;
import javafx.fxml.FXMLLoader;
import javafx.scene.Parent;
import javafx.scene.Scene;
import javafx.scene.image.Image;
import javafx.scene.image.ImageView;
import javafx.scene.layout.Pane;
import javafx.stage.Stage;

public class Main extends Application {
```

```
    @Override
    public void start(Stage primaryStage) throws Exception{



        Parent root = FXMLLoader.load(getClass().getResource("sample.fxml"));
        primaryStage.setScene(new Scene(root, 900, 300));

        primaryStage.setResizable (false);
        primaryStage.setTitle ("La Primitiva");
        primaryStage.show();
        primaryStage.getIcons ().add (new Image ("file:\\Users\\ISA\\IdeaProjects\\
LoteriaPrimitiva\\src\\sample\\imagenes\\Logo.png"));
    }


    public static void main(String[] args) {
        launch(args);
    }
}
```

SOLUCIÓN EJER P4: se pretende crear un programa de gestión de un hotel llamado **LB Hotel**, que controle las entradas, salidas y la sincronización a tiempo real con los datos almacenados en la base de datos.

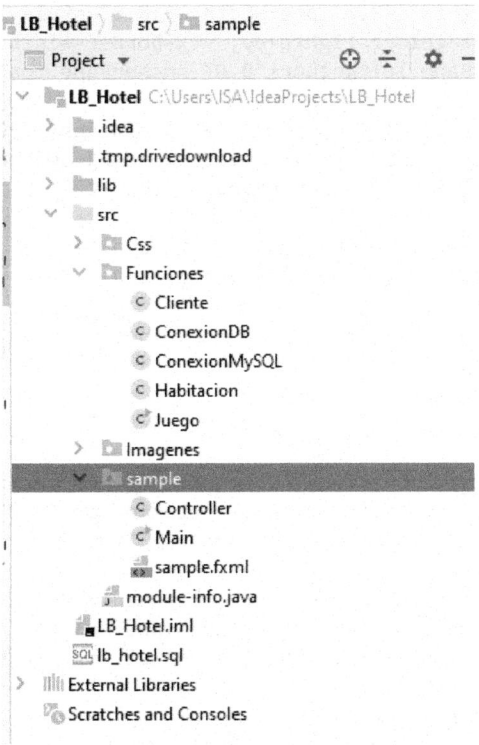

Sample.fxml

```xml
<?xml version="1.0" encoding="UTF-8"?>

<?import javafx.scene.control.Button?>
<?import javafx.scene.control.ChoiceBox?>
<?import javafx.scene.control.Label?>
<?import javafx.scene.control.ScrollPane?>
<?import javafx.scene.control.Separator?>
<?import javafx.scene.control.TableColumn?>
<?import javafx.scene.control.TableView?>
<?import javafx.scene.control.TextField?>
<?import javafx.scene.image.Image?>
<?import javafx.scene.image.ImageView?>
<?import javafx.scene.layout.AnchorPane?>
<?import javafx.scene.layout.HBox?>
<?import javafx.scene.layout.Pane?>
<?import javafx.scene.layout.VBox?>
<?import javafx.scene.text.Font?>

<AnchorPane maxHeight="-Infinity" maxWidth="-Infinity" minHeight="-Infinity" minWidth="-
Infinity" prefHeight="678.0" prefWidth="1038.0" style="-fx-background-color:
#e8f3ff;" xmlns="http://javafx.com/javafx/16" xmlns:fx="http://javafx.com/fxml/1"
fx:controller="sample.Controller">
   <children>
      <AnchorPane prefHeight="678.0" prefWidth="318.0" style="-fx-background-
color: #1AA5EA; -fx-border-color: lightgrey; -fx-border-width: 0 1 0 0;" AnchorPane.
bottomAnchor="0.0" AnchorPane.leftAnchor="0.0" AnchorPane.topAnchor="0.0">
         <children>
            <Pane layoutX="58.0" layoutY="29.0" prefHeight="200.0" prefWidth="200.0"
style="-fx-background-color: white; -fx-effect: dropshadow(three-pass-box,
rgba(0,0,0,0.8), 10, 0, 0, 0); -fx-background-radius: 100;">
               <children>
                  <ImageView fitHeight="154.0" fitWidth="221.0" layoutX="40.0"
layoutY="23.0" pickOnBounds="true" preserveRatio="true">
                     <image>
                        <Image url="@../Imagenes/logo.png" />
                     </image>
                  </ImageView>
               </children>
            </Pane>
            <VBox alignment="TOP_RIGHT" layoutX="7.0" layoutY="351.0" prefHeight="327.0"
prefWidth="312.0" spacing="10.0" AnchorPane.bottomAnchor="0.0" AnchorPane.
leftAnchor="7.0" AnchorPane.topAnchor="351.0">
               <children>
                  <Button fx:id="btnMostrar" alignment="BASELINE_CENTER"
mnemonicParsing="false" onAction="#mostrarPanel" prefHeight="45.0" prefWidth="250.0"
styleClass="button1" stylesheets="@../Css/Stylesheet.css" text="   Mostrar Ocupacion"
textAlignment="CENTER">
                     <graphic>
                        <ImageView fitHeight="40.0" fitWidth="40.0" pickOnBounds="true"
```

```
preserveRatio="true">
                                    <image>
                                        <Image url="@../Imagenes/informacion.png" />
                                    </image>
                                </ImageView>
                            </graphic>
                            <font>
                                <Font size="16.0" />
                            </font>
                        </Button>
                        <Button fx:id="btnEntrar" alignment="BASELINE_CENTER"
mnemonicParsing="false" onAction="#EntradaPanel" prefHeight="45.0" prefWidth="250.0"
styleClass="button1" stylesheets="@../Css/Stylesheet.css" text="        Registrar
Entrada">
                            <graphic>
                                <ImageView fitHeight="40.0" fitWidth="40.0" pickOnBounds="true"
preserveRatio="true">
                                    <image>
                                        <Image url="@../Imagenes/enter.png" />
                                    </image>
                                </ImageView>
                            </graphic>
                            <font>
                                <Font size="16.0" />
                            </font>
                        </Button>
                        <Button fx:id="btnSalir" alignment="BASELINE_CENTER"
mnemonicParsing="false" onAction="#SalidaPanel" prefHeight="45.0" prefWidth="250.0"
styleClass="button1" stylesheets="@../Css/Stylesheet.css" text="     Registrar Salida">
                            <graphic>
                                <ImageView fitHeight="40.0" fitWidth="40.0" pickOnBounds="true"
preserveRatio="true">
                                    <image>
                                        <Image url="@../Imagenes/cerrar-sesion.png" />
                                    </image>
                                </ImageView>
                            </graphic>
                            <font>
                                <Font size="16.0" />
                            </font>
                        </Button>
                        <Button fx:id="btnNoche" alignment="BASELINE_CENTER"
mnemonicParsing="false" onAction="#nochePanel" prefHeight="45.0" prefWidth="250.0"
styleClass="button1" stylesheets="@../Css/Stylesheet.css" text="     Turno de Noche">
                            <graphic>
                                <ImageView fitHeight="40.0" fitWidth="40.0" pickOnBounds="true"
preserveRatio="true">
                                    <image>
                                        <Image url="@../Imagenes/moon.png" />
                                    </image>
```

```xml
                    </ImageView>
                </graphic>
                <font>
                    <Font size="16.0" />
                </font>
            </Button>
            <Button fx:id="btnVolver" alignment="BASELINE_CENTER"
mnemonicParsing="false" onAction="#volverPanel" prefHeight="45.0" prefWidth="250.0"
styleClass="button1" stylesheets="@../Css/Stylesheet.css" text="     Volver">
                <graphic>
                    <ImageView fitHeight="40.0" fitWidth="40.0" pickOnBounds="true"
preserveRatio="true" rotate="-90.0">
                        <image>
                            <Image url="@../Imagenes/atras.png" />
                        </image>
                    </ImageView>
                </graphic>
                <font>
                    <Font size="16.0" />
                </font>
            </Button>
        </children></VBox>
    <Label alignment="CENTER" layoutX="-1.0" layoutY="259.0" prefHeight="59.0"
prefWidth="320.0" style="-fx-background-color: #EA5F1A; -fx-effect: dropshadow(three-
pass-box, rgba(0,0,0,0.8), 10, 0, 0, 0); -fx-background-radius: 5;" text="LB Hotel"
textFill="WHITE">
        <font>
            <Font name="System Bold" size="18.0" />
        </font>
    </Label>
</children>
</AnchorPane>
<ImageView fitHeight="428.0" fitWidth="354.0" layoutX="519.0" layoutY="125.0"
opacity="0.22" pickOnBounds="true" preserveRatio="true" style="-fx-effect:
dropshadow(three-pass-box, rgba(0,0,0,0.8), 10, 0, 0, 0);">
    <image>
        <Image url="@../Imagenes/logo.png" />
    </image>
</ImageView>
<AnchorPane fx:id="panelMostrar" layoutX="318.0" layoutY="-7.0" prefHeight="689.0"
prefWidth="727.0" visible="false">
    <children>
        <VBox prefHeight="689.0" prefWidth="720.0">
            <children>
                <HBox alignment="CENTER" prefHeight="50.0" prefWidth="727.0"
spacing="50.0" style="-fx-background-color: #EA5F1A; -fx-background-radius: 5;">
                    <children>
                        <Label text="Habitaciones:" textFill="WHITE">
                            <font>
                                <Font name="System Bold" size="15.0" />
```

```
                    </font>
                </Label>
                <Label fx:id="contHabi" text="0" textFill="WHITE">
                    <font>
                        <Font name="System Bold" size="15.0" />
                    </font>
                </Label>
                <Label text="Ocupadas:" textFill="WHITE">
                    <font>
                        <Font name="System Bold" size="15.0" />
                    </font>
                </Label>
                <Label fx:id="contOcu" text="0" textFill="WHITE">
                    <font>
                        <Font name="System Bold" size="15.0" />
                    </font>
                </Label>
                <Label text="Libres:" textFill="WHITE">
                    <font>
                        <Font name="System Bold" size="15.0" />
                    </font>
                </Label>
                <Label fx:id="contLibre" text="0" textFill="WHITE">
                    <font>
                        <Font name="System Bold" size="15.0" />
                    </font>
                </Label>
                <Label text="Clientes:" textFill="WHITE">
                    <font>
                        <Font name="System Bold" size="15.0" />
                    </font>
                </Label>
                <Label fx:id="contCli" text="0" textFill="WHITE">
                    <font>
                        <Font name="System Bold" size="15.0" />
                    </font>
                </Label>
            </children>
        </HBox>
        <ScrollPane hbarPolicy="NEVER" prefHeight="291.0" prefWidth="720.0"
vbarPolicy="ALWAYS">
            <content>
              <AnchorPane minHeight="0.0" minWidth="0.0" prefHeight="510.0"
prefWidth="719.0">
                    <children>
                        <TableView fx:id="tblInfoH" prefHeight="513.0"
prefWidth="727.0" style="-fx-background-color: transparent;">
                            <columns>
                                <TableColumn fx:id="colNumero" prefWidth="110.0"
text="Nº Habitacion" />
```

```
                                            <TableColumn fx:id="colTipo" prefWidth="130.0"
text="Tipo" />
                                                <TableColumn fx:id="colPrecio" prefWidth="100.0"
text="Precio" />
                                                <TableColumn fx:id="colOcupacion" prefWidth="83.0"
text="Ocupacion" />
                                                <TableColumn fx:id="colDias" prefWidth="88.0"
text="Dias" />
                                    </columns>
                                </TableView>
                            </children>
                        </AnchorPane>
                    </content>
                </ScrollPane>
                <HBox alignment="CENTER" prefHeight="50.0" prefWidth="674.0"
spacing="50.0" style="-fx-background-color: #EA5F1A; -fx-background-radius: 5;">
                    <children>
                        <Label text="Clientes" textFill="WHITE">
                            <font>
                                <Font name="System Bold" size="15.0" />
                            </font>
                        </Label>
                    </children>
                </HBox>
                <ScrollPane hbarPolicy="NEVER" prefHeight="291.0" prefWidth="720.0"
vbarPolicy="ALWAYS">
                    <content>
                        <AnchorPane minHeight="0.0" minWidth="0.0" prefHeight="510.0"
prefWidth="719.0">
                            <children>
                                <TableView fx:id="tblInfoC" prefHeight="513.0"
prefWidth="727.0" style="-fx-background-color: transparent;">
                                    <columns>
                                        <TableColumn fx:id="colNombreC" prefWidth="130.0"
text="Nombre" />
                                        <TableColumn fx:id="colApellidoC" prefWidth="200.0"
text="Apellidos" />
                                        <TableColumn fx:id="colDniC" prefWidth="130.0"
text="Dni" />
                                        <TableColumn fx:id="colTelefonoC" prefWidth="130.0"
text="Telefono" />
                                        <TableColumn fx:id="colNum_habC" prefWidth="120.0"
text="Nº Habitacion" />
                                    </columns>
                                </TableView>
                            </children>
                        </AnchorPane>
                    </content>
                </ScrollPane>
            </children>
```

```
                </VBox>
            </children>
        </AnchorPane>
        <AnchorPane fx:id="panelNoche" layoutX="318.0" layoutY="-2.0" prefHeight="689.0"
prefWidth="727.0" visible="false" />
        <AnchorPane fx:id="panelEntrada" layoutX="320.0" layoutY="-6.0" prefHeight="689.0"
prefWidth="749.0" visible="false">
            <children>
                <VBox layoutX="-1.0" layoutY="-1.0" prefHeight="689.0" prefWidth="720.0">
                    <children>
                        <Pane prefHeight="181.0" prefWidth="720.0">
                            <children>
                                <Pane prefHeight="77.0" prefWidth="734.0" style="-fx-background-
color: #EA5F1A; -fx-background-radius: 5;">
                                    <children>
                                        <Label alignment="CENTER" layoutX="265.0" layoutY="21.0"
text="Registrar Entrada" textFill="WHITE">
                                            <font>
                                                <Font name="System Bold" size="25.0" />
                                            </font>
                                        </Label>
                                    </children>
                                </Pane>
                                <HBox alignment="CENTER" layoutX="-4.0" layoutY="79.0"
prefHeight="103.0" prefWidth="734.0" spacing="10.0">
                                    <children>
                                        <Label text="Nº Habitacion:">
                                            <font>
                                                <Font size="14.0" />
                                            </font>
                                        </Label>
                                        <ChoiceBox fx:id="cbNumero" onAction="#ChoiceHabitacionEnt
rada" prefWidth="150.0" />
                                    </children>
                                </HBox>
                            </children>
                        </Pane>
                        <Separator prefHeight="19.0" prefWidth="720.0" />
                        <HBox alignment="CENTER" prefHeight="81.0" prefWidth="727.0"
spacing="20.0">
                            <children>
                                <Label text="Dias: ">
                                    <font>
                                        <Font size="14.0" />
                                    </font>
                                </Label>
                                <TextField fx:id="tfDias" />
                            </children>
                        </HBox>
                        <Separator prefHeight="15.0" prefWidth="200.0" />
```

```
<Pane prefHeight="347.0" prefWidth="720.0">
    <children>
        <Label alignment="CENTER" layoutX="46.0" layoutY="36.0"
text="Nombre:">
            <font>
                <Font size="15.0" />
            </font>
        </Label>
        <Label layoutX="360.0" layoutY="36.0" text="Apellidos:">
            <font>
                <Font size="15.0" />
            </font>
        </Label>
        <Label layoutX="44.0" layoutY="126.0" text="Telefono:">
            <font>
                <Font size="15.0" />
            </font>
        </Label>
        <Label layoutX="378.0" layoutY="126.0" text="DNI:">
            <font>
                <Font size="15.0" />
            </font>
        </Label>
        <TextField fx:id="tfNombre" layoutX="136.0" layoutY="34.0" />
        <TextField fx:id="tfTelefono" layoutX="136.0" layoutY="124.0" />
        <TextField fx:id="tfApellidos" layoutX="454.0" layoutY="34.0" />
        <TextField fx:id="tfDNI" layoutX="454.0" layoutY="124.0" />
        <Button layoutX="146.0" layoutY="226.0" mnemonicParsing="false"
onAction="#popAbrir" prefHeight="50.0" prefWidth="130.0" styleClass="button2"
stylesheets="@../Css/Stylesheet.css">
            <graphic>
                <ImageView fitHeight="44.0" fitWidth="97.0"
pickOnBounds="true" preserveRatio="true">
                    <image>
                        <Image url="@../Imagenes/aceptar2.png" />
                    </image>
                </ImageView>
            </graphic>
        </Button>
        <Button layoutX="463.0" layoutY="226.0" mnemonicParsing="false"
onAction="#LimpiarDatosEntrada" prefHeight="50.0" prefWidth="130.0" styleClass="button3"
stylesheets="@../Css/Stylesheet.css">
            <graphic>
                <ImageView fitHeight="44.0" fitWidth="93.0"
pickOnBounds="true" preserveRatio="true">
                    <image>
                        <Image url="@../Imagenes/cancelar.png" />
                    </image>
                </ImageView>
            </graphic>
```

```
                        </Button>
                     </children>
                  </Pane>
               </children>
            </VBox>
         </children>
      </AnchorPane>
      <AnchorPane fx:id="panelSalida" layoutX="318.0" layoutY="-1.0" prefHeight="689.0"
prefWidth="720.0" visible="false">
         <children>
            <VBox prefHeight="689.0" prefWidth="720.0">
               <children>
                  <Pane prefHeight="181.0" prefWidth="720.0">
                     <children>
                        <Pane prefHeight="77.0" prefWidth="734.0" style="-fx-background-
color: #EA5F1A; -fx-background-radius: 5;">
                           <children>
                              <Label alignment="CENTER" layoutX="265.0" layoutY="21.0"
text="Registrar Salida" textFill="WHITE">
                                 <font>
                                    <Font name="System Bold" size="25.0" />
                                 </font>
                              </Label>
                           </children>
                        </Pane>
                        <HBox alignment="CENTER" layoutX="-4.0" layoutY="79.0"
prefHeight="103.0" prefWidth="734.0" spacing="10.0">
                           <children>
                              <Label text="Nº Habitacion:">
                                 <font>
                                    <Font size="14.0" />
                                 </font>
                              </Label>
                              <ChoiceBox fx:id="cbNumeroSalida" onAction="#ChoiceHabitac
ionSalida" prefWidth="150.0" />
                           </children>
                        </HBox>
                     </children>
                  </Pane>
                  <HBox alignment="CENTER" prefHeight="50.0" prefWidth="674.0"
spacing="50.0" style="-fx-background-color: #EA5F1A; -fx-background-radius: 5;">
                     <children>
                        <Label text="Clientes" textFill="WHITE">
                           <font>
                              <Font name="System Bold" size="15.0" />
                           </font>
                        </Label>
                     </children>
                  </HBox>
                  <Pane prefHeight="454.0" prefWidth="720.0">
```

```xml
                        <children>
                            <Button layoutX="295.0" layoutY="333.0" mnemonicParsing="false"
onAction="#eliminarCliente" prefHeight="50.0" prefWidth="130.0" styleClass="button2"
stylesheets="@../Css/Stylesheet.css">
                                <graphic>
                                    <ImageView fitHeight="44.0" fitWidth="97.0"
pickOnBounds="true" preserveRatio="true">
                                        <image>
                                            <Image url="@../Imagenes/aceptar2.png" />
                                        </image>
                                    </ImageView>
                                </graphic>
                            </Button>
                            <TableView fx:id="tblSalida" prefHeight="291.0"
prefWidth="727.0" style="-fx-background-color: transparent;">
                                <columns>
                                    <TableColumn fx:id="colNombreSalida" prefWidth="130.0"
text="Nombre" />

                                    <TableColumn fx:id="colApellidoSalida" prefWidth="200.0"
text="Apellidos" />

                                    <TableColumn fx:id="colDniSalida" prefWidth="130.0"
text="Dni" />

                                    <TableColumn fx:id="colTelefonoSalida" prefWidth="130.0"
text="Telefono" />

                                    <TableColumn fx:id="colNum_habSalida" prefWidth="130.0"
text="Nº Habitacion" />
                                </columns>
                            </TableView>
                        </children>
                    </Pane>
                </children>
            </VBox>
        </children></AnchorPane>
    <Pane fx:id="popPane" layoutX="425.0" layoutY="209.0" prefHeight="269.0"
prefWidth="507.0" style="-fx-background-color: #e8f3ff; -fx-effect: dropshadow(three-pass-
box, rgba(0,0,0,0.8), 10, 0, 0, 0);" visible="false">
        <children>
            <HBox alignment="CENTER" prefHeight="50.0" prefWidth="507.0" spacing="10.0"
style="-fx-background-color: #EA5F1A; -fx-effect: dropshadow(three-pass-box,
rgba(0,0,0,0.8), 10, 0, 0, 0);">
                <children>
                    <Label text="Habitacion: " textFill="WHITE">
                        <font>
                            <Font name="System Bold" size="18.0" />
                        </font>
                    </Label>
                    <Label fx:id="popHabitacion" text="0" textFill="WHITE">
                        <font>
                            <Font name="System Bold" size="18.0" />
                        </font>
```

```xml
                        </Label>
                    </children>
                </HBox>
                <Label layoutX="134.0" layoutY="79.0" text="Precio por dia:">
                    <font>
                        <Font size="13.0" />
                    </font>
                </Label>
                <Label layoutX="159.0" layoutY="120.0" text="Dias:">
                    <font>
                        <Font size="13.0" />
                    </font>
                </Label>
                <Label layoutX="140.0" layoutY="161.0" text="Precio Total:">
                    <font>
                        <Font size="13.0" />
                    </font>
                </Label>
                <TextField fx:id="popPrecioDia" editable="false" layoutX="227.0"
layoutY="75.0" />
                <TextField fx:id="popDias" editable="false" layoutX="227.0" layoutY="116.0"
/>
                <TextField fx:id="popPrecioTotal" editable="false" layoutX="227.0"
layoutY="157.0" />
                <Button layoutX="187.0" layoutY="215.0" mnemonicParsing="false"
onAction="#popConfirmar" prefHeight="25.0" prefWidth="80.0" text="Confirmar" />
                <Button layoutX="336.0" layoutY="215.0" mnemonicParsing="false"
onAction="#popCerrar" prefHeight="25.0" prefWidth="80.0" text="Cancelar" />
                <Label layoutX="55.0" layoutY="218.0" text="Ocupantes:">
                    <font>
                        <Font size="13.0" />
                    </font>
                </Label>
                <Label fx:id="popOcupacion" layoutX="126.0" layoutY="218.0" text="0">
                    <font>
                        <Font size="13.0" />
                    </font>
                </Label>
            </children>
        </Pane>
    </children>
</AnchorPane>
```

Main.java

```java
package sample;

import javafx.application.Application;
import javafx.fxml.FXMLLoader;
import javafx.scene.Parent;
import javafx.scene.Scene;
```

```java
import javafx.scene.image.Image;
import javafx.stage.Stage;

public class Main extends Application {

    public void start(Stage primaryStage) throws Exception{
        Parent root = FXMLLoader.load(getClass().getResource("sample.fxml"));

        String icon = this.getClass().getResource("/Imagenes/logo.png").
toExternalForm();
        primaryStage.getIcons().add(new Image(icon));

        primaryStage.setTitle("LB Hotel");
        primaryStage.setScene(new Scene(root));
        primaryStage.setResizable(false);
        primaryStage.show();
    }
    public static void main(String[] args) {
        Launch(args);
    }
}
```

controller.java

```java
package sample;

import Funciones.*;
import javafx.collections.ObservableList;
import javafx.event.ActionEvent;
import javafx.fxml.FXML;
import javafx.scene.control.*;
import javafx.scene.control.cell.PropertyValueFactory;
import javafx.scene.layout.AnchorPane;
import javafx.fxml.Initializable;
import javafx.scene.layout.Pane;

import java.sql.*;
import java.net.URL;
import java.sql.SQLException;
import java.sql.Statement;
import java.util.ResourceBundle;
import java.util.logging.Level;
import java.util.logging.Logger;

public class Controller implements Initializable {

    //--PANELES--
    @FXML private AnchorPane panelMostrar;
    @FXML private AnchorPane panelEntrada;
    @FXML private AnchorPane panelSalida;
```

```java
//--TABLA HABITACIONES--
@FXML private TableView<Habitacion> tblInfoH;
@FXML private TableColumn<Habitacion, Integer> colNumero;
@FXML private TableColumn<Habitacion, String> colTipo;
@FXML private TableColumn<Habitacion, Integer> colPrecio;
@FXML private TableColumn<Habitacion, Integer> colOcupacion;
@FXML private TableColumn<Habitacion, Integer> colDias;

//--TABLA CLIENTES--
@FXML private TableView<Cliente> tblInfoC;
@FXML private TableColumn<Cliente, String> colNombreC;
@FXML private TableColumn<Cliente, String> colApellidoC;
@FXML private TableColumn<Cliente, String> colDniC;
@FXML private TableColumn<Cliente, String> colTelefonoC;
@FXML private TableColumn<Cliente, Integer> colNum_habC;

//--TABLA CLIENTES SALIDA--
@FXML private TableView<Cliente> tblSalida;
@FXML private TableColumn<Cliente, String> colNombreSalida;
@FXML private TableColumn<Cliente, String> colApellidoSalida;
@FXML private TableColumn<Cliente, String> colDniSalida;
@FXML private TableColumn<Cliente, String> colTelefonoSalida;
@FXML private TableColumn<Cliente, Integer> colNum_habSalida;

//--CHOICEBOX PANELS--
@FXML private ChoiceBox<Habitacion> cbNumero;
@FXML private ChoiceBox<Habitacion> cbNumeroSalida;

//--TEXT FIELD ENTRADA--
@FXML private TextField tfNombre;
@FXML private TextField tfApellidos;
@FXML private TextField tfTelefono;
@FXML private TextField tfDNI;
@FXML private TextField tfDias;

//--LABELS TABLAS--
@FXML private Label contHabi;
@FXML private Label contOcu;
@FXML private Label contLibre;
@FXML private Label contCli;

//--POPPANE--
@FXML private Pane popPane;
@FXML private Label popHabitacion;
@FXML private Label popOcupacion;
@FXML private TextField popPrecioDia;
@FXML private TextField popDias;
@FXML private TextField popPrecioTotal;
```

```java
public void initialize(URL url, ResourceBundle resourceBundle) {
    Habitacion e = new Habitacion();
    ObservableList<Habitacion> itemE = e.getHabitacion();
    this.cbNumero.setItems(itemE);

    Habitacion s = new Habitacion();
    ObservableList<Habitacion> itemS = s.getHabitacion();
    this.cbNumeroSalida.setItems(itemS);
}

//--AÑADIR RESERVA--
public void ChoiceHabitacionEntrada(ActionEvent actionEvent) {
    crearDias();
}
public void LimpiarDatosEntrada(ActionEvent actionEvent) {
    LimpiarEntrada();
}
public void crearDias() {

    this.tfDias.setEditable(true);
    Habitacion h = cbNumero.getValue();
    int Num = 0;
    if (h != null) {
        Num = h.getNumero();
    }
    try {

        ConexionMySQL conexion = new ConexionMySQL("localhost", "lb_hotel", "root",
"root");
        conexion.ejecutarConsulta("SELECT * FROM habitaciones WHERE Numero=" + Num +
"");

        ResultSet rs = conexion.getResultSet();

        while(rs.next()) {

            int Dias = rs.getInt("Dias");

            if (Dias != 0) {
                this.tfDias.setText(Integer.toString(Dias));
                this.tfDias.setEditable(false);
            }
        }

        conexion.cerrarConexion();

    } catch (SQLException ex) {
        Logger.getLogger(Cliente.class.getName()).log(Level.SEVERE, null, ex);
    }
}
```

```java
    public void crearCliente() {
        Habitacion h = cbNumero.getValue();
        int Num = 0;

        if (h != null) {
            Num = h.getNumero();
        }
        try {
            String URL="jdbc:mysql://localhost:3306/lb_hotel";

            Connection con = DriverManager.getConnection( URL, "root", "root" );

            Statement sentencia = con.createStatement();
            sentencia.executeUpdate("INSERT INTO `clientes` (`Nombre`, `Apellido`,
`Dni`, `Telefono`, `num_hab`)"
                    +"VALUES('"+ tfNombre.getText() +"', '"+ tfApellidos.getText() +"',
'"+ tfDNI.getText() +"', '"+ tfTelefono.getText() +"', "+ Num +")");

        } catch (SQLException e) {
            e.printStackTrace();
        }
        TablaHabitaciones();
        TablaClientes();
    }
    public void actualizarHabitacion() {
        Habitacion h = cbNumero.getValue();
        int Num = 0;
        if (h != null) {
            Num = h.getNumero();
        }

        try {

            ConexionMySQL conexion = new ConexionMySQL("localhost", "lb_hotel", "root",
"root");

            conexion.ejecutarConsulta("SELECT * FROM habitaciones WHERE Numero=" + Num +
"");

            conexion.ejecutarInstruccion("UPDATE habitaciones SET Dias = " + tfDias.
getText() + " WHERE Numero = " + Num + "");

            ResultSet rs = conexion.getResultSet();

            while(rs.next()) {

                int Ocupacion = rs.getInt("Ocupacion");

                Ocupacion++;

                conexion.ejecutarInstruccion("UPDATE habitaciones SET Ocupacion = " +
Ocupacion + " WHERE Numero = " + Num + "");
```

```java
        }

    } catch (SQLException ex) {
        Logger.getLogger(Cliente.class.getName()).log(Level.SEVERE, null, ex);
    }
}
public void LimpiarEntrada() {
    tfNombre.setText("");
    tfApellidos.setText("");
    tfDNI.setText("");
    tfTelefono.setText("");
    tfDias.setText("");

    tfDias.setEditable(true);
}

//--POP--
public void popAbrir(ActionEvent actionEvent) {
    popPane.setVisible(true);
    popVista();
}
public void popConfirmar(ActionEvent actionEvent) {
    crearCliente();
    actualizarHabitacion();
    popLimpiar();

    LimpiarEntrada();
}
public void popCerrar(ActionEvent actionEvent) {
    popLimpiar();
}
public void popVista() {

    Habitacion h = cbNumero.getValue();
    int Num = 0;
    if (h != null) {
        Num = h.getNumero();
    }
    try {

        ConexionMySQL conexion = new ConexionMySQL("localhost", "lb_hotel", "root",
"root");
        conexion.ejecutarConsulta("SELECT * FROM habitaciones WHERE Numero=" + Num +
"");

        ResultSet rs = conexion.getResultSet();

        while(rs.next()) {
```

```java
                int Precio = rs.getInt("Precio");
                int Ocupacion = rs.getInt("Ocupacion");
                int Dias = rs.getInt("Dias");

                if (Dias != 0) {
                    popDias.setText(Integer.toString(Dias));

                    int PrecioTotal = Precio * Dias;
                    popPrecioTotal.setText(Integer.toString(PrecioTotal));
                }
                else {
                    Dias = Integer.parseInt(tfDias.getText());
                    popDias.setText(Integer.toString(Dias));

                    int PrecioTotal = Precio * Dias;
                    popPrecioTotal.setText(Integer.toString(PrecioTotal));
                }
                popPrecioDia.setText(Integer.toString(Precio));
                popOcupacion.setText(Integer.toString(Ocupacion));
            }
            popHabitacion.setText("Nº " + Num);
            conexion.cerrarConexion();

        } catch (SQLException ex) {
            Logger.getLogger(Cliente.class.getName()).log(Level.SEVERE, null, ex);
        }
    }
    public void popLimpiar() {
        popPane.setVisible(false);
        popHabitacion.setText("0");
        popOcupacion.setText("0");
        popPrecioDia.setText("");
        popDias.setText("");
        popPrecioTotal.setText("");
    }


//--ELIMINAR RESERVA--
    public void ChoiceHabitacionSalida(ActionEvent actionEvent) {
        filtrarHabitacionSalida();
    }
    public void eliminarCliente(ActionEvent actionEvent) throws SQLException{
        Habitacion h = cbNumeroSalida.getValue();
        int Num = 0;

        if (h != null) {
            Num = h.getNumero();
        }

        try {
```

```java
        String URL="jdbc:mysql://localhost:3306/lb_hotel";

        Connection con = DriverManager.getConnection( URL, "root", "root" );
        Statement sentencia = con.createStatement();

        sentencia.executeUpdate("DELETE FROM clientes WHERE num_hab="+Num+"");
        sentencia.executeUpdate("UPDATE habitaciones SET Dias = 0 WHERE Numero = " +
Num + "");
        sentencia.executeUpdate("UPDATE habitaciones SET Ocupacion = 0 WHERE Numero
= " + Num + "");

    } catch (SQLException e) {
        e.printStackTrace();
    }
    TablaHabitaciones();
    TablaClientes();
    Habitacion s = new Habitacion();
    ObservableList<Habitacion> itemS = s.getHabitacion();
    this.cbNumeroSalida.setItems(itemS);
}
public void filtrarHabitacionSalida() {
    Habitacion h = cbNumeroSalida.getValue();
    int Num = 0;

    if (h != null) {
        Num = h.getNumero();
    }

    this.colNombreSalida.setCellValueFactory(new PropertyValueFactory("Nombre"));
    this.colApellidoSalida.setCellValueFactory(new PropertyValueFactory("Apelli
do"));
    this.colDniSalida.setCellValueFactory(new PropertyValueFactory("Dni"));
    this.colTelefonoSalida.setCellValueFactory(new PropertyValueFactory("Telefo
no"));
    this.colNum_habSalida.setCellValueFactory(new PropertyValueFactory("num_hab"));

    Cliente c = new Cliente();
    ObservableList<Cliente> items = c.getFiltroCliente(Num);
    this.tblSalida.setItems(items);
}


//--TABLAS INFORMACION--
public void TablaHabitaciones() {
    this.colNumero.setCellValueFactory(new PropertyValueFactory("Numero"));
    this.colTipo.setCellValueFactory(new PropertyValueFactory("Tipo"));
    this.colPrecio.setCellValueFactory(new PropertyValueFactory("Precio"));
    this.colOcupacion.setCellValueFactory(new PropertyValueFactory("Ocupacion"));
    this.colDias.setCellValueFactory(new PropertyValueFactory("Dias"));
```

```java
        Habitacion h = new Habitacion();
        ObservableList<Habitacion> items = h.getHabitacion();
        this.tblInfoH.setItems(items);
}
    public void TablaClientes() {

        this.colNombreC.setCellValueFactory(new PropertyValueFactory("Nombre"));
        this.colApellidoC.setCellValueFactory(new PropertyValueFactory("Apellido"));
        this.colDniC.setCellValueFactory(new PropertyValueFactory("Dni"));
        this.colTelefonoC.setCellValueFactory(new PropertyValueFactory("Telefono"));
        this.colNum_habC.setCellValueFactory(new PropertyValueFactory("num_hab"));


        Cliente c = new Cliente();
        ObservableList<Cliente> items = c.getCliente();
        this.tblInfoC.setItems(items);
    }
    public void contInfo() {
        int contHabitaciones = 0;
        int contOcupacion = 0;
        int contLibres = 0;
        int contClientes = 0;
        try {

            ConexionMySQL conexion = new ConexionMySQL("localhost","lb_hotel", "root",
"root");
            conexion.ejecutarConsulta("SELECT * FROM habitaciones");

            ResultSet rs = conexion.getResultSet();

            while(rs.next()){
                int Ocupacion = rs.getInt("Ocupacion");
                if (Ocupacion != 0) {
                    contOcupacion++;
                } else {
                    contLibres++;
                }
                contHabitaciones++;
            }

            conexion.ejecutarConsulta("SELECT * FROM clientes");
            ResultSet rrs = conexion.getResultSet();

            while(rrs.next()){
                contClientes++;
            }
            conexion.cerrarConexion();

        } catch (SQLException ex) {
            Logger.getLogger(Cliente.class.getName()).log(Level.SEVERE, null, ex);
```

```java
        }
        this.contHabi.setText(Integer.toString(contHabitaciones));
        this.contOcu.setText(Integer.toString(contOcupacion));
        this.contLibre.setText(Integer.toString(contLibres));
        this.contCli.setText(Integer.toString(contClientes));
    }


    //--BOTONES MENU--
    public void mostrarPanel(ActionEvent actionEvent) {
        panelMostrar.setVisible(true);
        panelEntrada.setVisible(false);
        panelSalida.setVisible(false);

        TablaHabitaciones();
        TablaClientes();
        contInfo();
    }
    public void EntradaPanel(ActionEvent actionEvent) {
        panelEntrada.setVisible(true);
        panelMostrar.setVisible(false);
        panelSalida.setVisible(false);
    }
    public void SalidaPanel(ActionEvent actionEvent) {
        panelSalida.setVisible(true);
        panelMostrar.setVisible(false);
        panelEntrada.setVisible(false);
    }
    public void volverPanel(ActionEvent actionEvent) {
        panelMostrar.setVisible(false);
        panelEntrada.setVisible(false);
        panelSalida.setVisible(false);
    }
    public void nochePanel(ActionEvent actionEvent) {
        Juego arkanoid = new Juego();
        arkanoid.show();
        arkanoid.run();
    }

}
```

ConexionMySQL.java

```java
package Funciones;

import java.sql.Statement;

public class ConexionMySQL extends ConexionDB {

    public ConexionMySQL(String host, String puerto, String baseDatos, String usuario,
String password) {
```

```java
            super("com.mysql.jdbc.Driver", "jdbc:mysql://" + host + ":" + puerto + "/" +
baseDatos, usuario, password);
    }

    public ConexionMySQL(String host, String baseDatos, String usuario, String password)
{
            super("com.mysql.jdbc.Driver", "jdbc:mysql://" + host + "/" + baseDatos,
usuario, password);
    }
}
```

ConexionDB.java

```java
package Funciones;

import javax.swing.*;
import javax.swing.table.DefaultTableModel;
import java.sql.*;
import java.util.ArrayList;
import java.util.logging.Level;
import java.util.logging.Logger;

/**
 * @author Discoduroderoer
 */
public class ConexionDB {

    protected Connection conexion;
    protected Statement sentencia;
    protected PreparedStatement sentenciaPreparada;
    protected ResultSet resultSet;

    /**
     * @param claseNombre
     * @param cadenaConexion
     */
    public ConexionDB(String claseNombre, String cadenaConexion) {
        try {
            Class.forName(claseNombre);
            conexion = DriverManager.getConnection(cadenaConexion);
            conexion.setAutoCommit(true);
        } catch (ClassNotFoundException | SQLException ex) {
            System.out.println(ex.getMessage());
        }
    }

    public ConexionDB(String claseNombre, String cadenaConexion, String usuario, String
pass) {
        try {
            Class.forName(claseNombre);
            conexion = DriverManager.getConnection(cadenaConexion, usuario, pass);
```

```java
            conexion.setAutoCommit(true);
        } catch (ClassNotFoundException | SQLException ex) {
            System.out.println(ex.getMessage());
        }
    }

    /**
     * Devuelve la sentencia
     *
     * @return Sentencia de la conexión
     */
    public Statement getSentencia() {
        return sentencia;
    }

    /**
     * Devuelve la conexión
     *
     * @return Conexión
     */
    public Connection getconexion() {
        return conexion;
    }

    /**
     * Devuelve el ResultSet
     *
     * @return ResultSet
     */
    public ResultSet getResultSet() {
        return resultSet;
    }

    /**
     * Devuelve la sentencia preparada
     *
     * @return PreparedStatement
     */
    public PreparedStatement getSentenciaPreparada() {
        return sentenciaPreparada;
    }

    /**
     * Finaliza la transaccion, aceptando los cambios en la base de datos
     */
    public void commit() {

        try {
            conexion.commit();
        } catch (SQLException ex) {
```

```java
            Logger.getLogger(ConexionDB.class.getName()).log(Level.SEVERE, null, ex);
        }
    }

    /**
     * Vuelve a un estado previo a la base de datos
     */
    public void rollback() {

        try {
            conexion.rollback();
        } catch (SQLException ex) {
            Logger.getLogger(ConexionDB.class.getName()).log(Level.SEVERE, null, ex);
        }
    }

    /**
     * Cierra el ResultSet
     */
    public void cerrarResult() {
        try {
            resultSet.close();
        } catch (SQLException ex) {
            Logger.getLogger(ConexionDB.class.getName()).log(Level.SEVERE, null, ex);
        }
    }

    /**
     * Cierra la sentencia
     */
    public void cerrarSentencia() {
        try {
            sentencia.close();
        } catch (SQLException ex) {
            Logger.getLogger(ConexionDB.class.getName()).log(Level.SEVERE, null, ex);
        }
    }

    /**
     * Cierra la conexion
     */
    public void cerrarConexion() {
        try {
            if (resultSet != null) {
                cerrarResult();
            }
            if (sentencia != null) {
                cerrarSentencia();
            }
            conexion.close();
```

```java
        } catch (SQLException ex) {
            Logger.getLogger(ConexionDB.class.getName()).log(Level.SEVERE, null, ex);
        }
    }

    /**
     * Devuelve al resultset los resultados de una consulta
     *
     * @param consulta Consulta a ejecutar
     * @throws java.sql.SQLException
     */
    public void ejecutarConsulta(String consulta) throws SQLException {

        sentencia = conexion.createStatement();
        resultSet = sentencia.executeQuery(consulta);

    }

    /**
     * Devuelve el numero de filas afectadas por un delete, update o insert No
     * hace commit
     *
     * @param instruccion Instruccion a afectar (Insert, Update o Delete)
     * @return Números de filas afectadas
     */
    public int ejecutarInstruccion(String instruccion) throws SQLException {

        int filas = 0;

        sentencia = conexion.createStatement();
        filas = sentencia.executeUpdate(instruccion);

        return filas;
    }

    /**
     * Ejecuta una instrucción y podemos indicar si queremos hacer o no commit
     *
     * @param instruccion Instruccion a ejecutar
     * @param commit True = ejecuta también el commit
     * @return Número de filas afectadas por un delete, update o insert
     */
    public int ejecutarInstruccionCommit(String instruccion, boolean commit) {

        int filas = 0;

        try {
            sentencia = conexion.createStatement();
            filas = sentencia.executeUpdate(instruccion);
```

```java
            if (commit) {
                commit();
            }

        } catch (SQLException ex) {
            Logger.getLogger(ConexionDB.class.getName()).log(Level.SEVERE, null, ex);
        }

        return filas;
    }

    /**
     * Indica si exite el valor que le indicamos Recomendable para valores
     * únicos de String
     *
     * @param valor Valor que queremos saber si existe
     * @param columna Nombre de la columna de la base de datos
     * @param tabla Nombre de la tabla de la columna de la base de datos
     * @return Indica si existe o no el valor
     */
    public boolean existeValor(String valor, String columna, String tabla) {

        boolean existe = false;

        Statement sentenciaAux;
        try {
            sentenciaAux = conexion.createStatement();

            ResultSet aux = sentenciaAux.executeQuery("select count(*) from " + tabla +
" where upper(" + columna + ")='" + valor.toUpperCase() + "'");

            aux.next();

            if (aux.getInt(1) >= 1) {
                existe = true;
            }

            aux.close();
            sentenciaAux.close();

        } catch (SQLException ex) {
            Logger.getLogger(ConexionDB.class.getName()).log(Level.SEVERE, null, ex);
        }

        return existe;
    }

    /**
     * Indica si exite el valor que le indicamos Recomendable para valores
     * unicos de int
```

```java
    *
    * @param valor Valor que queremos saber si existe
    * @param columna Nombre de la columna de la base de datos
    * @param tabla Nombre de la tabla de la columna de la base de datos
    * @return Indica si existe o no el valor
    */
public boolean existeValor(int valor, String tabla, String columna) {

    boolean existe = false;

    Statement sentenciaAux;

    try {
        sentenciaAux = conexion.createStatement();

        ResultSet aux = sentenciaAux.executeQuery("select count(*) from " + tabla +
" where " + columna + "=" + valor + "");

        aux.next();

        if (aux.getInt(1) >= 1) {
            existe = true;
        }

        aux.close();
        sentenciaAux.close();

    } catch (SQLException ex) {
        Logger.getLogger(ConexionDB.class.getName()).log(Level.SEVERE, null, ex);
    }

    return existe;
}

/**
 * Indica si el resultado devuelve uno o mas registros La consulta debe ser
 * un count
 *
 * @param query Consulta que queremos comprobar que tiene mas o igual de un
 * registro
 * @return True = La consulta genera uno o mas registros
 */
public boolean masOIgualQueUno(String query) {

    boolean vacio = false;

    Statement sentenciaAux;
    try {
        sentenciaAux = conexion.createStatement();
```

```java
            ResultSet aux = sentenciaAux.executeQuery(query);

            aux.next();

            if (aux.getInt(1) >= 1) {
                vacio = true;
            }

            aux.close();
            sentenciaAux.close();

        } catch (SQLException ex) {
            Logger.getLogger(ConexionDB.class.getName()).log(Level.SEVERE, null, ex);
        }

        return vacio;

    }

    /**
     * Devuelve un valor int, recomendado para valores únicos
     *
     * @param columna Nombre de la columna de la base de datos
     * @param tabla Nombre de la tabla de la base de datos
     * @param condicion Condicion (sin where)
     * @return Valor que devuelve la consulta
     */
    public int devolverValorInt(String columna, String tabla, String condicion) {

        try (Statement sentenciaAux = conexion.createStatement();
                ResultSet aux = sentenciaAux.executeQuery("select " + columna + " from "
+ tabla + " where " + condicion);) {

            aux.next();
            return aux.getInt(1);

        } catch (SQLException ex) {
            return 0;
        }

    }

    /**
     * Devuelve un valor int, recomendado para valores únicos
     *
     * @param columna Nombre de la columna de la base de datos
     * @param tabla Nombre de la tabla de la base de datos
     * @param condicion Condicion (sin where)
     * @return Valor que devuelve la consulta
     */
```

```java
    public double devolverValorDouble(String columna, String tabla, String condicion) {

        try (Statement sentenciaAux = conexion.createStatement();
                ResultSet aux = sentenciaAux.executeQuery("select " + columna + " from "
+ tabla + " where " + condicion);) {

            aux.next();
            return aux.getDouble(1);

        } catch (SQLException ex) {
            return 0;
        }

    }

    /**
     * Devuelve un unico valor String
     *
     * @param columna Nombre de la columna de la base de datos
     * @param tabla Nombre de la tabla de la base de datos
     * @param condicion Condicion (sin where)
     * @return Valor que devuelve la consulta
     */
    public String devolverValorString(String columna, String tabla, String condicion) {

        try (Statement sentenciaAux = conexion.createStatement();
                ResultSet aux = sentenciaAux.executeQuery("select " + columna + " from "
+ tabla + " where " + condicion);) {

            if (consultaVacia("select " + columna + " from " + tabla + " where " +
condicion)) {
                JOptionPane.showMessageDialog(null, "Error, consulta vacia");
                return null;
            } else {
                aux.next();

                return aux.getString(1);

            }

        } catch (SQLException ex) {
            return null;
        }

    }

    /**
     * Devuelve un array de int con todos los valores int de la columna
     *
     * @param columna Nombre de la columna de la base de datos
```

```java
     * @param tabla Nombre de la tabla de la base de datos
     * @param condicion Condicion (sin where)
     * @return Array con todos los valores int de la columna
     */
    public int[] devolverValoresInt(String columna, String tabla, String condicion) {

        try (Statement sentenciaAux = conexion.createStatement();
                ResultSet aux = sentenciaAux.executeQuery("select " + columna + " from "
+ tabla + " where " + condicion);) {

            if (consultaVacia("select count(" + columna + ") from " + tabla + " where "
+ condicion)) {
                JOptionPane.showMessageDialog(null, "Error, consulta vacia");
                return null;
            } else {

                int total = cuentaRegistrosConsulta(tabla, condicion);

                int valores[] = new int[total];

                for (int i = 0; aux.next(); i++) {
                    valores[i] = aux.getInt(1);
                }

                return valores;

            }

        } catch (SQLException ex) {
            Logger.getLogger(ConexionDB.class.getName()).log(Level.SEVERE, null, ex);
            return null;
        }

    }

    /**
     * Devuelve un array de String con todos los valores String de la columna
     *
     * @param columna Nombre de la columna de la base de datos
     * @param tabla Nombre de la tabla de la base de datos
     * @param condicion Condicion (sin where)
     * @return Array con todos los valores String de la columna
     */
    public String[] devolverValoresString(String columna, String tabla, String
condicion) {

        try (Statement sentenciaAux = conexion.createStatement();
                ResultSet aux = sentenciaAux.executeQuery("select " + columna + " from "
+ tabla + " where " + condicion);) {
```

```java
            if (consultaVacia("select count(" + columna + ") from " + tabla + " where "
    + condicion)) {
                JOptionPane.showMessageDialog(null, "Error, consulta vacia");
                return null;
            } else {

                int total = cuentaRegistrosConsulta(tabla, condicion);

                String valores[] = new String[total];

                for (int i = 0; aux.next(); i++) {
                    valores[i] = aux.getString(1);
                }

                return valores;

            }

        } catch (SQLException ex) {
            Logger.getLogger(ConexionDB.class.getName()).log(Level.SEVERE, null, ex);
            return null;
        }

    }

    /**
     * Cuenta el numero de registros
     *
     * @param tabla Nombre de la tabla de la base de datos
     * @param condicion Condicion (sin where)
     * @return Número de registros de la consulta
     */
    public int cuentaRegistrosConsulta(String tabla, String condicion) {

        String consulta;

        if (condicion.equals("")) {
            consulta = "select count(*) from " + tabla;
        } else {
            consulta = "select count(*) from " + tabla + " where " + condicion;
        }

        try (Statement sentenciaAux = conexion.createStatement();
                ResultSet aux = sentenciaAux.executeQuery(consulta);) {

            return aux.getInt(0);

        } catch (SQLException ex) {
            Logger.getLogger(ConexionDB.class.getName()).log(Level.SEVERE, null, ex);
            return -1;
```

```java
        }

    }

    /**
     * Indica si el resultado de una consulta es vacia
     *
     * @param query Consulta, debe contener un count
     * @return True = consulta vacia
     */
    public boolean consultaVacia(String query) {

        boolean vacio = false;

        Statement sentenciaAux;
        try {
            sentenciaAux = conexion.createStatement();

            ResultSet aux = sentenciaAux.executeQuery(query);

            aux.next();

            if (aux.getInt(1) == 0) {
                vacio = true;
            }

            aux.close();
            sentenciaAux.close();

        } catch (SQLException ex) {
            Logger.getLogger(ConexionDB.class.getName()).log(Level.SEVERE, null, ex);
        }

        return vacio;

    }

    /**
     * Indica el ultimo ID de la base de datos No tiene en cuenta si está o no
     * eliminado
     *
     * @param columnaID Nombre de la columna de la base de datos
     * @param tabla Nombre de la tabla de la base de datos
     * @return Valor del último ID de la base de datos
     * @throws java.sql.SQLException
     */
    public int ultimoID(String columnaID, String tabla) throws SQLException {

        int IDMaximo = -1;
        Statement sm;
```

```java
        sm = conexion.createStatement();
        ResultSet rs = sm.executeQuery("select max(" + columnaID + ") as " + columnaID +
" from " + tabla + "");
        rs.next();
        IDMaximo = rs.getInt(columnaID);

        rs.close();
        sm.close();

        return IDMaximo;

    }

    /**
     * Devuelve el proximo ID sobre el que podemos usar Si no hay registros
     * empieza en 1
     *
     * @param columnaID Nombre de la columna de la base de datos
     * @param tabla Nombre de la tabla de la base de datos
     * @return Valor del último ID que podemos usar
     */
    public int proximoIDDisponible(String columnaID, String tabla) throws SQLException {

        int id = ultimoID(columnaID, tabla);

        if (id == -1) {
            return 1;
        } else {
            return id + 1;
        }

    }

    /**
     * Devuelve el ultimo id que no esta eliminado (si se usa una columna
     * eliminado)
     *
     * @param columnaEliminado Nombre de la columna usada para indicar si esta
     * eliminado o no un registro de la base de datos
     * @param columnaID Nombre de la columna de la base de datos
     * @param tabla Nombre de la tabla de la base de datos
     * @return Valor del último ID sin eliminar que podemos usar
     */
    public int ultimoIDSinEliminar(String columnaEliminado, String columnaID, String
tabla) {

        int IDMaximo = -1;
        Statement sm;
        try {
```

```java
            sm = conexion.createStatement();
            ResultSet rs = sm.executeQuery("select max(" + columnaID + ") as " +
columnaID + " from " + tabla + " where " + columnaEliminado + "=0");
            rs.next();
            IDMaximo = rs.getInt(columnaID);

            rs.close();
            sm.close();
        } catch (SQLException ex) {
            Logger.getLogger(ConexionDB.class.getName()).log(Level.SEVERE, null, ex);
        }

        return IDMaximo;

    }

    /**
     * Devuelve el primer ID de la base de datos
     *
     * @param columnaID Nombre de la columna de la base de datos
     * @param tabla Nombre de la tabla de la base de datos
     * @return Valor del primer ID
     */
    public int primerID(String columnaID, String tabla) {

        int IDMaximo = -1;
        Statement sm;
        try {
            sm = conexion.createStatement();
            ResultSet rs = sm.executeQuery("select min(" + columnaID + ") as " +
columnaID + " from " + tabla + "");
            rs.next();
            IDMaximo = rs.getInt(columnaID);

            rs.close();
            sm.close();
        } catch (SQLException ex) {
            Logger.getLogger(ConexionDB.class.getName()).log(Level.SEVERE, null, ex);
        }

        return IDMaximo;

    }

    /**
     * Devuelve el primer ID que no esta eliminado
     *
     * @param columnaEliminado Nombre de la columna usada para indicar si esta
     * eliminado o no un registro de la base de datos
     * @param columnaID Nombre de la columna de la base de datos
```

```java
     * @param tabla Nombre de la tabla de la base de datos
     * @return Valor del primer ID sin eliminar que podemos usar
     */
    public int primerIDSinEliminar(String columnaEliminado, String columnaID, String
tabla) {

        int IDMaximo = -1;
        Statement sm;
        try {
            sm = conexion.createStatement();
            ResultSet rs = sm.executeQuery("select min(" + columnaID + ") as " +
columnaID + " from " + tabla + " where " + columnaEliminado + "=0");
            rs.next();
            IDMaximo = rs.getInt(columnaID);

            rs.close();
            sm.close();
        } catch (SQLException ex) {
            Logger.getLogger(ConexionDB.class.getName()).log(Level.SEVERE, null, ex);
        }

        return IDMaximo;

    }

    /**
     * Devuelve el registro menor de una columna Ordenado alfabeticamente
     *
     * @param columna Nombre de la columna de la base de datos
     * @param tabla Nombre de la tabla de la base de datos
     * @param condicion Condicion (sin where)
     * @return Valor mínimo de una columna
     */
    public String minimoDe(String columna, String tabla, String condicion) {

        String resultado = "";

        Statement sm;
        try {
            sm = conexion.createStatement();

            ResultSet rs;
            if (condicion.equals("")) {
                rs = sm.executeQuery("select min(" + columna + ") as " + columna + "
from " + tabla + "");
            } else {
                rs = sm.executeQuery("select min(" + columna + ") as " + columna + "
from " + tabla + " where " + condicion);
            }
```

```java
            rs.next();
            resultado = rs.getString(columna);

            rs.close();
            sm.close();
        } catch (SQLException ex) {
            Logger.getLogger(ConexionDB.class.getName()).log(Level.SEVERE, null, ex);
        }

        return resultado;

    }

    /**
     * Devuelve el registro mayor de una tabla Ordenado alfabeticamente
     *
     * @param columna Nombre de la columna de la base de datos
     * @param tabla Nombre de la tabla de la base de datos
     * @param condicion Condicion (sin where)
     * @return Valor máximo de una columna
     */
    public String maximoDe(String columna, String tabla, String condicion) {

        String resultado = "";

        Statement sm;
        try {
            sm = conexion.createStatement();

            ResultSet rs;
            if (condicion.equals("")) {
                rs = sm.executeQuery("select max(" + columna + ") as " + columna + "
from " + tabla + "");
            } else {
                rs = sm.executeQuery("select max(" + columna + ") as " + columna + "
from " + tabla + " where " + condicion);
            }

            rs.next();
            resultado = rs.getString(columna);

            rs.close();
            sm.close();

        } catch (SQLException ex) {
            Logger.getLogger(ConexionDB.class.getName()).log(Level.SEVERE, null, ex);
        }

        return resultado;

    }

    /**
```

```java
     * Devuelve la suma de una columna de la base de datos
     *
     * @param columna Nombre de la columna de la base de datos
     * @param tabla Nombre de la tabla de la base de datos
     * @param condicion Condicion (sin where)
     * @return Total de la suma
     */
    public int sumaDeInt(String columna, String tabla, String condicion) {

        String resultado = "";

        Statement sm;
        try {
            sm = conexion.createStatement();

            ResultSet rs;
            if (condicion.equals("")) {
                rs = sm.executeQuery("select sum(" + columna + ") as " + columna + "
from " + tabla + "");
            } else {
                rs = sm.executeQuery("select sum(" + columna + ") as " + columna + "
from " + tabla + " where " + condicion);
            }

            rs.next();
            resultado = rs.getString(columna);

            rs.close();
            sm.close();

        } catch (SQLException ex) {
            Logger.getLogger(ConexionDB.class.getName()).log(Level.SEVERE, null, ex);
        }

        return Integer.parseInt(resultado);

    }

    /**
     * Devuelve la suma de una columna de la base de datos
     *
     * @param columna Nombre de la columna de la base de datos
     * @param tabla Nombre de la tabla de la base de datos
     * @param condicion Condicion (sin where)
     * @return Total de la suma
     */
    public double sumaDeDouble(String columna, String tabla, String condicion) {

        String resultado = "";

        Statement sm;
        try {
```

```java
            sm = conexion.createStatement();

            ResultSet rs;
            if (condicion.equals("")) {
                rs = sm.executeQuery("select sum(" + columna + ") as " + columna + "
from " + tabla + "");
            } else {
                rs = sm.executeQuery("select sum(" + columna + ") as " + columna + "
from " + tabla + " where " + condicion);
            }

            rs.next();
            resultado = rs.getString(columna);

            rs.close();
            sm.close();

        } catch (SQLException ex) {
            Logger.getLogger(ConexionDB.class.getName()).log(Level.SEVERE, null, ex);
        }

        return Double.parseDouble(resultado);

    }

    /**
     * Rellena un combobox de String La columna debe ser del tipo String Solo
     * una columna
     *
     * @param cmb ComboBox que queremos rellenar
     * @param columna Nombre de la columna de la base de datos
     * @param tabla Nombre de la tabla de la base de datos
     * @param condicion Condicion (sin where)
     */
    public void rellenaComboBoxBDString(JComboBox cmb, String columna, String tabla,
String condicion) {

        cmb.removeAllItems();

        Statement sm;
        try {
            sm = conexion.createStatement();

            ResultSet consulta = sm.executeQuery("select distinct " + columna + " from "
+ tabla);

            ResultSet correspondiente = null;

            if (!condicion.equals("")) {
```

```java
                Statement smAux = conexion.createStatement();

                correspondiente = sm.executeQuery("select distinct " + columna + " from
" + tabla + " where " + condicion);
                correspondiente.next();

                while (consulta.next()) {

                    cmb.addItem(consulta.getString(columna));
                    if (correspondiente.getString(columna).equals(consulta.
getString(columna))) {
                        cmb.setSelectedItem(correspondiente.getString(columna));
                    }
                }

                correspondiente.close();
                smAux.close();
            } else {

                while (consulta.next()) {

                    cmb.addItem(consulta.getString(columna));

                }

            }

            consulta.close();
            sm.close();

        } catch (SQLException ex) {
            Logger.getLogger(ConexionDB.class.getName()).log(Level.SEVERE, null, ex);
        }
    }

    /**
     * Rellena un combobox de Integer La columna debe ser del tipo Int Solo una
     * columna
     *
     * @param cmb ComboBox que queremos rellenar
     * @param columna Nombre de la columna de la base de datos
     * @param tabla Nombre de la tabla de la base de datos
     * @param condicion Condicion (sin where)
     */
    public void rellenaComboBoxBDInt(JComboBox cmb, String tabla, String columna, String
condicion) {

        cmb.removeAllItems();

        Statement sm;
```

```java
        try {
            sm = conexion.createStatement();

            ResultSet consulta = sm.executeQuery("select distinct " + columna + " from "
    + tabla);

            ResultSet correspondiente = null;

            if (!condicion.equals("")) {

                Statement smAux = conexion.createStatement();

                correspondiente = smAux.executeQuery("select distinct " + columna + "
    from " + tabla + " where " + condicion);
                correspondiente.next();

                while (consulta.next()) {

                    cmb.addItem(consulta.getInt(columna));
                    if (correspondiente.getInt(columna) == consulta.getInt(columna)) {
                        cmb.setSelectedItem(correspondiente.getInt(columna));
                    }
                }

                correspondiente.close();
                smAux.close();
            } else {

                while (consulta.next()) {

                    cmb.addItem(consulta.getInt(columna));

                }

            }

            consulta.close();

            sm.close();

        } catch (SQLException ex) {
            Logger.getLogger(ConexionDB.class.getName()).log(Level.SEVERE, null, ex);
        }
    }

    /**
     * Rellena un combobox con dos columnas, el id(no visible) y el nombre La
     * consulta debe devolver el codigo y un nombre (por ese orden)
     *
     * @param cmb ComboBox donde se rellenaran los datos
```

```java
     * @param consulta Consulta usada
     * @param inicio Primer valor personalizado (puede estar vacio)
     * @param columnaNoVisible Nombre de la columna que no se verá en el
     * comboBOx (ID por ejemplo)
     * @param columnaVisible Nombre de la columna que será visible en el
     * comboBox
     */
    public void rellenaComboBox2Columnas(JComboBox cmb, String consulta, String inicio,
String columnaNoVisible, String columnaVisible) {

        String datos[] = new String[2];
        try {
            cmb.removeAllItems(); //Borra todos los Items
            Statement aux = conexion.createStatement();
            ResultSet resultado = aux.executeQuery(consulta);

            //Dato inicial
            if (!inicio.equals("")) {
                datos[0] = Integer.toString(-1);
                datos[1] = inicio;
                cmb.addItem(new String[]{datos[0], datos[1],});
            }

            while (resultado.next()) {
                datos[0] = Integer.toString(resultado.getInt(columnaNoVisible));
                datos[1] = resultado.getString(columnaVisible);
                cmb.addItem(new String[]{datos[0], datos[1],});
            }

            cmb.setRenderer(new DefaultListCellRenderer() {
                @Override
                public java.awt.Component getListCellRendererComponent(
                        JList l, Object o, int i, boolean s, boolean f) {
                    return new JLabel(((String[]) o)[1]);
                }
            });

        } catch (SQLException e) {
            System.out.println(e.getStackTrace());
        }

    }

    /**
     * Rellena un DefaultTableModel de una consulta. Se adapta automaticamente
     * al número de columnas Se debe ejecutar el metodo "ejecutarConsulta" antes
     * de llamar a este método
     *
     * @param tabla Elemento donde se muestran los datos
     * @throws java.sql.SQLException
```

```java
    */
    public void rellenaJTableBD(DefaultTableModel tabla) throws SQLException {

        //Cabecera
        ResultSetMetaData metadatos = resultSet.getMetaData();
        tabla.setColumnCount(metadatos.getColumnCount());

        int numeroColumnas = tabla.getColumnCount();

        String[] etiquetas = new String[numeroColumnas];

        for (int i = 0; i < numeroColumnas; i++) {
            etiquetas[i] = metadatos.getColumnLabel(i + 1);
        }

        tabla.setColumnIdentifiers(etiquetas);

        //Contenido
        while (resultSet.next()) {

            Object[] datosFila = new Object[tabla.getColumnCount()];
            for (int i = 0; i < tabla.getColumnCount(); i++) {
                datosFila[i] = resultSet.getObject(i + 1);
            }
            tabla.addRow(datosFila);
        }

        cerrarResult();

    }

    /**
     * Devuelve al resultset los resultados de una consulta
     *
     * @param consulta Consulta a ejecutar
     * @param valores
     * @throws java.sql.SQLException
     */
    public void ejecutarConsultaPreparada(String consulta, Object[] valores) throws
SQLException {

        this.sentenciaPreparada = this.conexion.prepareStatement(consulta);
        rellenarSentenciaPreparada(valores);
        resultSet = sentenciaPreparada.executeQuery();

    }

    /**
     * Devuelve al resultset los resultados de una consulta
     *
```

```java
 * @param consulta Consulta a ejecutar
 * @param valores
 * @throws java.sql.SQLException
 */
public void ejecutarConsultaPreparada(String consulta, ArrayList valores) throws
SQLException {

    this.sentenciaPreparada = this.conexion.prepareStatement(consulta);
    rellenarSentenciaPreparada(valores);
    resultSet = sentenciaPreparada.executeQuery();

}

/**
 * Devuelve al resultset los resultados de una consulta
 *
 * @param consulta Consulta a ejecutar
 * @throws java.sql.SQLException
 */
public void ejecutarConsultaPreparada(String consulta) throws SQLException {

    this.sentenciaPreparada = this.conexion.prepareStatement(consulta);
    resultSet = sentenciaPreparada.executeQuery();

}

/**
 * Devuelve el numero de filas afectadas por un delete, update o insert
 *
 * @param consulta Instruccion a ejecutar
 * @param valores
 * @return
 * @throws java.sql.SQLException
 */
public int ejecutarInstruccionPreparada(String consulta, Object[] valores) throws
SQLException {

    this.sentenciaPreparada = this.conexion.prepareStatement(consulta);
    rellenarSentenciaPreparada(valores);
    int filas = sentenciaPreparada.executeUpdate();
    return filas;

}

/**
 * Devuelve el numero de filas afectadas por un delete, update o insert
 *
 * @param consulta Instruccion a ejecutar
 * @param valores
 * @return
```

```java
 * @throws java.sql.SQLException
 */
public int ejecutarInstruccionPreparada(String consulta, ArrayList valores) throws
SQLException {

    this.sentenciaPreparada = this.conexion.prepareStatement(consulta);
    rellenarSentenciaPreparada(valores);
    int filas = sentenciaPreparada.executeUpdate();
    return filas;

}

/**
 * Devuelve el numero de filas afectadas por un delete, update o insert
 *
 * @param consulta Instruccion a ejecutar
 * @return
 * @throws java.sql.SQLException
 */
public int ejecutarInstruccionPreparada(String consulta) throws SQLException {

    this.sentenciaPreparada = this.conexion.prepareStatement(consulta);
    int filas = sentenciaPreparada.executeUpdate();
    return filas;
}

private void rellenarSentenciaPreparada(Object[] valores) throws SQLException {

    if (valores != null && valores.length > 0) {
        Object obj;
        int indice;
        for (int i = 0; i < valores.length; i++) {

            obj = valores[i];
            indice = i + 1;
            if (obj instanceof Integer) {
                this.sentenciaPreparada.setInt(indice, (int) obj);
            } else if (obj instanceof String) {
                this.sentenciaPreparada.setString(indice, (String) obj);
            } else if (obj instanceof Double) {
                this.sentenciaPreparada.setDouble(indice, (double) obj);
            }

        }
    }

}

private void rellenarSentenciaPreparada(ArrayList valores) throws SQLException {
```

```java
        if (valores != null && valores.size() > 0) {

            int indice = 1;
            for (Object obj : valores) {

                if (obj instanceof Integer) {
                    this.sentenciaPreparada.setInt(indice, (int) obj);
                } else if (obj instanceof String) {
                    this.sentenciaPreparada.setString(indice, (String) obj);
                } else if (obj instanceof Double) {
                    this.sentenciaPreparada.setDouble(indice, (double) obj);
                }

                indice++;

            }
        }

    }

}
```

Cliente.java

```java
package Funciones;

import javafx.collections.FXCollections;
import javafx.collections.ObservableList;

import java.sql.Connection;
import java.sql.ResultSet;
import java.sql.SQLException;
import java.sql.Statement;
import java.util.logging.Level;
import java.util.logging.Logger;

public class Cliente {
    String nombre;
    String apellido;
    String dni;
    String telefono;
    int num_hab;

    public Cliente(){}
    public Cliente(int num_hab){
        this.num_hab = num_hab;
    }
    public Cliente(String nombre, String apellido, String dni, String telefono, int num_
hab){
        this.nombre = nombre;
        this.apellido = apellido;
```

```java
        this.dni = dni;
        this.telefono = telefono;
        this.num_hab = num_hab;
    }

    //--GETTERS--
    public String getNombre() {
        return nombre;
    }
    public String getApellido() {
        return apellido;
    }
    public String getDni() {
        return dni;
    }
    public String getTelefono() {
        return telefono;
    }
    public int getNum_hab() {
        return num_hab;
    }


    //--SETTERS--

    public void setNombre(String nombre) {
        this.nombre = nombre;
    }
    public void setApellido(String apellido) {
        this.apellido = apellido;
    }
    public void setDni(String dni) {
        this.dni = dni;
    }
    public void setTelefono(String telefono) {
        this.telefono = telefono;
    }
    public void setNum_hab(int num_hab) {
        this.num_hab = num_hab;
    }

    public ObservableList<Cliente> getCliente() {
        ObservableList<Cliente> obs = FXCollections.observableArrayList();
        try {

            ConexionMySQL conexion = new ConexionMySQL("localhost","lb_hotel", "root",
"root");
            conexion.ejecutarConsulta("SELECT * FROM clientes");

            ResultSet rs = conexion.getResultSet();
```

```java
        while(rs.next()){

            String Nombre = rs.getString("Nombre");
            String Apellido = rs.getString("Apellido");
            String DNI = rs.getString("Dni");
            String Telefono = rs.getString("Telefono");
            int num_hab = rs.getInt("num_hab");

            Cliente c = new Cliente(Nombre, Apellido, DNI, Telefono, num_hab);

            obs.add(c);

        }

        conexion.cerrarConexion();

    } catch (SQLException ex) {
        Logger.getLogger(Cliente.class.getName()).log(Level.SEVERE, null, ex);
    }
    return obs;
}
public ObservableList<Cliente> getFiltroCliente(int Num) {
    ObservableList<Cliente> obs = FXCollections.observableArrayList();
    try {

        ConexionMySQL conexion = new ConexionMySQL("localhost","lb_hotel", "root",
"root");

        conexion.ejecutarConsulta("SELECT * FROM clientes WHERE num_hab="+Num+"");

        ResultSet rs = conexion.getResultSet();

        while(rs.next()){

            String Nombre = rs.getString("Nombre");
            String Apellido = rs.getString("Apellido");
            String DNI = rs.getString("Dni");
            String Telefono = rs.getString("Telefono");
            int num_hab = rs.getInt("num_hab");

            Cliente c = new Cliente(Nombre, Apellido, DNI, Telefono, num_hab);

            obs.add(c);
        }

        conexion.cerrarConexion();

    } catch (SQLException ex) {
        Logger.getLogger(Cliente.class.getName()).log(Level.SEVERE, null, ex);
    }
```

```java
        return obs;
    }
}
```

Habitacion.java

```java
package Funciones;

import javafx.collections.FXCollections;
import javafx.collections.ObservableList;
import java.sql.ResultSet;
import java.sql.SQLException;
import java.util.logging.Level;
import java.util.logging.Logger;

public class Habitacion {

    int numero;
    String tipo;
    int precio;
    int Ocupacion;
    int dias;

    public Habitacion(){}

    public Habitacion(int numero, String tipo, int precio, int Ocupacion, int dias){
        this.numero = numero;
        this.tipo = tipo;
        this.precio = precio;
        this.Ocupacion = Ocupacion;
        this.dias = dias;
    }


    //--GETTERS--
    public int getNumero() {
        return numero;
    }
    public String getTipo() {
        return tipo;
    }
    public int getPrecio() {
        return precio;
    }
    public int getOcupacion() {
        return Ocupacion;
    }
    public int getDias() {
        return dias;
    }
```

```java
        //--SETTERS--
    public void setNumero(int numero) {
        this.numero = numero;
    }
    public void setTipo(String tipo) {
        this.tipo = tipo;
    }
    public void setPrecio(int precio) {
        this.precio = precio;
    }
    public void setOcupacion(int ocupacion) {
        Ocupacion = ocupacion;
    }
    public void setDias(int dias) {
        this.dias = dias;
    }


        //--MOSTRAR EN TABLA BBDD--
    public ObservableList<Habitacion> getHabitacion() {
        int contHabitaciones = 0;
        ObservableList<Habitacion> obs = FXCollections.observableArrayList();
        try {

            ConexionMySQL conexion = new ConexionMySQL("localhost","lb_hotel", "root",
    "root");
                conexion.ejecutarConsulta("SELECT * FROM habitaciones");

            ResultSet rs = conexion.getResultSet();

            while(rs.next()){

                int Numero = rs.getInt("Numero");
                String Tipo = rs.getString("Tipo");
                int Precio = rs.getInt("Precio");
                int Ocupacion = rs.getInt("Ocupacion");
                int Dias = rs.getInt("Dias");

                Habitacion h = new Habitacion(Numero, Tipo, Precio, Ocupacion, Dias);

                obs.add(h);

                contHabitaciones++;
            }

            conexion.cerrarConexion();

        } catch (SQLException ex) {
            Logger.getLogger(Cliente.class.getName()).log(Level.SEVERE, null, ex);
```

```
        }
        return obs;
    }

    public String toString() {
        return numero + "-" + tipo;
    }

}
```

Juego.java

```java
package Funciones;

import java.awt.*;
import java.awt.event.*;
import java.util.*;

public class Juego extends Frame implements WindowListener,  MouseListener,
MouseMotionListener, Runnable {
    Panel panel = new Panel();
    int tx=220;
    int ty;
    int px;
    int py;
    int score=0;
    int vidas=4;
    float incX=1;
    float incY=1;

    boolean [] filas=  new boolean[30];
    boolean inicio= false;

    Random r= new Random();

    public Juego() {

        setSize(510, 400);

        add(panel);
        panel.setBackground(Color.black);

        panel.addMouseMotionListener(this);

        panel.addMouseListener(this);

        px= 260;

        py = this.getHeight()-60;

        addWindowListener(this);
```

```java
    for (int x=0; x!=30; x++){

        filas[x]=true;
    }
}

public static void main (String [] Args){

    Juego arkanoid= new Juego();
    arkanoid.show();
    arkanoid.run();
}

public void dibujar(Color [] colores){

    Graphics g = panel.getGraphics();
    g.clearRect(0,0, this.getWidth(), this.getHeight());
    g.setColor(Color.yellow);
    g.fillOval((int)px,(int)py, 10,10);
    g.setColor(Color.red);
    g.drawOval((int)px,(int)py, 10,10);
    g.fillRect((int)tx,(int) ty, 80, 20);
    g.setColor(Color.white);
    g.drawRect((int)tx,(int) ty, 80, 20);
    g.setColor(Color.green);
    g.drawString("Un 10 Isabel", 10, 15);
    g.drawString("Vidas:", 275, 15);
    g.setColor(Color.orange);
    g.drawString("Turno de Noche", 120, 15);
    g.setColor(Color.green);
    switch(vidas){

        case 4: g.drawString("Bienvenidos", 230, 200);
            g.drawString("Click derecho para empezar", 100, 220);
            g.setColor(Color.white);
            g.fillRect(320,5,15,10);
            g.fillRect(340,5,15,10);
            g.fillRect(360,5,15,10);
            g.setColor(Color.red);
            g.drawRect(320,5,15,10);
            g.drawRect(340,5,15,10);
            g.drawRect(360,5,15,10);
            break;

        case 3: g.setColor(Color.white);
            g.fillRect(320,5,15,10);
            g.fillRect(340,5,15,10);
            g.fillRect(360,5,15,10);
            g.setColor(Color.red);
```

```
                    g.drawRect(320,5,15,10);
                    g.drawRect(340,5,15,10);
                    g.drawRect(360,5,15,10);
                    break;

              case 2: g.setColor(Color.white);
                    g.fillRect(320,5,15,10);
                    g.fillRect(340,5,15,10);
                    g.setColor(Color.red);
                    g.drawRect(320,5,15,10);
                    g.drawRect(340,5,15,10);
                    break;

              case 1: g.setColor(Color.white);
                    g.fillRect(320,5,15,10);
                    g.setColor(Color.red);
                    g.drawRect(320,5,15,10);
                    break;

              case 0: g.drawString("GAME OVER", 230, 200);
                    g.drawString("Click derecho para empezar", 100, 220);
                    break;
        }
        g.setColor(Color.white);
        g.drawString("Puntuacion:", 400, 15);
        g.drawString(String.valueOf(score), 470, 15);
        if (score==300){
            g.drawString("Ganaste!!!", 230, 200);
            g.drawString("Calculo que dabe ser usted la persona mas feliz del MUNDO,
jaja", 70, 220);
            g.drawString("UN 10 ISABEL!, Click derecho para volver a jugar", 100, 240);
            vidas=4;
        }

        Graphics [] gl = new Graphics [30];
        int xp= 0;
        int yp= 30;
        int c=0;

        for (int x=0; x!=30; x++){
            gl[x]= panel.getGraphics();
            c++;

            if (c==11){
                xp=0;
                yp=50;
            }

            if (c==21){
                xp=0;
```

```java
                yp=70;
            }
            gl[x].setColor(colores[x]);

            if (filas[x]==true){
                gl[x].fillRect(xp,yp,48,15);
                gl[x].setColor(Color.white);
                gl[x].drawRect(xp,yp,48,15);
            }

            else{
                g.clearRect(xp,yp, 48, 15);
            }
            xp+=50;
        }
    }


public void mover(){
    if (inicio==false){
    }
    else{
        px += 5*incX;
        py += 5*incY;
    }

    if (py>this.getHeight()){
        vidas--;
        px= 260;
        tx=220;
        py = this.getHeight()-60;
        inicio=false;
    }

    if ((px<0)||(px>this.getWidth()-20)){
        incX *= -1;
    }

    if (py<20){
        incY *= -1;
    }

    if ((py==ty)&&(tx<px)&&(px<tx+80)){

        incY *=-1;

        if ((px<tx+20)&&(incX>0)){
            incX *=-1.5;
        }
```

```
        if ((px>tx+60)&&(incX<0)){
            incX*=-1.5;
        }
    }

if ((py<74) && (py>56)){

    if (px<48){

        if (filas[20]==true){
            filas[20]=false;
            incY*=-1;
            score+=10;;
        }

    }else if ((px<98)&&(px>48)){

        if (filas[21]==true){
            filas[21]=false;
            incY*=-1;
            score+=10;
        }

    }else if  ((px<148)&&(px>98)){

        if (filas[22]==true){
            filas[22]=false;
            incY*=-1;
            score+=10;;
        }

    }else if ((px<198)&&(px>148)){

        if (filas[23]==true){
            filas[23]=false;
            incY*=-1;
            score+=10;;
        }

    }else if ((px<248)&&(px>198)){

        if (filas[24]==true){
            filas[24]=false;
            incY*=-1;
            score+=10;
        }

    }else  if ((px<298)&&(px>248)){
```

```
            if (filas[25]==true){
                filas[25]=false;
                incY*=-1;
                score+=10;;
            }

        }else if ((px<348)&&(px>298)){

            if (filas[26]==true){
                filas[26]=false;
                incY*=-1;
                score+=10;;
            }

        }else if ((px<398)&&(px>348)){

            if (filas[27]==true){
                filas[27]=false;
                incY*=-1;
                score+=10;;
            }

        }else if ((px<448)&&(px>398)){

            if (filas[28]==true){
                filas[28]=false;
                incY*=-1;
                score+=10;;
            }

        }else if (filas[29]==true){

            filas[29]=false;
            incY*=-1;
            score+=10;;
        }
    }

    if ((py<58) && (py>40)){
        if (px<48){
            if (filas[10]==true){

                filas[10]=false;
                incY*=-1;
                score+=10;;
            }
        }

        if ((px<98)&&(px>48)){
            if (filas[11]==true){
```

```
          filas[11]=false;
          incY*=-1;
          score+=10;;
      }
  }

  if ((px<148)&&(px>98)){
      if (filas[12]==true){
          filas[12]=false;
          incY*=-1;
          score+=10;;
      }
  }

  if ((px<198)&&(px>148)){
      if (filas[13]==true){
          filas[13]=false;
          incY*=-1;
          score+=10;;
      }
  }

  if ((px<248)&&(px>198)){
      if (filas[14]==true){
          filas[14]=false;
          incY*=-1;
          score+=10;;
      }
  }

  if ((px<298)&&(px>248)){
      if (filas[15]==true){
          filas[15]=false;
          incY*=-1;
          score+=10;;
      }
  }

  if ((px<348)&&(px>298)){
      if (filas[16]==true){
          filas[16]=false;
          incY*=-1;
          score+=10;;
      }
  }

  if ((px<398)&&(px>348)){
      if (filas[17]==true){
          filas[17]=false;
          incY*=-1;
```

```
                    score+=10;;
                }
            }

            if ((px<448)&&(px>398)){
                if (filas[18]==true){
                    filas[18]=false;
                    score+=10;;
                }
            }

            if ((px<598)&&(px>448)){
                if (filas[19]==true){
                    filas[19]=false;
                    incY*=-1;
                    score+=10;;
                }
            }
        }

        if ((py<43) && (py>24)){
            if (px<48){
                if (filas[0]==true){
                    filas[0]=false;
                    incY*=-1;
                    score+=10;;
                }
            }

            if ((px<98)&&(px>48)){
                if (filas[1]==true){
                    filas[1]=false;
                    incY*=-1;
                    score+=10;;
                }
            }

            if ((px<148)&&(px>98)){
                if (filas[2]==true){
                    filas[2]=false;
                    incY*=-1;
                    score+=10;;
                }
            }

            if ((px<198)&&(px>148)){
                if (filas[3]==true){
                    filas[3]=false;
                    incY*=-1;
                    score+=10;;
```

```
        }
    }

    if ((px<248)&&(px>198)){
        if (filas[4]==true){
            filas[4]=false;
            incY*=-1;
            score+=10;;
        }
    }

    if ((px<298)&&(px>248)){
        if (filas[5]==true){
            filas[5]=false;
            incY*=-1;
            score+=10;
        }
    }

    if ((px<348)&&(px>298)){
        if (filas[6]==true){
            filas[6]=false;
            incY*=-1;
            score+=10;
        }
    }

    if ((px<398)&&(px>348)){
        if (filas[7]==true){
            filas[7]=false;
            incY*=-1;
            score+=10;
        }
    }

    if ((px<448)&&(px>398)){
        if (filas[8]==true){
            filas[8]=false;
            incY*=-1;
            score+=10;
        }
    }

    if ((px<598)&&(px>448)){
        if (filas[9]==true){
            filas[9]=false;
            incY*=-1;
            score+=10;
        }
    }
```

```java
    }

    //para que la barra no salga del frame(o de la ventana)

    if (tx>this.getWidth()-80){
        tx=this.getWidth()-80;
    }

    ty = this.getHeight()-50; //el eje y por el que se mueve la barra

}

public void run() {
    Color [] colores= new Color[30];//son los colores de los ladrillitos
    for (int x=0; x!=30; x++){
        colores[x]=new Color (r.nextInt(256),r.nextInt(256),r.nextInt(256));
        //aca le asignamos los colores
    }
    while ((true)&&(score!=300)){
        this.mover(); //que nos sirve para el rebote de la pelota y para saber si
paso sobre un ladrillito
        this.dibujar(colores); //dibuja todo (seria bueno hacerlo por parte para
manejar mejor el tema de thread)
        try{
            Thread.sleep(50);
        }
        catch (InterruptedException IE){}
    }//fin del while
}

public void mouseDragged(MouseEvent e) {
}

public void mouseMoved(MouseEvent e) {
    if (inicio==false){
        px=e.getX()+40;}//aca inicializamos la pelota para que este arriba de la
barra
    tx= e.getX();//este es el que le da la coordena del eje x de la barra o sea que
si
    //movemos el mouse para la derecha la barra va para la derecha
}

public void windowActivated(WindowEvent e) {
}

public void windowClosed(WindowEvent e) {
}

public void windowClosing(WindowEvent e) {
    System.exit(0); //cierra la ventana cuando clickeamos en la X
```

```java
    }

    public void windowDeactivated(WindowEvent e) {
    }

    public void windowDeiconified(WindowEvent e) {
    }

    public void windowIconified(WindowEvent e) {
    }

    public void windowOpened(WindowEvent e) {
    }

    public void mouseClicked(MouseEvent e) {
        if (vidas==4){
            vidas--;//si las vidas son 4 cuando hace un click se le elimina uno(lo de 4
solo es para mostrar un mensaje)
        }
        if (vidas==0){
            vidas=4;//significa que vuelves a empezar
            score=0;//el puntaje tb se inicializa
            for (int x=0; x!=30; x++){
                filas[x]=true; // y con las filas pasa lo mismo
            }
        }
        inicio=true;
    }

    public void mouseEntered(MouseEvent e) {
    }

    public void mouseExited(MouseEvent e) {
    }

    public void mousePressed(MouseEvent e) {
    }

    public void mouseReleased(MouseEvent e) {
    }

}//fin de la clase
```

Controller.java

```java
package sample;

import Funciones.*;
import javafx.collections.ObservableList;
import javafx.event.ActionEvent;
import javafx.fxml.FXML;
```

```java
import javafx.scene.control.*;
import javafx.scene.control.cell.PropertyValueFactory;
import javafx.scene.layout.AnchorPane;
import javafx.fxml.Initializable;
import javafx.scene.layout.Pane;

import java.sql.*;
import java.net.URL;
import java.sql.SQLException;
import java.sql.Statement;
import java.util.ResourceBundle;
import java.util.logging.Level;
import java.util.logging.Logger;

public class Controller implements Initializable {

    //--PANELES--
    @FXML private AnchorPane panelMostrar;
    @FXML private AnchorPane panelEntrada;
    @FXML private AnchorPane panelSalida;

    //--TABLA HABITACIONES--
    @FXML private TableView<Habitacion> tblInfoH;
    @FXML private TableColumn<Habitacion, Integer> colNumero;
    @FXML private TableColumn<Habitacion, String> colTipo;
    @FXML private TableColumn<Habitacion, Integer> colPrecio;
    @FXML private TableColumn<Habitacion, Integer> colOcupacion;
    @FXML private TableColumn<Habitacion, Integer> colDias;

    //--TABLA CLIENTES--
    @FXML private TableView<Cliente> tblInfoC;
    @FXML private TableColumn<Cliente, String> colNombreC;
    @FXML private TableColumn<Cliente, String> colApellidoC;
    @FXML private TableColumn<Cliente, String> colDniC;
    @FXML private TableColumn<Cliente, String> colTelefonoC;
    @FXML private TableColumn<Cliente, Integer> colNum_habC;

    //--TABLA CLIENTES SALIDA--
    @FXML private TableView<Cliente> tblSalida;
    @FXML private TableColumn<Cliente, String> colNombreSalida;
    @FXML private TableColumn<Cliente, String> colApellidoSalida;
    @FXML private TableColumn<Cliente, String> colDniSalida;
    @FXML private TableColumn<Cliente, String> colTelefonoSalida;
    @FXML private TableColumn<Cliente, Integer> colNum_habSalida;

    //--CHOICEBOX PANELS--
    @FXML private ChoiceBox<Habitacion> cbNumero;
    @FXML private ChoiceBox<Habitacion> cbNumeroSalida;

    //--TEXT FIELD ENTRADA--
```

```java
@FXML private TextField tfNombre;
@FXML private TextField tfApellidos;
@FXML private TextField tfTelefono;
@FXML private TextField tfDNI;
@FXML private TextField tfDias;

//--LABELS TABLAS--
@FXML private Label contHabi;
@FXML private Label contOcu;
@FXML private Label contLibre;
@FXML private Label contCli;

//--POPPANE--
@FXML private Pane popPane;
@FXML private Label popHabitacion;
@FXML private Label popOcupacion;
@FXML private TextField popPrecioDia;
@FXML private TextField popDias;
@FXML private TextField popPrecioTotal;


public void initialize(URL url, ResourceBundle resourceBundle) {
    Habitacion e = new Habitacion();
    ObservableList<Habitacion> itemE = e.getHabitacion();
    this.cbNumero.setItems(itemE);

    Habitacion s = new Habitacion();
    ObservableList<Habitacion> itemS = s.getHabitacion();
    this.cbNumeroSalida.setItems(itemS);
}

//--AÑADIR RESERVA--
public void ChoiceHabitacionEntrada(ActionEvent actionEvent) {
    crearDias();
}
public void LimpiarDatosEntrada(ActionEvent actionEvent) {
    LimpiarEntrada();
}
public void crearDias() {

    this.tfDias.setEditable(true);
    Habitacion h = cbNumero.getValue();
    int Num = 0;
    if (h != null) {
        Num = h.getNumero();
    }
    try {

        ConexionMySQL conexion = new ConexionMySQL("localhost", "lb_hotel", "root",
"root");
```

```java
                conexion.ejecutarConsulta("SELECT * FROM habitaciones WHERE Numero=" + Num +
"");

                ResultSet rs = conexion.getResultSet();

                while(rs.next()) {

                    int Dias = rs.getInt("Dias");

                    if (Dias != 0) {
                        this.tfDias.setText(Integer.toString(Dias));
                        this.tfDias.setEditable(false);
                    }
                }

                conexion.cerrarConexion();

            } catch (SQLException ex) {
                Logger.getLogger(Cliente.class.getName()).log(Level.SEVERE, null, ex);
            }
        }
    public void crearCliente() {
        Habitacion h = cbNumero.getValue();
        int Num = 0;

        if (h != null) {
            Num = h.getNumero();
        }
        try {
            String URL="jdbc:mysql://localhost:3306/lb_hotel";

            Connection con = DriverManager.getConnection( URL, "root", "root" );

            Statement sentencia = con.createStatement();
            sentencia.executeUpdate("INSERT INTO `clientes` (`Nombre`, `Apellido`,
`Dni`, `Telefono`, `num_hab`)"
                        +"VALUES('"+ tfNombre.getText() +"', '"+ tfApellidos.getText() +"',
'"+ tfDNI.getText() +"', '"+ tfTelefono.getText() +"', "+ Num +")");

        } catch (SQLException e) {
            e.printStackTrace();
        }
        TablaHabitaciones();
        TablaClientes();
    }
    public void actualizarHabitacion() {
        Habitacion h = cbNumero.getValue();
        int Num = 0;
        if (h != null) {
            Num = h.getNumero();
```

```java
        }

        try {

            ConexionMySQL conexion = new ConexionMySQL("localhost", "lb_hotel", "root",
"root");
            conexion.ejecutarConsulta("SELECT * FROM habitaciones WHERE Numero=" + Num +
"");
            conexion.ejecutarInstruccion("UPDATE habitaciones SET Dias = " + tfDias.
getText() + " WHERE Numero = " + Num + "");

            ResultSet rs = conexion.getResultSet();

            while(rs.next()) {

                int Ocupacion = rs.getInt("Ocupacion");

                Ocupacion++;

                conexion.ejecutarInstruccion("UPDATE habitaciones SET Ocupacion = " +
Ocupacion + " WHERE Numero = " + Num + "");

            }

        } catch (SQLException ex) {
            Logger.getLogger(Cliente.class.getName()).log(Level.SEVERE, null, ex);
        }
    }
    public void LimpiarEntrada() {
        tfNombre.setText("");
        tfApellidos.setText("");
        tfDNI.setText("");
        tfTelefono.setText("");
        tfDias.setText("");

        tfDias.setEditable(true);
    }

    //--POP--
    public void popAbrir(ActionEvent actionEvent) {
        popPane.setVisible(true);
        popVista();
    }
    public void popConfirmar(ActionEvent actionEvent) {
        crearCliente();
        actualizarHabitacion();
        popLimpiar();

        LimpiarEntrada();
    }
```

```java
    public void popCerrar(ActionEvent actionEvent) {
        popLimpiar();
    }
    public void popVista() {

        Habitacion h = cbNumero.getValue();
        int Num = 0;
        if (h != null) {
            Num = h.getNumero();
        }
        try {

            ConexionMySQL conexion = new ConexionMySQL("localhost", "lb_hotel", "root",
"root");
            conexion.ejecutarConsulta("SELECT * FROM habitaciones WHERE Numero=" + Num +
"");

            ResultSet rs = conexion.getResultSet();

            while(rs.next()) {

                int Precio = rs.getInt("Precio");
                int Ocupacion = rs.getInt("Ocupacion");
                int Dias = rs.getInt("Dias");

                if (Dias != 0) {
                    popDias.setText(Integer.toString(Dias));

                    int PrecioTotal = Precio * Dias;
                    popPrecioTotal.setText(Integer.toString(PrecioTotal));
                }
                else {
                    Dias = Integer.parseInt(tfDias.getText());
                    popDias.setText(Integer.toString(Dias));

                    int PrecioTotal = Precio * Dias;
                    popPrecioTotal.setText(Integer.toString(PrecioTotal));
                }
                popPrecioDia.setText(Integer.toString(Precio));
                popOcupacion.setText(Integer.toString(Ocupacion));
            }
            popHabitacion.setText("Nº " + Num);
            conexion.cerrarConexion();

        } catch (SQLException ex) {
            Logger.getLogger(Cliente.class.getName()).log(Level.SEVERE, null, ex);
        }
    }
    public void popLimpiar() {
        popPane.setVisible(false);
```

```java
        popHabitacion.setText("0");
        popOcupacion.setText("0");
        popPrecioDia.setText("");
        popDias.setText("");
        popPrecioTotal.setText("");
    }


    //--ELIMINAR RESERVA--
    public void ChoiceHabitacionSalida(ActionEvent actionEvent) {
        filtrarHabitacionSalida();
    }
    public void eliminarCliente(ActionEvent actionEvent) throws SQLException{
        Habitacion h = cbNumeroSalida.getValue();
        int Num = 0;

        if (h != null) {
            Num = h.getNumero();
        }

        try {
            String URL="jdbc:mysql://localhost:3306/lb_hotel";

            Connection con = DriverManager.getConnection( URL, "root", "root" );
            Statement sentencia = con.createStatement();

            sentencia.executeUpdate("DELETE FROM clientes WHERE num_hab="+Num+"");
            sentencia.executeUpdate("UPDATE habitaciones SET Dias = 0 WHERE Numero = " +
Num + "");
            sentencia.executeUpdate("UPDATE habitaciones SET Ocupacion = 0 WHERE Numero
= " + Num + "");

        } catch (SQLException e) {
            e.printStackTrace();
        }
        TablaHabitaciones();
        TablaClientes();
        Habitacion s = new Habitacion();
        ObservableList<Habitacion> itemS = s.getHabitacion();
        this.cbNumeroSalida.setItems(itemS);
    }
    public void filtrarHabitacionSalida() {
        Habitacion h = cbNumeroSalida.getValue();
        int Num = 0;

        if (h != null) {
            Num = h.getNumero();
        }

        this.colNombreSalida.setCellValueFactory(new PropertyValueFactory("Nombre"));
```

```java
        this.colApellidoSalida.setCellValueFactory(new PropertyValueFactory("Apelli
do"));
        this.colDniSalida.setCellValueFactory(new PropertyValueFactory("Dni"));
        this.colTelefonoSalida.setCellValueFactory(new PropertyValueFactory("Telefo
no"));
        this.colNum_habSalida.setCellValueFactory(new PropertyValueFactory("num_hab"));

        Cliente c = new Cliente();
        ObservableList<Cliente> items = c.getFiltroCliente(Num);
        this.tblSalida.setItems(items);
    }


    //--TABLAS INFORMACION--
    public void TablaHabitaciones() {
        this.colNumero.setCellValueFactory(new PropertyValueFactory("Numero"));
        this.colTipo.setCellValueFactory(new PropertyValueFactory("Tipo"));
        this.colPrecio.setCellValueFactory(new PropertyValueFactory("Precio"));
        this.colOcupacion.setCellValueFactory(new PropertyValueFactory("Ocupacion"));
        this.colDias.setCellValueFactory(new PropertyValueFactory("Dias"));

        Habitacion h = new Habitacion();
        ObservableList<Habitacion> items = h.getHabitacion();
        this.tblInfoH.setItems(items);
}
    public void TablaClientes() {

        this.colNombreC.setCellValueFactory(new PropertyValueFactory("Nombre"));
        this.colApellidoC.setCellValueFactory(new PropertyValueFactory("Apellido"));
        this.colDniC.setCellValueFactory(new PropertyValueFactory("Dni"));
        this.colTelefonoC.setCellValueFactory(new PropertyValueFactory("Telefono"));
        this.colNum_habC.setCellValueFactory(new PropertyValueFactory("num_hab"));


        Cliente c = new Cliente();
        ObservableList<Cliente> items = c.getCliente();
        this.tblInfoC.setItems(items);
    }
    public void contInfo() {
        int contHabitaciones = 0;
        int contOcupacion = 0;
        int contLibres = 0;
        int contClientes = 0;
        try {

            ConexionMySQL conexion = new ConexionMySQL("localhost","lb_hotel", "root",
"root");
            conexion.ejecutarConsulta("SELECT * FROM habitaciones");

            ResultSet rs = conexion.getResultSet();
```

```java
        while(rs.next()){
            int Ocupacion = rs.getInt("Ocupacion");
            if (Ocupacion != 0) {
                contOcupacion++;
            } else {
                contLibres++;
            }
            contHabitaciones++;
        }

        conexion.ejecutarConsulta("SELECT * FROM clientes");
        ResultSet rrs = conexion.getResultSet();

        while(rrs.next()){
            contClientes++;
        }
        conexion.cerrarConexion();

    } catch (SQLException ex) {
        Logger.getLogger(Cliente.class.getName()).log(Level.SEVERE, null, ex);
    }
    this.contHabi.setText(Integer.toString(contHabitaciones));
    this.contOcu.setText(Integer.toString(contOcupacion));
    this.contLibre.setText(Integer.toString(contLibres));
    this.contCli.setText(Integer.toString(contClientes));
}


//--BOTONES MENU--
public void mostrarPanel(ActionEvent actionEvent) {
    panelMostrar.setVisible(true);
    panelEntrada.setVisible(false);
    panelSalida.setVisible(false);

    TablaHabitaciones();
    TablaClientes();
    contInfo();
}
public void EntradaPanel(ActionEvent actionEvent) {
    panelEntrada.setVisible(true);
    panelMostrar.setVisible(false);
    panelSalida.setVisible(false);
}
public void SalidaPanel(ActionEvent actionEvent) {
    panelSalida.setVisible(true);
    panelMostrar.setVisible(false);
    panelEntrada.setVisible(false);
}
public void volverPanel(ActionEvent actionEvent) {
```

```
            panelMostrar.setVisible(false);
            panelEntrada.setVisible(false);
            panelSalida.setVisible(false);
        }
        public void nochePanel(ActionEvent actionEvent) {
            Juego arkanoid = new Juego();
            arkanoid.show();
            arkanoid.run();
        }

    }
```

Soluciones al cuestionario

Cuestión 1

Los comentarios ayudan a llevar un seguimiento de nuestro programa. Pensemos que si un código va acompañado de comentarios, facilitará mucho la tarea a la hora de trabajar con él.

☒ Verdadero.

Cuestión 2

El diagrama de objetos pertenece al diagrama de comportamiento y es un diagrama de interacción.

☒ Falso.

Cuestión 3

st.execute("DELETE * FROM users WHERE idUser='101'").

☒ Borra un usuario concreto.

Cuestión 4

Selecciona la opción que no se corresponde con una colección en Java.

☒ Properties.

Cuestión 5

void close (); Este código cierra el fichero.

☒ Verdadero.

Cuestión 6

Queremos añadir la letra C en la colección ArrayList letras, que tiene los elementos A, B, D, E. Como queremos que salga en la posición que le corresponde (entre el 2 y el 4), ¿cómo debemos realizarlo?

☒ letras.add(2, 'C');

Cuestión 7

Cuando trabajamos con bases de datos desde Java, debemos recordar cerrar.

☒ Ambas son correctas.

Cuestión 8

Los constructores.

☒ Todas las respuestas son verdaderas.

Cuestión 9

¿Qué significa tener la palabra reservada static delante de un método?

☒ Podemos utilizar el método sin instanciar la clase.

Cuestión 10

En base de datos OO se permitirá aplicar solamente herencia y encapsulación , típicas de la programación orientada a objetos.

☒ Falso.

Cuestión 11

¿Qué hace este código?

```
Iterator <String> iterador = nombre. iterator ()
While (iterador. hasNext ()) {
    String nombre = iterador. next ();

    ...

}
```

☒ Recorre una colección cualquiera denominada nombre e imprime cada uno de los valores.

Cuestión 12

Entre las excepciones de bases de datos tenemos.

☒ SQLException.

Cuestión 13

Una base de datos objeto-relacional es una base de datos no relacional a la que se le añade una extensión para poder programar sus tablas o relaciones, de modo que se pueda orientar a objetos.

☒ Falso.

Cuestión 14

Selecciona la opción falsa sobre las bases de datos orientadas a objetos.

☒ Necesitamos realizar conversiones para poder almacenar los objetos en las bases de datos orientadas a objetos.

Cuestión 15

Error. Representa un error interno irrecuperable o agotamiento de recursos en el sistema de runtime de Java.

☒ Verdadero.

Cuestión 16

El método executeQuery() tiene como parámetros.

☒ La petición SQL.

Cuestión 17

¿Cuál de los siguientes contenedores es superior?

☒ JDialog.

Cuestión 18

Las interfaces permiten que otras clases hereden de una superclase mediante extends.

☒ Falso.

Cuestión 19

¿Qué efecto tiene la palabra reservada final si lo encontramos delante de un método?

☒ Es un método que no puede sobrescribirse.

Cuestión 20

Las operaciones que se encuentran en el bloque finally.

☒ Se ejecutan tanto si se produce la excepción como si no se produce.

Cuestión 21

Los objetos que se utilicen en la base de datos añaden más características propias de la POO como, por ejemplo, la sobrecarga de métodos y polimorfismo.

☒ Verdadero.

Cuestión 22

Microsoft Visual Basic.Net es un entorno de integrado de desarrollo en la creación y compilación de programas.

☒ Falso.

Cuestión 23

Las excepciones en Java.

☒ Son un mecanismo para representar errores en tiempo de ejecución, y además, pueden ser capturadas mediante un bloque try/catch.

Cuestión 24

En las **BBDD** orientadas a objetos, es el usuario en el que se va encargar de decidir los elementos que van a formar parte de la base de datos con la que esté trabajando.

☒ Falso.

Cuestión 25

Java es un lenguaje.

☒ Multiplataforma.

Cuestión 26

El método next(), propio de iterator _____

(sol: es el siguiente elemento en un iterador).

Cuestión 27

El paso del mismo mensaje da como resultado diferente respuesta dependiendo de la clase a la que se envía. Esto se llama...

☒ Polimorfismo.

Cuestión 28

Java es un lenguaje multiplataforma. El compilador de Java produce un código binario de tipo universal, es decir, se puede ejecutar en cualquier tipo de máquina virtual que admita la versión utilizada.

☒ Verdadero.

Cuestión 29

Cada tabla que definíamos en la bases de datos relacionales va a convertirse, a partir de ahora, en objetos de nuestra base de datos.

☒ Verdadero.

Cuestión 30

¿Para sobrescribir un método de la clase padre en la clase hija, qué condiciones debe tener?

☒ Todas las opciones anteriores son correctas.

Cuestión 31

Añaden más características propias de la POO como, por ejemplo, la sobrecarga de métodos y polimorfismo.

☒ Verdadero.

Cuestión 32

Señala la opción que no es un gestor de bases de datos relacionales para Java.

☒ Mongo DB.

Cuestión 33

Algunos de los beneficios de los métodos genéricos son la comprobación de tipos más fuerte en tiempo de compilación, eliminación de casts aumentando la legibilidad del código, posibilidad de implementar algoritmos genéricos, con tipado seguro.

☒ Verdadero.

Cuestión 34

Un SGBD no es un programa que almacene, modifique o extraiga información de una base de datos determinada.

☒ Falso.

Cuestión 35

"Exception" representa una situación excepcional en el programa. Existen dos tipos: Tiempo de compilación (Derivadas de Exception) Tiempo de ejecución (Derivadas de RuntimeException).

☒ Falso.

Cuestión 36

JBuilder es un entorno integrado de desarrollo en la creación y compilación de programas Verdadero Falso.

☒ Verdadero.

Cuestión 37

El diagrama de clases pertenece al diagrama de estructuras.

☒ Verdadero.

Cuestión 38

Set..

☒ Permite almacenar una colección de elementos no repetidos y sin ordenar.

Cuestión 39

El método main.

☒ Es un método estático.

Cuestión 40

Los objetos que se utilicen en la base de datos, pueden heredar los unos de los otros.

☒ Verdadero.

Cuestión 41

Los objetos que se utilicen en la base de datos, no pueden heredar unos de los otros.

☒ Falso.

Cuestión 42

Es un lenguaje interpretado. El codigo que diseña se denomina bytecode y se puede interpretar a través de una máquina virtual.

☒ Verdadero.

Cuestión 43

"final": estos métodos no ofrecen la posibilidad de sobrescribirlos.

☒ Verdadero.

Cuestión 44

Al ejecutar estas dos sentencias se puede afirmar que:

```
public static String muestra(double[] a){
String res = "---> ";
for(int i=0;i<=a.length;i++){
res = res+a[i]+" ";
}
return res;
}
```

☒ Se eleva la excepción ArrayIndexOutOfBoundsException.

Cuestión 45

"Package" se puede utilizar cuando tenemos una clase que no tiene modificador y, además, es visible en todo el paquete.

☒ Verdadero.

Cuestión 46

Las relaciones mucho a muchos (N...N): definimos un atributo de la clase objeto en la parte del uno, con la que se va relacionar. Este atributo va a tener identificador de objeto del padre.

☒ Falso.

Cuestión 47

¿Cuál de los siguientes métodos nos permite dividir una cadena en un array de cadenas?

☒ split()

Cuestión 48

El diagrama de casos de uso pertenece al diagrama de estructuras.

☒ Falso.

Cuestión 49

¿Qué instrucción encontramos encima de la implementación de un método que está sobrescribiendo a otro?

☒ @Override.

Cuestión 50

No es un lenguaje orientado a objetos. El lenguaje Java es uno de los que menos se acerca al concepto de una programación orientada a objetos. Los principales modelos de programación son las clases y no permite que existan funciones independientes.

☒ Falso.

Cuestión 51

Añadimos "/*" o "*/" para los que contengan más de una línea.

☒ Verdadero.

Cuestión 52

¿Qué colección permite acceder a cualquier posición?

☒ List.

Cuestión 53

A la hora de crear un menú con Swing, ¿cuál de los siguientes elementos es opcional?

☒ JMenuSeparator.

Cuestión 54

El diagrama de casos de uso pertenece al diagrama de estructuras.

☒ Falso.

Cuestión 55

Señale la opción con la que podemos sobrescribir el valor del tercer elemento de una lista, que vale D, para que tenga un valor C.

☒ set (2, 'C').

Cuestión 56

La herencia en JAVA.

☒ No puede ser múltiple ni para interfaces ni para clases.

Cuestión 57

Las bases de datos se diseñan de forma diferente que los programas orientados a objetos.

☒ Falso.

Cuestión 58

Eclipse es un entorno integrado de desarrollo en la creación y compilación de programas.

☒ Verdadero.

Cuestión 59

Para la conexión a una base de datos.

☒ Ambas opciones son correctas.

Cuestión 60 Map..

☒ Permite crear una colección de elementos repetibles indexados por clave única arbitraria.

Cuestión 61

Los tipos genéricos pueden extenderse o implementarse mientras no se cambie el tipo de argumento. De modo que List es un subtipo de ArrayList, que a su vez es un tipo de Collection.

☒ Falso.

Cuestión 62

¿Qué operador utilizamos para crear nuevos objetos en Java?

☒ new.

Cuestión 63

Las consultas SQL las guardamos en variables de tipo.

☒ String.

Cuestión 64

¿Cómo recuperamos la clave conociendo el campo valor (Ordenador) en un HashMap?

☒ Sólo es posible conocer el contenido del campo valor si conocemos la clave, pero no al revés.

Cuestión 65

Las interfaces están formadas por un conjunto de métodos que no necesitan implementarse.

☒ Verdadero.

Cuestión 66

En las BBDD orientadas a objetos, no pueden heredar los unos de los otros.

☒ Falso.

Cuestión 67

"Static" se puede utilizar directamente dentro de la propia clase en vez de instanciar ésta. De la misma forma, podemos también crear atributos estáticos.

☒ Verdadero.

Cuestión 68

¿Cuál de estos tipos de diagramas es de estructuras?

☒ Diagrama de paquetes.

Cuestión 69

¿Cuál de los siguientes elementos permite al usuario escribir en la aplicación gráfica creada con Swing?

☒ JTextField.

Cuestión 70

El diagrama de objetos pertenece al diagrama de comportamiento y es un diagrama de interacción.

☒ Falso.

Cuestión 71 ODL…

☒ Es el equivalente a DDL (lenguaje de definición de datos) de los SGBD tradicionales.

Cuestión 72

La sintaxis de las clases genéricas deben de ser de la siguiente forma [modificador_de_acceso] super nombre_clase{T variable}.

☒ Falso.

Cuestión 73

void write (int x);Este codigo escribe un byte.

☒ Verdadero.

Cuestión 74

Seleccione la opción que no es una propiedad de la programación orientada a objetos.

☒ Todas las opciones son correctas.

Cuestión 75

En las BBDD orientadas a objeto, es el administrador el que se va encargar de decidir los elementos que van formar parte de la bases de datos con la que se está trabajando.

☒ Falso.

Cuestión 76

Señala la opción falsa.

☒ En las bases de datos orientadas a objetos no se pueden crear relaciones muchos a muchos sin necesidad de crear entidades intermedias.

Cuestión 77

El diagrama de actividad es un tipo de diagrama de estructuras.

☒ Falso.

Cuestión 78

"Synchronized" es utilizado en aplicaciones multihilo.

☒ Verdadero.

Cuestión 79

¿Qué modificador tendrá un método que puede ser accesible desde una clase de otro paquete?

☒ Private.

Cuestión 80

Para poner comentarios añadimos "//" para comentarios de una única linea.

☒ Verdadero.

Cuestión 81

FileInputStream y FileOutputStream son clases que pueden realizar operaciones de lectura y escritura de bajo nivel.

☒ Verdadero.

Cuestión 82

Sobre Java: cuando existen elementos referenciados, forma un mecanismo para gestionar la memoria y, para conseguir que estos se vayan eliminando, aparece el recolector de basura (garbage collector).

☒ Verdadero.

Cuestión 83

El concepto de herencia en Java conduce a una estructura jerárquica de clases o estructura de árbol, lo cual significa que en la POO todas las relaciones entre clases deben ajustarse a dicha estructura.

☒ Verdadero.

Cuestión 84

¿Cómo conocemos el número de caracteres de una cadena?

☒ length().

Cuestión 85

¿Qué elementos necesitamos para realizar la conexión a la base de datos?

☒ Todas las respuestas son correctas.

Cuestión 86

"Protected" no se usa cuando trabajamos con varias clases que heredan las unas de las otras, de tal forma que, aquellos miembros que queremos que actúen de forma privada, no se suelen declarar con esta palabra.

☒ Falso.

Cuestión 87

El método createStatement() tiene como parámetros:

☒ Ninguna opción es correcta.

Cuestión 88

La herencia es un mecanismo que permite la definición de una clase a partir de la definición de otra ya existente y también permite comparte automáticamente métodos y datos entre clases, subclases y objetos.

☒ Verdadero.

Cuestión 89

Selecciona la opción falsa:

☒ En las bases de datos relacionales podemos almacenar objetos.

Cuestión 90

FileINputStream devuelve un valor entero (int) entre 0 y 55.

☒ Falso.

Cuestión 91

En las bases de datos orientadas a objetos se implementan.

☒ Ambas son incorrectas.

Cuestión 92

Cada tabla que definíamos en la bases de datos relaciones va a convertirse, a partir de ahora, en objetos de nuestra base de datos.

☒ Verdadero.

Cuestión 93

Señale la opción con la que recorremos una lista de ArrayList.

☒ for (int i = 0; i < lista.size(); i++).

Cuestión 94

¿Cuál es el carácter especial que podemos utilizar en printf() para escribir un número real?

☒ %f.

Cuestión 95

Si tengo la definición, int [] array = new int [100]; ¿cuál es la última posición del array?

☒ 99

Cuestión 96

IOException es la clase general de excepciones producidas por operaciones E/S fallidas o interrumpidas.

☒ Verdadero.

Cuestión 97

Python es un entorno de integrado de desarrollo en la creación y compilación de programas.

☒ Falso.

Cuestión 98

st.execute("DELETE TABLE users").

☒ Borra la tabla users.

Cuestión 99

"Abstract" no se declara en la clase principal, pero sí en las demás que hereden de ésta.

☒ Verdadero.

Cuestión 100

En Java toda excepción se deriva de la clase Throwable.

☒ Verdadero.

Cuestión 101

Seleccione la opción falsa sobre los destructores.

☒ Los destructores son métodos que no devuelven ningún tipo de dato, se debe indicar void como tipo de dato que devuelven.

Cuestión 102

Di cual es el código correcto.

☒ Pattern patron = Pattern.compile ("pedro"); Matcher encaja = patron.matcher(); .

Cuestión 103

¿Cuál de estas clases no hereda de RuntimeException?

☒ FileNotFoundException.

Cuestión 104

"Public" engloba aquellos elementos a los que se puede acceder desde fuera de la clase.

☒ Verdadero.

Cuestión 105 Queue…

☒ No permite el acceso aleatorio y sólo permite acceder a los objetos del principio o del final.

Cuestión 106

En Java, una subclase puede heredar de varias superclases si indicamos un extende para cada una de ellas.

☒ Falso.

Cuestión 107

"Private" son aquellos componentes de carácter privado que solamente puedes ser utilizados por otros miembros de la misma clase, pero nunca por otras donde se instancien.

☒ °Verdadero.

BIBLIOGRAFÍA

Además de los libros citados anteriormente para todo lo relacionado con Java en el punto apartado de recursos, he consultado principalmente los libros siguientes para realizar la presente programación:

- *PROGRAMACIÓN . Autor: Juan Carlos Moreno. Editorial RA-MA. ISBN 97-88499-640884*

- *Programación y Unidades Didácticas en Formación Profesional*. José Manuel Muro Jimenez, 2008. Editorial MAD.ISBN: 978-84-665-9263-5

- Programaciones didácticas para FP, Raül Solbes i Monzó, NAU LLIBRES, 2014, ISBN: 9788476429396

- Cómo realizar la programación didáctica en formación profesional, José Lozano Luzón, SINTESIS, 2018, ISBN: 9788491711070

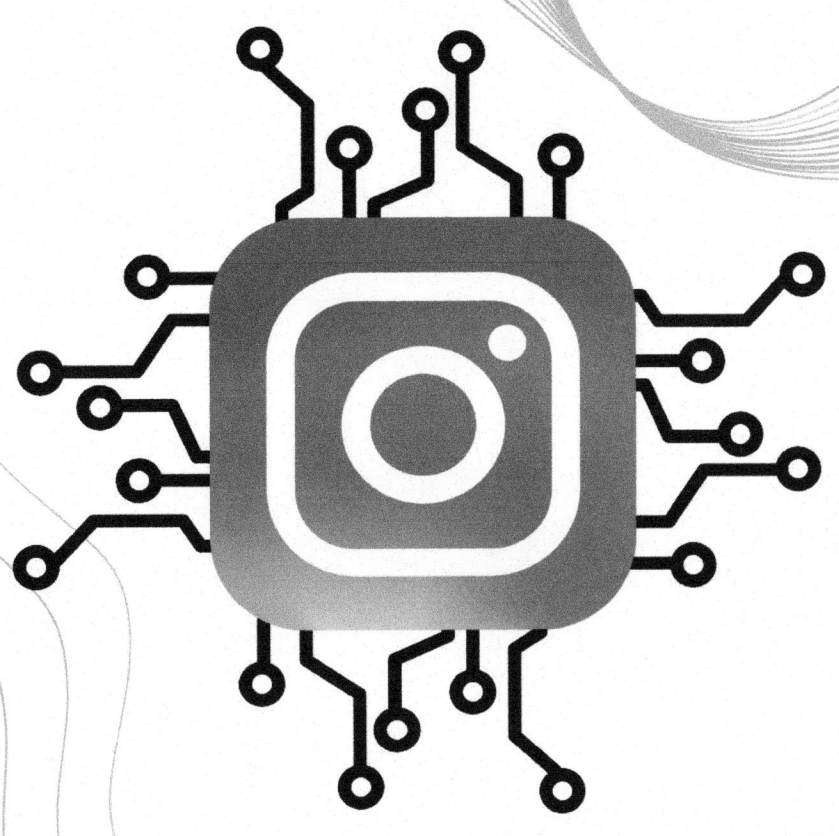